献给　我的父母
　　　我的同代人
　　　有意了解那个时代的年轻人

　　　真实年代　虚构人事
　　　如有雷同　纯属巧合

This is a purely fictitious story adopted from a true age.
Any similarity to actual individuals
is entirely coincidental and unintentional.

黑与红

——断层年代的白描叙事

The Black & the Red
— *A Line Sketch of Fault Age*

甄皓 著

美国华忆出版社
Remembering Publishing, LLC. USA

Copyright © 2022 by Remembering Publishing, LLC. USA

ISBN: 978-1-68560-028-0　(Print)
　　　978-1-68560-029-7　(Ebook)

Remembering Publishing, LLC
RememPub@gmail.com

The Black & the Red
　— A Line Sketch of Fault Age
Zhen Hao

黑与红——断层年代的白描叙事

甄皓　著

封面设计：甄皓
出　　版：美国华忆出版社
版　　次：2022 年 4 月　第一版，第一次印刷
字　　数：173 千字

All rights reserved.
No part of this book may be reproduced in any form or by any electronic or mechanical means including information storage and retrieval systems, without permission in writing from the publisher. The only exception is by a reviewer, who may quote short excerpts in review.

作品内容受国际知识产权公约保护，版权所有，侵权必究

楔　子

很多很多年以前，我经常在夜里重复地做一种奇怪的梦。

在梦中我竟然有腾云驾雾，悬浮在空中行走的能力。本来好好地走在街上，只要快走几步，脚掌朝地面一蹬，我就能缓缓地升到半空，高度大约在十几米到几十米的样子。我在自小生长的街巷上空穿梭，徘徊，透过一层薄雾俯览着地面街道上的芸芸众生，而他们似乎永远不会看到、也不会在意天上有一个人在行走。有时我的高度下降了，只要双脚在空中蹬两下，身体就会再次上升，有时身体飘向高耸的方形砖砌烟囱（欧式楼房壁炉的烟道）眼看要撞墙了，轻轻用手一推，身体就悠然飘离，继续飘向下一个街巷。

从空中俯览这个街区，似乎没有想象中那么规整，而是呈现一片片斑驳陆离的杂色：砖红色，黑灰色，米黄色，叶绿色，等等，参差交错，其中最显眼的是一大块铁灰色，这是一个著名的室内广场的钢架屋顶，小学一年级时，这里举办过东欧人民民主国家波兰，捷克斯洛伐克等国的工业展览会，当时作为小孩的我们反反复复进出展览会的大门，不是为了参观广场边高耸的橘红色塔吊起重机，而是为了多拿几次门口免费发放的精美书签和橘子软糖。再早两年新政权刚建立时，这里曾是公审和大规模枪决犯人的露天广场，我们曾看到一辆接一辆"飞行堡垒"（漆成大红色的囚车）转弯经过街角那块"坚决镇压反革命"的巨幅铁皮宣传画，开进广场，囚车的驾驶室和后面封闭的车厢之间站着五个穿黄绿色军装的兵，中间一位在驾驶室的顶盖上架着一挺机关枪，十分严峻威武。囚车只有尾部上方有尺半见方的透气窗，可以看到车厢内靠窗的囚犯高举的双手抓住气窗上的铁栅，也可以听到车厢内传出的一阵阵绝望的嘶叫。作为小孩的我们朦胧地知道这些人都要去"死"了，而"死"是一件很恐怖很不好的事情。长大后我们才知道在看到那个场面之前的几个月，"飞行堡垒"正是后来失败的一方用来抓人杀人对付后来胜利的一方的，所谓"冤冤相报"说的大概就是这种轮回。再后来，这里建成的室内广场成了这个城市主要的文艺演出场所。曾经有一次，我和几个同学在这里参加课外劳动，不知怎的就爬到了室内广场的铁皮大屋顶上，又钻进了钢架屋顶下方为舞台打灯光的吊架上，从高处往下看，舞台上正在进行一场抗美援朝荣誉军人汇演，一群断臂缺手的残废军人把口琴绑在残肢上吹着名叫《真是乐死人》的轻快悠扬的曲子。打灯光的舞台工人对我们的降临大吃一惊又不好大声发作，只能压低嗓子警告我们："爬上去！走出去！"而我们知道他忙着管灯光无暇驱赶我们，就赖着不走直到自己认为看够了表演后才遵命爬上去离开了广场。到了文化大革命中，这个广场成了各色红卫兵造反派群众组织召开誓师大会，庆祝大会，批斗大会的主要会场。曾经有一位早年参加革命的老音乐家被当作"老反革命"在这里接受全市电视直播的批斗，没料到这位老人家对伟大革命运动新加在他头上的种种罪名全盘否认，犟头倔脑，针锋相对，你批一句他驳一句，坚守阵地寸土不让，很像他作曲的许多抗战歌曲的精神，成为文化革命运动中被批斗者宁死不屈绝地反抗的少有绝唱。

广场斜对面隔着一条街，是一家三开门面的大食品店，店中的食品从糖果饼干到腊肉烧鹅到广东人爱吃的龙虱（一种形似蟑螂的黑色水生硬甲壳虫）无所不包。齐胸高的玻璃柜台里，有成人喜欢的蛋挞，南乳小凤饼，绿豆酥，伦教糕等各式糕点，也有吸引小孩子的巧克力金币和用吉普车形的玻璃瓶装的丝光糖，每天傍晚，店里在沿街的橱窗里亮起五颜六色的霓虹灯，在门口摆起生煎酒酿饼的圆形锅灶，于是色香味的诱惑一并袭来，下班的人群走过这里很难不被吸引。但是就是这样一家五光十色的大食品店，在"三年自然灾害"时竟将素日的繁华甩得半点不剩，所有的玻璃橱窗柜台里统统空空如也，只剩灰绿色的玻璃对着灰绿色的玻璃，后来在店堂深处的一个柜台里摆出了几块黑黝黝的蔬菜馅饼子，标价居然高达五毛钱一枚，据说是属于"回笼货币"的高档商品。

食品店的西头，是一家电影院，平生看的第一部电影《新儿女英雄传》（1951年），就是在这家"二轮影院"看的，以后则从50年代初的苏联电影《海军上将乌沙科夫》，一直看到60年代初描述匈牙利"反革命暴乱"的电影《昨天》《黎明》。电影院再往西，是一条名叫李子园的卵石路小巷，五十年代中这条弯曲的小巷里面散布着十多个以小学生为对象的小摊，所售商品琳琅满目：吃的有三分钱一包的盐炒豆，五分钱一只的油炸"苏联饼"，五颜六色的粽子糖，洒甘草粉的"金丝菜"；玩的有彩色的木制大刀长矛金箍棒，打红色火药纸的木头手枪，五分钱一大版的香烟牌子（上面有好几十张京剧脸谱或者连环画故事），转移印花纸，从孙悟空猪八戒到关云长的纸浆壳面具（儿童方言叫"丫乌里"）；活物有金鱼、蝌蚪、乌龟、蟋蟀、蚕宝宝、小白鼠……还有其他各种千奇百怪意想不到的玩意。所有商品价格都切合小学生的消费水平：竹弓钢丝锯只要五分钱一把，两毛钱一具的硬纸板做的幻灯机就算是高档商品了。小学时代因出生率膨胀学校教室不够用每天只上半天课，在同学家开课外小组做完功课后，这里就是我们流连忘返的乐园。

食品店往北，是一家乐器店，里面的墙壁和货架都刷成深蓝色，衬托着白色的钢琴，金光闪烁的小号长号萨克斯风，分外耀眼。到了文化革命的初期，不断有抄家处理或富人家主动抛出二手钢琴在这里出售，标价仅二三百元，还有乐器厂因市场萎缩成批处理的小提琴,仅三元至六元一把,但仍很少有人问津。

再往北,在公交无轨电车车站旁边,是一幢无人居住的别墅房,俯览着一片花园,周边围着一圈用黑色沥青刷过的竹篱笆墙。1958年"大炼钢铁"时期,竹篱笆墙被拆除,对着电车站的花园里竖起了一座近十米高的小高炉,24小时不间断地喷火轰鸣,穿着白帆布防护服的男女工人们紧张地加焦炭,堵风口,出铁水,看场面这是属于由正规钢铁厂抽调的熟练工人操作的"小洋群"炼铁炉。今天看来,在人口密集的大城市居民区公交站边建这样一个炼铁水的高炉,无论如何属于古今中外罕见的场面。"大炼钢铁"的热潮过去之后,黑色的竹篱笆墙重新围住了这片空地,一个脸色忧郁的中年男子每天下午站在竹篱笆门前拉着一把油漆斑驳的小提琴,篱笆墙上挂着一块缝满小口袋的布帘,口袋里插着这个男子要出售的商品——钢板蜡纸刻印的歌谱,有《天涯歌女》《四季歌》《夜半歌声》等等,两分钱一张。某天下午,这个男子的布帘上方出现了一条巴掌宽的白纸条,上面用墨笔粗体字写着:"今日晚报新闻:当今美国大总统肯尼迪被一枪刺死!"这条新闻吸引了不少过路人驻足观看,让这个脱离社会主义建设生活主流的忧郁男子多卖出了几张歌纸。

我在天上继续漫步往北走,到了十字路口往东西两头便是菜市街,每天早上街道两边摆满了摊位,人声鼎沸,显示着城市的生命活力。在很长一个历史时期,肉类、豆制品都是定量凭证供应的,所以卖肉和豆腐豆干的摊位只有两三个,其余大多数摊位只卖蔬菜。大约在1953年前后,菜市场上还能见到用大木盆装的鲜活河鱼卖,后来便几乎绝迹了,直到1980年中期才重新出现卖活鱼的摊位。从空中的晨光薄雾望下去,我在熙熙攘攘的蓝灰色人群中看到了一个穿桃红色棉袄罩衫的身影,那是我们小学的同学谷芳,家境贫寒却是我们学校的骄傲,因为她在全国普通话朗诵比赛中得过第一。此时她挎着竹编的菜篮在肉摊边排队，然后掏出一张肉票用两毛钱买了一片肉，那年头做大碗的红烧肉是罕见的奢侈，把一片肉细细地切成肉丝炒咸菜或其他蔬菜才是普通人家常用的烹饪方式。1958年大跃进之初，菜市街两边的许多街坊围墙被拆除，一些居民房被破墙改建成了公共食堂，因为盛传即将建立城市人民公社。大家都在热议哪家电影院哪家理发店将划归哪个公社，作为小学生的我们甚至听说父母都要分别住到单位的集体宿舍去过军事化革命化生活，星期天才能回家照顾孩子，幸好后来党刊《支部生活》刊登了辟谣启事说解散家庭只是部分群众的猜想并无实施计划，大家才稍微安心。但居民公共食堂倒是存续了好几年，食堂供应饭菜的窗口边挂的小黑板上通常用粉笔分三个栏目写着各种菜名，甲菜一角五分，乙菜一角，丙菜五分。甲菜通常有肉，乙菜往往含豆制品，丙菜则是纯素菜。后来有一段时间，甲菜栏下一直空空如也，乙菜栏下却出现了一道叫"人造肉"的菜式，它是用一块冬瓜粘了面糊在锅里煎一下，然后加酱油略煮生成的食物，除了眯起眼睛用模糊的视觉去看觉得它还像一块肉可以骗骗自己饥肠辘辘的食欲，其实它什么都不是。再后来食物越来越匮乏，人越来越饥饿，每天上午上到第三节课（一共四节）肚子就叽叽咕咕乱叫，中午匆匆回家把食堂打来的米饭用开水加胡萝卜丁加青菜皮煮成菜泡饭，这样一碗米饭（四两）可以涨成三四碗，能够撑满胃囊勉强抵御饥饿的感觉，幸好这样严峻的状况只维持了一年多，到1962年便完全缓解了。

从菜市街的尽头再往东南走，是一家著名的前教会医院，初中时曾在这家医院的后院参加课外劳动，整个下午坐在露天的阳光下用瓶刷不停地清洗各种玻璃药瓶。院子的左手是太平间，据说里面的水池里用福尔马林浸泡着很多死尸，我们没敢进去看。右手边则是一排每间房间都有两道铁栅栏门的平房，据说是旧社会关押治疗江洋大盗重要人犯的特殊病房。从医院的前门出去，正对着一条幽静的小街，中间一段是四层高的排屋，秋天的阳光把婆娑的树影打在米色的外墙上，令人倍感温馨，这里住着我的初中同桌贝蒂，一个工程师家庭出身的文静女孩。那年代同班的男生女生基本互不讲话，但我和这位同桌却有一种不言自明的可笑默契，就是碰到语文政治考试测验经常互相偷看抄袭对方答案，而碰到数理化考试测验则绝对自顾自凭真本事去对付。

从菜市街东头往南，是一条英式三层排屋的弄堂，每个单元深棕色的木门上有直径一米多的圆形栅格玻璃窗，推门入内，楼梯间的墙壁上还挂着一幅幅年久发黄或带水渍的铜版画饰品，内容大多是十八世纪欧洲田园生活的场景。好几位小学和初中的同学都住在这条弄堂，小学时还曾在这里一个同学家开过课外小组，五六个同学一起做作业，做完了就在楼下院子里种蓖麻向日葵（收获的蓖麻籽上缴学校据说可以为解放军叔叔的飞机制造润滑油），或者用弹弓打隔壁院子大树上的麻雀，虽然没有一只麻雀被我们击落，但大家仍觉得那些日子真是如天堂般的无忧无虑十分快活。唯一有点不祥的是后来听说住在这个同学隔壁的一位小姐姐因为思想一贯反动文化革命中被拉到飞机场去枪毙了，正好被同一条弄堂的一个小妹妹撞见后回来告诉了大家，听说后来人民警察还上门向她妈妈收取了一角五分的子弹费。在那个年代也许多数人都觉得这个手续没有什么不对，因为你思想如此反动，结果不得不浪费人民的财产来枪毙你，当然是应该由家属做出事后补偿的。

从这条弄堂往西隔条马路，是十几幢夹杂着绿树和草坪的北欧风格的公寓楼，从一个窗口可以看到从小学到高中十二年同窗的小昊，正在拿着画板画窗外的风景——早晨的阳光照在红砖和米黄色拉毛墙面构成的暖色块上，显得格外亮丽。小昊的父亲据说解放前是一名记者和编辑，抗日战争时跟随战事采访从江南撤退到武汉再到重庆，49年后进入本城的大学教书，

57年时遭遇到大家都知道的那场运动的整肃，地位一落千丈，但少年小昊自学美术的水平却从那时起节节上升，后来成了中学学生会不可缺少的宣传骨干，学校参加反美示威游行抬的大幅宣传画，从越南民兵群像到古巴总理卡斯特罗的炭笔素描巨幅头像，大多是小昊的作品。这片公寓楼的租客，原来大多数是外国籍居民，在这里居住了十几年，连他们的小孩都会说一口洋腔洋调的本地方言了，但后来却无法适应五十年代初的社会变动，陆续回国了，剩下的租客多数是工商界的富人和文教界艺术界的上层文化人。在公寓楼的西南角，有两排长长的平房，那本是公寓附属的汽车间，国共内战的末期，大批山东苏北的难民（当然也可能混有后来查出来的逃亡地主）为躲避饥荒和战乱涌进城市占住了这两排汽车间，慢慢地变成了这里的正式居民。这些人后来习惯把前面豪华体面的公寓楼简称为"大房子"，而把自己居住的简陋无窗的汽车间称为"小房子"。从五十年代到六十年代，住在"大房子"中的富人渐渐失去了原来锦衣玉食的奢华生活和闲散倨傲的富人气势，而住在憋屈的"小房子"里的穷人尤其是他们的孩子们却慢慢地获得了一种"领导阶级"蔑视"资产阶级"的戾气，小房子的孩子在居民区里踢球砸破了大房子人家的玻璃窗，从来不觉得需要道歉赔偿，而是理直气壮地去敲门讨回飞入人家房间的足球。大房子和小房子之间的阶级对立情绪就这样一直隐隐地存在着，直到文化大革命运动才完全扯开脸皮，那时小房子里七八岁的男孩也能充当带路党，热心地为各种杂牌红卫兵组织提供抄家打劫所需要的大房子人家的敌情——"这家人是反革命"，"这家人是大资本家，已经抄过两次的"，看到大房子里的富人们被抄被劫，小房子的少年们似乎获得了一种再次翻身解放，扬眉吐气的感觉。

　　我在梦里的空中行走似乎从来没有越出自己家附近的街巷上空，而实际上我从小就觉得自己对整个城市的街道和交通都了若指掌，无处不可达。当我还是一个囊中羞涩的四年级小学生时，就曾只花一毛钱做过贯穿城市的旅行，从西区的家里出发往东徒步，穿过市中心的广场，来到把城市划成东西两块的江边，花六分钱买一张轮渡往返票乘船到江对岸，然后花三分钱买门票进入东岸的滨江公园，在公园里消磨一个下午，最后乘轮渡返回西岸，在江边的小茶摊（通常仅是一张木凳摆了五六杯茶水）花完最后的一分钱买一杯水解渴，然后再一路往西步行五公里回家。那时的东岸滨江公园完全是一幅野外的景象，周围没有一座楼房，人迹罕至，走进江边的树林，脚下是多年积成的厚厚一层枯叶，干燥而温暖，你尽可以在这里脱光衣服趴在柔软的树叶上，让穿过树冠的一束阳光为你做个日光浴，而不会有人来打扰，一切城市的喧闹都退到了很远很远的地方，你能听到间歇的蝉鸣，听到远处江水拍打堤岸的涛声，听到江面上偶尔传来闷哑的轮船汽笛声和对岸海关大楼报时的苍凉钟声，除此之外，只有乡间午后的静谧。成年后走过国内外许多文化名城，懂得了所有的城市文明大都是傍着一条河开始发生发展的，今天，这片滨江区已经发展成摩天大楼比踵而立，高架路和地铁隧道交相穿越的中央金融商务区了，你再也没有可能在这里的任何一个露天角落脱光衣服躺下晒日光浴了，那一片江边的空旷和宁静，永远地消失了，只能存在于当年一个少年的回忆中而已。

　　多年以后，有人告诉我，经常做空中行走的梦，只是心脏功能不好的一种症状；也有的人说，这是白天心理负担过重异于常人产生的一种睡眠现象，我不知哪种说法正确或者都有道理，但是当年梦中的那种感受，那种心境，却始终刻骨铭心：我在高空行走，看着下面的不断前行的人流，但没有人看到我，也没有人在意我，我渴望降到他们当中去，拥抱他们，我想和他们进行灵魂深处的实质性对话，探讨人生哲理，探讨国家大事，社会现实，探讨人类的性压抑性困惑……但是没有人愿意停下来理会一个空中飞人，他们只是摩肩接踵川流不息地前行，像拥挤的菜市街上熙熙攘攘的行人，推着自行车，挎着菜篮子，提着书包，戴着红袖章，甚至戴着藤条帽，提着"文攻武卫"的长矛……不断地走，不断地走，汇成滚滚洪流。我其实无法降落到他们中间去，我只是在空中徘徊，飘荡，那种清冷，孤寂的苦涩，和自以为洞察一切，自由自在的甜蜜，始终纠缠在一起，终于成了永久的记忆。

　　1956年以前，大多数中国知识分子沉浸在《歌唱祖国》朴素而真诚的歌词中："歌唱我们亲爱的祖国，从今走向繁荣富强……我们勤劳，我们勇敢，独立自由是我们的理想……"，他们丢弃了旧社会的西装旗袍，穿起了蓝色的棉布列宁装，相信在建设一个新中国的同时可以把自己改造成一代新人。

1.

　　空气紧张得几乎马上要爆炸了……

　　一扇公寓的入户木门，朝里的一面是米色，朝外的一面是黑色，把世界隔成了门内门外的两个舞台，门外是攻打者：七八个戴红袖章的红卫兵和黑压压的看热闹的邻居人群，在傍晚昏黄的走廊灯下，一张张汗津津的脸闪动着兴奋的油光，等着看又一场破门抄家的好戏；门内是守望者：形影单只的高中生小昊，父母前两天又被"隔离审查"住到各自的学校去了，两个弟妹为了逃避最近家里屡遭冲击的尴尬处境，也搬到学校去住了，留下他孤身一人在屋里来回踱步紧张地考虑眼下的处境——开门？还是不开门？

　　"开门！再不开门就砸了！！"外面有人吼叫着用脚猛踹大门，但大门纹丝不动，这片建成于1930年代的北欧风格的公寓楼，其大门的坚固程度超出了攻打者的意料。

　　其实，他家在这之前已经被抄过好几次了，但那时的抄家者大多是父母单位的"正规"红卫兵，他们热情高涨地翻箱倒柜，破墙拆家具，希望能找到属于"变天账"（例如反动书籍，记有攻击共产党文字的日记之类），黄金美钞（这类不义之财是罪恶的象征）甚或一把手枪几颗子弹（这是准备谋反的铁证）等等，但是很可惜，都没有，最后能搬走的只是一箱又一箱书籍和照片资料，大多是他父亲在抗日战争期间当记者和编辑留下的资料。有时也会遭遇"冒牌"红卫兵，那天夜里敲门进来一伙人，领头的看上去三十好几，穿一身绿军装，留着小胡子，一脸淫靡之气，进门后竟然要求不准开灯，鬼头鬼脑地打着手电筒四处乱照，急吼吼地压低嗓音问：有照相机吗？有黄金吗？有钞票吗？小昊和父母慢慢回过神来——他们其实是一伙贼！敷衍了半天，这伙人也不敢强行动手搜寻财物，怕弄出大动静不好收场，最后小胡子抽了一张床单包了几件有点值钱又不太值钱的物件离开了，临出门可能因为收获太少很不甘心，还挥舞军用皮带呼的一声在门口的茶几上砸出了一道白印，骂了几声操他妈的牛鬼蛇神，表演了一番"北京红卫兵"的英姿，但小昊看到这帮人背着包袱仓皇退走的猥琐样子内心非但不再恐惧反而有种得胜的幽默感：原来你们是贼啊，你们是贼哦！——当然报案是没有用的，当时的派出所根本无力查处这些乘着社会大乱钻出来劫财的小毛贼。

但眼下的情势和以往是不同的。进入 1966 年 10 月以后，各学校，机关，工厂许多的群众组织在来自最上层的暗示和纵容下，都采取了"一反到底"的立场，即把各单位各级别的党领导统统按"走资本主义道路的当权派"冲压到了"靠边站"失去领导权的地位，"造反"成了唯一正确路线的标签，原来持保卫这些当权派立场的红卫兵组织，大都被套上了"保皇派"的帽子而失势，甚至被逐出学校和单位了。于是，这些红卫兵开始流向社会，和工厂，机关事业单位一些遭遇类似的人群混在一起，也打出时髦的"造反"旗帜，在社会上成立了各种大大小小新的红卫兵或造反组织，他们只要占了一处被驱逐的资产阶级或五类分子的居室当办事处，就能以此为据点在社会上上蹿下跳，呼风唤雨，老百姓通常称他们为"野鸡造反司令部"，很难搞清这些人的"革命目标"究竟是什么，眼下门外的这一批人，正是这一类难以捉摸难以应付的红卫兵。

门外的打砸声，怒骂声仍一浪高过一浪，大门上的猫眼（单向窥视镜）被外面的人砸碎捅了下来，这猫眼在当年还是稀罕之物，只有一些西式公寓老房子的户门上才有，可以让里面的人看到外面，而外面的人却不能看到里面，这令外面的攻打者十分愤愤不平。现在好了，厚重的木门上只剩下了一个五公分直径的大洞，里面的人和外面的人都可以互相看到对方了。

他不在乎捍卫家里的一切财物，实在他也捍卫不了。他只是感到困惑，到底用什么样的语言来和这帮人对话：主动打开门，握着对方的手大叫"欢迎红卫兵小将来我家造反"？这个戏他演不来。如果不是"家庭出身不好"，他自己也该是一个红卫兵了，即便现在不是，这么多年来他在学校里都是小心翼翼地维持着"和反动家庭划清思想界限"，"追求进步"的角色，并且一直是学生会的干部。但是运动一来，原先的身份角色完全消失了，他现在只能是一个"黑五类子弟"，一个阶级敌人国民公敌的儿子，欢迎红卫兵的高姿态不符合他的身份，太虚假，太恶心，他做不出来；那么，大吼一声"你们凭什么像强盗一样闯到我家抢东西？"这个也不行，这个有点像两天前跳楼自杀的那个初二同学，他因为在日记里记下了"红卫兵像强盗，不仅搬走了我家所有值钱的东西，还强迫我爸妈跪在弄堂口认罪……"，被下一轮抄家的红卫兵发现，当作"反动学生"批斗后扭送派出所，在派出所里关了两天。被放出来后一时想不开，就在自家弄堂里跳楼自杀了。小昊在心寒之余，对这个有钱人家的小少爷是既可怜又鄙视：你这位同学眼界太窄啦，这样规模浩大深不可测的社会运动，你光看到自己家的一些金银财宝被抄走了，还要记成日记，岂不是存心要犯"革命群众"的天条？人家派出所关你两天，有一半是在保护你呢，干嘛这么想不开？总之，上面两种应对方式都不符合他的性格。那么，被动地等待外面的人把门砸破闯进来，就算正确的选择？他在内心冷冷地嘲笑着自己，脑子几乎麻木了。

接下来从大门上的破洞里可以看到，为首的几个红卫兵从不知哪个花园的角落里扛来了一截沾满泥土的大树桩，用它来撞门攻坚了："一，二，三，撞！""一，二，三，撞！"……这座自三十年代起建在大城市的西式公寓，还从来没有领教过这种三十年代农民革命打土豪破粮仓的手段，门框和墙壁之间开始掉粉，裂缝，木门上的马头牌"司必灵"锁头经过五六番撞击终于松脱，可怜地耷拉下来，大门终于被撞开了，一大群人一齐蜂拥而入。

"为什么不开门？！"为首的一位把运动衫大翻领露在军装衣领之外的红卫兵，瞪大了铜铃般的眼睛厉声责问。

"学校的红卫兵总部关照我们，不要让其他单位的红卫兵随便来抄家……"他只好这样低声含混地嚅嚅答道。

"我槽你麻的俾！对于你们这种的牛鬼蛇神的家，人人都有权采取革命行动！"领头的红卫兵给出了大义凛然的回答，小昊注意到这个骂人的青年有一双秀气的大眼睛和英俊的下巴，但此刻都笼罩在一团暴戾的雾气里。

他还注意到，涌进来的人群中有好几个是住在汽车间"小房子"里的邻居，这当中有和他同校的初中低年级同学，还有小学生，也许就是他们把这批"野鸡红卫兵"引来的。他在团团围困的人群中觉得自己的袖子被人扯了两下，回头一看是一个七八岁的小毛孩，上唇流着两行青黑的鼻涕，得意扬扬地向小昊扮了一个鬼脸，说道："哈哈，别看今天闹得欢，小心将来拉清单！"

谁都知道这是电影《小兵张嘎》里警告汉奸翻译官的台词，但这小孩的逻辑真是乱得令人心里发痒：什么时候算"今天"？什么时候算"将来"？谁在"闹得欢"？其实小昊完全能读懂这些少年和小孩的"心声"——十多年来他们的家庭顶着"劳动人民"的光荣称号,却始终住在类似棚户区的无窗汽车间里,天天面对着住舒适公寓楼的富人邻居,内心的憋屈一直在暗中不断地积淀,现在好了,又"革命"了!他们可以冲进"大房子"的人家逞凶逞强,为所欲为,怨气得以发泄,怒气得以伸张,扬眉吐气,好不开心!不用等"将来",他们"今天"就可以"闹得欢",又可以"拉清单",小兵张嘎的台词不用经过大脑就自然崩出来了!

为首的几个红卫兵把小昊撇在一边,开始商量要从这里搬走哪些家具日用品。他从他们的对话里听出,楼上有对老年资本家夫妇前一阵被抄家时在枕头芯里发现了一面"国民党的国旗",被当作妄图变天的反革命驱逐回乡下老家了,这拨人决定在老反革命的家里成立司令部,却没有写字台等家具,于是由住在"小房子"的少年邻居同学带路,到一楼的小昊家来找供应了。父母卧室里有一张大写字台,被倒空了抽屉里的所有物品,搬到楼上的"司令部"去了。文革前的无数个夜晚,父母都是面对面坐在这张写字台的两边,在一盏绿玻璃灯罩的办公台灯下,各自做备课教案批改作业或看书写字,不知以后父母回家看到这空荡荡的房间会怎么想。这帮人后来又从楼上下来搬走了一个单人床的棕棚床垫,搬走了几把靠背椅和一堆锅盆碗盏等杂物,撤走了。

人散了,房间空了,夜深了,周围安静了。小昊开始尝试修复门上的司必灵锁,被砸烂的猫眼无法修复,只能用一块小木板钉在门上遮住那个洞。一而再再而三地被置于这种令人窘迫羞辱的境地,而且今后还会再有,他痛切地感到一种迷茫和无助,他不关心那些被搬走的家具财物,只是一个劲地在想:我是谁?为什么要由我来对付这些场面?我应该用什么样的思想和语言来和这些人对话?我应该用怎样的态度怎样的词语来描述自己面临的这一切?

文革中的抄家场景给他留下了永久的精神创伤,直到几十年后他似乎仍然心有余悸,不管身居何处,每当听到"嘡嘡嘡"急促粗暴的打门声,他都会如条件反射似的陡然紧张,似乎打开门来又要面对什么凶神恶煞和难以应付的屈辱场面,但其实并没有。

2.

  对于小昊和他的同学们来说，酝酿已久的"无产阶级文化大革命"的风暴是在一九六六年六月三日正式降临到自己身边的。

  那天下午，正在工厂里参加劳动的他们接到了紧急通知要求立即返回学校，回到学校时两千多名师生已经整整齐齐地盘腿坐在骄阳下操场的沙砾地坪上，临时用毛竹竿搭起的主席台上挂着醒目的红底白字横幅——"声援北大师生，声讨三家村、北大黑帮分子大会"。校党支部书记梅楠正用她一贯的不温不火的嗓音做着动员报告：

  "同学们，这是一场关系到党和社会主义生死存亡的战斗，我们一定要立即行动起来投入这场斗争，揭发反党反社会主义的黑线，揭发我们学校内的各种牛鬼蛇神……对老师，对我们党支部，包括对我本人，大家可以贴大字报，可以指名道姓地批评……"

  从六月一日晚上中央人民广播电台按照伟大了领袖的指示广播了北京大学把矛头指向校党委的"第一张马列主义大字

报"，到六月三日下午学校召开这样的大会，中间不过一天多的时间，这中间全国各地的各级党政领导，机关学校，肯定是接到了来自首都的紧急指示的，梅书记讲话的口径和措辞，可能都与上级指示有关。

当天傍晚，用毛笔墨汁书写在旧报纸上的大字报轰然出现在校园的各个角落，贴满了长长的黑板报栏和教学楼内外的所有墙面。天黑了，所有的老师学生都没有回家，校园里各处熙熙攘攘挤满了人，所有的路灯走廊灯都大放光明，倒像是在过什么节日。那些大字报的内容，大都在模仿几个月以来报纸上"向黑帮分子开火"的语气：

"陈致远，佘长平，你们这几个月来讲了多少攻击文化革命的黑话？！你们为什么要污蔑姚文元同志？！你们是什么人？！"

"李资平！你一贯歧视我们工农出身的同学，向我们散布丑恶的资产阶级思想，这和你大资本家的家庭出身是分不开的，你必须向革命群众老实交代！"

"打倒冒充优秀教师的摘帽右派郑仲玉！"

……

中学生们能如此娴熟地运用这种批判语言，证明这场暴风骤雨般的革命并非毫无前兆地突然降临。从一九六五年底起，整个社会已经是山雨欲来风满楼，报纸先是发表了革命左派姚文元的《评新编历史剧〈海瑞罢官〉》，把四百年年前被明朝皇帝罢官的海瑞和一九五九年因"浮夸风"上书伟大领袖为民请命的彭德怀元帅绑在了一起，指斥有人想为这位被贬黜的前国防部长鸣冤叫屈搞翻案；接下来一九六六年五月，全国报纸又发表了《评三家村——〈燕山夜话〉和〈三家村札记〉的反动本质》，指斥前人民日报社长总编邓拓等人用指桑骂槐含沙射影的语言嘲讽"三面红旗"（总路线，大跃进，人民公社），"十分恶毒地污蔑党中央和毛主席，支持右倾机会主义分子……"。所有这一切舆论斗争笔墨官司，似乎都发端于 1959—1961 年发生的那场"三年自然灾害"（后来有称三年困难时期或三年大饥荒，但官方媒体至今大多坚持使用"三年自然灾害"这一钦定术语），小昊和全国人民一样，都曾经历过那场跌落到生存边缘的灾难，并曾听说农村有大量人口饿死。现在，老百姓终于看到：原来党内曾有人对这场灾难有过隐晦的批评，有过冷嘲热讽了。但是，这少量的披露，却是伟大领袖准备对这批人发动大规模政治报复的铺垫，是发动这场"文化革命"的导火线。谁能认为伟大领袖是错的？谁敢认为伟大领袖是错的？革命的大风暴来了，我们再跟着一起走吧！

六月一日，党报发表社论《横扫一切牛鬼蛇神》，并由中央人民广播电台播发了北大的"第一张马列主义大字报"，六月二日，党报发表社论《触及人们灵魂的大革命》，六月五日，党报发表社论《撕掉资产阶级"平等，自由，博爱"的遮羞布》……，紧锣密鼓，一环套一环，中国如同一口大油锅，被越烧越热，接近沸腾了。

早在这年的四五月份，学生们已经预感到了未来的动荡和不确定性，初中和高中毕业班的一批同学率先在校园里贴出了"放弃升学考，去新疆干革命"的大红纸决心书，到了六月十七日，电台终于广播了中共中央决定推迟高考招生工作的决定，实际上是无限期地取消了现行高考制度，也使所有的大中小学无限期地进入了"停课闹革命"的状态。对于小昊他们这批已经紧张备考了几个月的应届高中毕业生来说，终于嘘了一口气，不管这前途未卜是福是祸，至少眼前卸下了沉重的精神负担，也是一种快乐。整个高中时期，小昊的成绩始终落在班级中几个尖子的后面，只属于"第二梯队"中的最好水平，以这样的成绩加上"家庭出身不好"的反向砝码，考上大学的希望本来就相当渺茫。当天晚上，小昊没有回家，睡在教室里的课桌上和同学聊了个通宵，当时谁也没有想到，这场运动会延续两年甚至更长，校内同学的关系会因为"运动"扭曲撕裂到病态的敌对程度，以致半个多世纪后都不能完全消解。

初期的学校运动，就是大字报运动。大字报越贴越多，墙面不够用了，就在操场里搭建了一排排芦席棚来张贴大字报，最初的大字报都是用毛笔墨汁写在旧报纸上的，很快就发现报纸上到处是伟人语录和伟人像，极易造成"大不敬"或"恶毒攻击"的罪名争议，于是后来一律由总务处购买白报纸发给革命师生使用，整个学校成了大字报的海洋。大字报就是文化革命的象征，文化革命是需要保卫的，于是小昊也被指派参加了几次通宵夜班巡逻"保卫大字报"，夜半三更悄悄地穿梭在一道道芦席棚隔成的空间里。一道手电光掠过来了，那是他的班主任，走近后压低嗓音问道："有情况么？"回答："没有。"其实大家都知道没有哪个人会精神病发作来撕大字报，但是人人都摆出一副阶级斗争警惕性很高的姿态。潮湿的晚风，吹过搭满芦席棚的操场，黑暗夜色中的一张张大字报纸在风中抖动着，发出哗啦啦的声音。那些大字报上用黑色的墨汁满满的涂写着"揭发，罪行，声讨，斗争，打倒"一类字眼，又用红墨水在许多人的名字上画着圈圈和叉叉作为敌人的标志，这一切场面都预示着这个国家将有一场长期的内斗和骚乱。凌晨三点，远处机器制造学校的法国式钟楼，按此前几十年的老规矩，安详地"喤，喤，喤"响了三下，告诉大家，一切的一切，都在时间的记忆之下。

3.

六月中骄阳似火，大字报的热浪继续翻腾。

那些平时言论缺少拘束，或家庭出身不好，或本人档案里有历史问题，或家属中有人在监狱服刑的老师，注定要成为文革第一波打击的对象，成为"牛鬼蛇神"，他们是学校内所有革命群众一致公认的敌人，谁要是不和他们保持距离划清界限，难免自身不保。至于对学校的党支部，属不属于报纸上说的"党内资产阶级代表人物"，立刻在师生员工中引发了分歧和对立。以小昊这样的普通青少年的推理，既然是党的干部，大多数不可能是坏人，他们完全可以襟怀坦白地接受各种批评，在群众运动中"经风雨见世面"嘛，但是，心机老练的成年人，对于文革中的政治攻防战，思维不是这样单纯的。

梅书记又召开了一次全校大会作了报告，这次报告的调子有些两样："一些同学的脑子啊有点发热，不够冷静，当然啦大家的革命热情是好的啦，现在大字报贴得有点乱，我们要停几天，学习整顿一下，拳头要收回来再打出去才有力量么⋯⋯大家不要忘了这场运动主要是解决大是大非问题，大字报的矛头应该集中对准一小撮牛鬼蛇神,其他的问题,可以用小字报啦,座谈会啦,黑板报啦来解决。今后写大字报要有组织,要通过我们党支部的大字报收发组来张贴,还是要相信党的领导么,对我们党支部不要有任何怀疑……"

书记话刚落音,就有人跟着贴出"拥护党支部的英明决定"的大幅标语。大家明显感到,经过十几天的幕后努力,党支部已经在党员教师员工和学生中分别组织起两支骨干队伍来左右运动的方向了。想积极投入这场"革命"的学生觉得自己被排斥在"革命"的浪潮之外,被隔离了,被压抑了,被架空了,不满的情绪正慢慢地传布和积累起来。

党员教师的主要任务是把教师个人档案中的"历史问题"当炮弹抛出来,写成大字报引导学生去攻击这些"牛鬼蛇神",例如:

"黄焕升!你一贯在校领导和同学面前伪装革命,伪装进步,表面笑嘻嘻不动声色,好像运动与你无关,但是你在1942年当过国民党的区党部委员,为什么不告诉大家?你还隐瞒了什么反革命历史,赶快老实交代!"——这个姓黄的高中语文老师,曾给小昊的一篇命题作文《悼念毛主席的好学生柯庆施同志》打过罕见的高分90分。

"卢锦熙!你这个资产阶级的孝子贤孙反动洋奴,你给美军做过几次翻译?你给反革命特务分子潘XX当秘书互相勾结干了哪些坏事?赶快老实交代!"——这个姓卢的女老师据说是圣约翰大学的高才生,解放初期曾在市政府(当时潘是副市长)里当过翻译,小昊一直认为她的英语发音是所有英语老师中最棒的。

好几个本人或家属有这样一类问题的老师就这样被"揪出来"了,这样的揭发几乎是一枪致命的,但是写大字报的运动骨干大概自己也觉得这种把过去已经结案的"历史问题"重新抛出来构陷同事的做法有点见不得人,于是大字报结尾的署名往往是匿名的"革命群众"四个字，再则自己到光天化日下去贴这样的大字报难免尴尬，于是只把写好的大字报偷偷摸摸地扔在走廊或楼梯的路当中，让天真的中学生捡到，一看：啊呀，内容这样有分量的大字报怎么会掉在地上没人管？于是主动抹上浆糊代为张贴，于是大功告成。

被打成"牛鬼蛇神黑帮分子"的老师，在之后的几个月中陆续被挂黑牌，被剃去头发，被墨汁涂脸，被辱骂殴打关进所谓的"牛棚"失去人身自由，这可能是他们一生中最为惨痛最为羞辱的遭遇。直到六六年底六七年初，他们中的多数人才被解脱，而且被告知他们在文革头几个月所受的苦难是"刘少奇资产阶级反动路线"造成的，他们应该起来造刘少奇的反，造"走资派"的反。政治上的借力打力一箭双雕是如此美妙如此无耻，这是人们在多年以后才感悟到的。而在1966年底前后，人们看到的只是，费尽心机将这些教师端出来做牺牲品掩护自己过关的党支部梅书记，最终还是被"一反到底"的浪潮当作"走资本主义道路的当权派"打倒了，她也享受到了那些"牛鬼蛇神"们享受过的悲惨遭遇，这是后话。

六月底"大字报收发组"成立后，写党支部大字报的人明显少了。凡是批评党支部的大字报，被安排到校园角落的两间教室里作为专室展示，且门上经常加了一把挂锁闲人不得入内。这种明目张胆地"捂盖子"行为令学生们感到无比的压抑和愤慨。怒火终于在七月中爆发——一张直接把党支部当作阶级敌人当作黑帮的大字报《十问梅书记——撕掉我校党支部的遮羞布》不经过"大字报收发室"，径直贴到了校门正对面的大墙上，大字报的署名者，不仅有几十个同学，还有部分教师，甚至还有党支部委员校团委书记梁植忠。

反击的大字报也立即跟着上墙，但矛头只针对团委书记一个人：

"梁植忠是最最可疑的人！"

"打倒打着红旗反红旗的黑帮分子梁植忠!"

"打倒反党反社会主义的黑帮分子梁植忠!"

小昊当然不属于党支部信任的学生骨干,所以置身于运动漩涡之外消息不甚灵通,但即便如此,他也能推断出:作为党支部委员的梁植忠很可能为那张"炮打"党支部的大字报提供了梅书记策划压制运动的"内部情报",成了党支部的叛徒,所以遭到了党支部所组织的运动骨干们的猛烈反攻,校园里的"造反"和"保皇"之间的斗争,就这样拉开了序幕。

七月二十日,梅书记戴着玳瑁黑框眼镜出现在校园里,陪同上级党委派来的工作组人员巡视观看大字报,身边还围着一大群老师和同学,走到那张《十问梅书记》的大字报前,她温和地微笑着说:"同志们揭发党支部是革命行动,我们表示欢迎,党支部嘛肯定有这样那样的问题,我欢迎大家揭发……"

但是,在周围那一张张"炮轰黑帮分子梁植忠"的大字报后面,始终浮动着梅书记那张阴郁的脸。

4.

　　从六月开始,报纸广播就不断发布新闻和批判文章报道各地尤其是各大学"揪出"各种牛鬼蛇神的消息,这些人头上的名目有"黑帮分子""资产阶级代表人物""反共老手老反革命""反党反社会主义分子""反动学术权威"等等,但从报道的文字中看不到"揪出"两字后面隐藏的各种暴力场景。有消息传来说北京大学对黑帮分子进行了戴高帽游街的斗争,但语焉不详。而近在身边,小昊听到父亲惊恐地谈论他们学校里斗争黑帮分子的情景:红卫兵学生把食堂饭厅里的八仙桌像叠罗汉一般叠到四层高,然后命令他们的副校长,那个六十多岁的著名的数学家颤颤巍巍地爬到顶层去跪在桌面上手举"反动学术权威"的黑牌子示众,学生们则在下面若无其事地吃饭走动。小昊生性善良,对此深感恐怖和不安,他不懂这些大学生的脑子是怎么长的,为什么要用这样野蛮恶作剧的方法来糟践一个老年科学家。他常常禁不住在心里暗暗猜想自问自答:毛主席知道现在各地揪斗黑帮是这样野蛮吗?——应该是知道的,或许他要的就是这样的效果但表面上不说;这些黑帮知识分子真的是如此仇恨党仇恨社会主义时刻想变天复辟资本主义吗？——好像不是；那么是毛主席自己感觉江山坐得不稳需要进一步把更多的人打入更深一层的地狱吗？——好像是的。虽然开始时脑中尽力回避不敢朝那个方向想，但越到后来似乎答案是越明确了。

  运动开始了，学校停课了，但每年两次每次两周的下乡劳动依然按惯例实行。从八月初到八月中，各年级同学下到郊区公社参加"双抢"（抢收抢种），这次下乡不是分散在农户家中打地铺，而是利用暑假住在公社属下的各个中小学教室里打地铺，每个教室里都有有线广播喇叭，晚上可以听到有关文革消息的广播。

  八月九日晚上，喇叭里传送了电台广播的《中共中央关于文化大革命的决定》即"十六条"，这是八月一日召开的八届十一中全会通过的，中央文件第一次明确宣告"这次运动的重点，是整党内那些走资本主义道路的当权派"。也许，上面越是"明确重点"，下面像小昊这样的人越是"思想糊涂"：十几年来不是一直都是伟大领袖在实行高度集中的英明领导吗？所有的行政方针都来自自上而下的红头文件，整个社会都处于整齐划一的制度和管理之中，谁能够脱离这个环境另搞一套？是谁在"走资本主义道路"？这个"资本主义道路"又如何走法？

  八月十日，有线广播又放送了运动开始以来江青、陈伯达等各位中央首长在群众大会上的讲话录音，其中的重点是评论之前听到过传言的北京大学"6.18事件"。六月十八日，北京大学师生对六十余名"黑帮分子"进行批斗，戴高帽、脸上涂墨，罚跪，拳打脚踢，游街……酿成争议事件。在首长讲话中，自然不乏冠冕堂皇的反对武斗，制止人身侮辱过火行为的表态，但是，在整个社会已经发烧的革命氛围中，聪明的学生立刻有选择地记住了伟大领袖的夫人江青同志"好人打坏人，活该"，"我们不提倡打人，但打了也没有什么了不起"这几句关键教导，第二天晚上收工后就开始仿效"6.18事件"，批斗随学生一起下乡的两个语文老师陈致远和佘长平。

在昏暗闪烁的日光灯下，这两个黑帮分子被推上了乡村中学一间教室的讲台，早有人准备好了墨汁和糨糊，先在他们的脸上涂抹了一阵，然后在其中一人的头上套上了教室里的藤编字纸篓，在另一个人的头顶上挂了个黑铁皮簸箕，两人的脸都被挡住了，很有牛鬼蛇神的味道，几个为首的学生开始一面审问，一面用教鞭和鸡毛掸帚噼噼啪啪地在字纸篓和铁皮簸箕上猛敲，围观的学生笑声四起。

"说！为什么要污蔑姚文元同志？！'

"说！你们两人私底下还说过什么黑话！"

字纸篓和簸箕后面发出的回答含糊不清，真听不明白这两人嘟嘟囔囔在说什么。小昊只知道，那个叫陈致远的老师历史上是新四军某团的侦察参谋，49年后在区政府宣传部工作，59年反右倾时被贬到中学当老师。这两人气味相投，经常在一起指点江山，议论时政，运动一开始理所当然地成了校内典型的黑帮分子。

"终于来了……"，他的脑子里当时掠过了这个念头，这是他文革中经历的第一个斗争场面。虽然之前之后他经历过或听说过许多更加残酷，更加野蛮，更加恶心的斗争场景，但第一次在现场亲眼目睹总是给人留下更难忘的记忆。这个就是革命？是斗争？是"触及灵魂"？是武斗？还是人身侮辱？好像都可以说，又好像都不准确，应该给这种行动这种场面颁一个专用名词，但这个名词好像还没有发明出来。1949年后国内经历过多次激烈的政治运动，但除了最初农村的土地改革，这样粗野的场面还没怎么出现过，现在它来了，三十年代土地革命中农民打土豪分田地的斗争手段和场景，现在开始在城市中大规模地上演了。

他的内心有一种焦灼感：我要不要这样做？我会不会这样做？他感到他的同学们已经走到他的前面去了，他们已经真正地"参加"到文化革命中去了，而自己还在激流的外面观望，他知道自己做不出这种给人脸上涂墨，头上套上秽物，用棍棒抽打身体的举动，他想不通这几个同学，出身还算是知识分子家庭，过去在这两个老师面前温文尔雅一口一个先生长先生短，现在何以就能决然翻脸做出这样的暴烈举动。也许，他们的思想比自己有弹性——觉得既然社会潮流如此，不妨借势游戏一番或权当演戏？他拘谨于自己的标准，绝对做不出这样的行为，却又不停地在内心追究：自己在这种场合的退缩，是思想不够革命？还是受"师道尊严"的旧道德毒害？或者自己的天性就是如此无法改变？

后来小昊才知道，虽然他们身在农村，这几个斗老师的同学，都是事先受到党支部的授意安排的。而八月十日听到的中央首长讲话录音，以及后来听到中央文革小组在七月中关于取消工作组的讲话录音，证明当时各地的党政系统还在正常运作，从中央到地方一层一层地传递着北京的声音。

5.

尽管党中央的文件指出了"这次运动的重点是整党内走资本主义道路的当权派",尽管伟大领袖八月五日号召"炮打司令部"的大字报也已经在社会上流传,但是,大多数学生和群众那时对如何去抓党内的坏人还是懵懵懂懂的,靠大中学校的大字报运动还是不足以搅动整个社会。整个中国就好像一口大锅,从四月份起就不断地被添柴加火,搅拌升温,但是离最后的沸腾还差一把火。

于是,最后一把大火来了。八月十八日,伟大领袖在壮硕的身材上绷上了一件士兵的绿军装,臂上套了一个红卫兵袖章,走上天安门城楼,表示支持红卫兵造反杀向社会,紧接着,党报连篇累牍地发表了社论《工农兵要坚决支持革命学生》《好得很!》《向我们的红卫兵致敬!》……

整个社会终于彻底沸腾了……

几天后的下午,学校门口的大街中央站满了学生红卫兵和拒绝上班的青年工人组成的纠察队,他们散发各种五颜六色的传单,阻拦各种车辆和行人进行盘查并破除"四旧":永久牌,凤凰牌自行车被拦下，用铁棍砸碎车架上的烤漆商标和铜牌，再用糨糊在破损处贴上一张用黑墨汁写着"革命"两字的大红纸；两个三十岁左右的女人被拦下，剪去了头上烫的波浪形卷发，经过测量认定她们的裤脚管尺寸已经小于六寸，落到"革命"的标准以下，于是用剪刀从下而上地剪了几条一尺长的开口，两个女人不敢争辩，用手臂挡住自己涨红的脸，羞愧地离去；接下来一个四十多的女人被勒令脱下高跟鞋，红卫兵撬下鞋跟，让她穿着前高后低的鞋一拐一拐地逃走，大家在后面哈哈大笑："不要面孔，这么老的女人还要穿高跟鞋，肯定是资产阶级太太不是好东西……"

校门口贴满了各种载有耸人听闻消息的大字报，这类消息比什么揭发党内走资派反动学术权威更能激起一般市民和学生们的兴趣：

"革命的同志们！大家来看下面这张鞋底的图案！这是第三人民塑料厂生产的凉鞋，但它的鞋底图案就是一把匕首插向几个人字，也就是要杀人民！我们务必要把这个设计反动图案的暗藏的反革命分子揪出来！……"

"我们今天发现了一个十五岁的少年竟然被铁链子锁在楼梯下的小黑屋里达七年之久！为什么社会主义社会还会有这样暗无天日的角落！让我们一起来清算这起迫害青少年的反革命罪行！……"

"我们抄了西华路一家反动资本家老吸血鬼的安乐窝，一幢别墅！不但缴获了大量金银财宝，变天账，黄色画报图片，还发现他家竟然有一个水晶宫！四面墙上从地面到天花板都砌满了玻璃缸养着各种名贵热带鱼！现在水晶宫已经被我们彻底砸烂……"

……

傍晚，附近马路的十字路口开始烧书，周围的各个学校包括教师进修学院的红卫兵纷纷把图书馆内的藏书搬来倾倒在马路中央点火焚烧，红色的火焰和黑色的烟雾在混沌天色中冲到七八米高。小昊凑近一看，火堆下方还没有烧到的好几本书明明是十分"革命"的小说，例如《青春之歌》《野火春风斗古城》等等，但是在整个文化需要"革命"的特殊时刻，看来只有毛主席著作是独一无二的真理，其他书籍都有异端邪说反动文化的嫌疑，化为灰烬毫不可惜。用烧书的方式来革文化的命，铲除异端思想，这个想法和两千年前的秦始皇不谋而合，当时谁都没有想到再过四十年人们到了芯片存储和互联网时代，这个方式就行不通了。

学校附近的大街开始建造"红海洋"，沿街所有的机关，学校，商店的门面店招都被拆除，代之以红色油漆打底的墙面加白色黄色的大字标语和毛主席语录。

红色革命自三十年代在中国农村兴起，从没有像今天这样豪放尽兴地挥洒自己的颜色，整条街道，整个城市放眼望去，全是一片令人兴奋又令人窒息的红色。

与之同时，声讨各种"反革命黑帮"的大字报排山倒海地涌现在城市的各个角落，耗费着海量的黑色墨汁，当红卫兵小将们觉得用黑色墨汁书写文字还不够爽快不足以发泄革命的愤怒之后，索性把墨汁直接兜头浇在黑帮分子的身上，涂在他们的脸上。

"红旗卷起农奴戟，黑手高悬霸主鞭"，伟大领袖的诗词被写成红底黑字的对联张贴在各个街坊门口，革命了！革命了！又革命了！

德意志联邦共和国,特利尔市(Trier)。

1988年6月去西德参加技术引进谈判,东道主特意驱车载我们去特利尔市参观马克思故居纪念馆,这是特利尔市街头的中学生管乐队。

音乐是无国界的语言,是人生岁月最好的记忆提示。

6.

    八月份，校内各种红卫兵组织纷纷出旗亮相。
    在这之前，北大附中"红旗"的《烈火包不住——揭开这个盖子》，清华附中红卫兵的《无产阶级阶级路线万岁》，北航附中红卫兵的对联"老子英雄儿好汉，老子反动儿混蛋"，《毛泽东给清华附中红卫兵的一封信》……各种文章传单已经铺天盖地地在所有学校中传播，向世人宣示了一个不容置疑的现实：第一代革命干部们的子女已经长大成人，他们急切地要模仿他们的父辈，要搞一场由他们自己主导的新的革命，他们认定自己的红色血统决定了只有他们才是这场革命理所当然的领导者。虽然在后面的运动浪潮中，所有的红卫兵组织都以"造反"和"保皇"重新站队——只有坚持推翻本单位和上级的党组织和领导干部的"造反派"，才算站对了"毛主席无产阶级革命路线"的立场，但是，在运动刚开始时，各个红卫兵组织招兵买马拉山头，都是以"坚决贯彻党的阶级路线"，"家庭出身第一"的激进口号和行动来标榜自己比对方组织更革命更纯正更强大的。
    八月二十日，"红卫兵总部"首先在校内宣告成立，发起人是外号"老华"的干部子女,高二学生。老华脸盘瘦削,眼珠黑亮,文革前就一直坚持穿打满褪色补丁的褴褛外套以显示自己藐视金钱虚荣的革命精神。由于处在这个街区,学校里出身于革命干部和工农家庭的"红五类"学生是极少数,比出身于地富反坏右的"黑五类"外加资产阶级家庭的学生还少,大多数学生属于居中灰不溜秋的"职员"家庭出身,所以老华宣布他的红卫兵总部只有十几个人出身纯粹有资格佩戴红底黄字的"红卫兵"袖章,其他的追随者只能发给红底黑字的"红外围"三字袖章,没过几天,低人一等的"红外围"袖章就没人愿意戴了,但老华并不在意,只要这些人还归属红卫兵总部管就好。

  几天后,党支部幕后支持的"红旗赤卫营"成立,赤卫营一开始十分强调"重在表现"的阶级路线,宣布只要表现好,连黑五类子女也能参加,但也是只有出身好的同学有资格佩戴红袖章:上有红卫兵三个大黄字下有红旗赤卫营五个小黄字,其余的同学,只能发一个红底黑字的"红旗赤卫营"的纸板胸牌。成立后不久,赤卫营组织下面的战士去马路上搭台宣传毛泽东思想,不料一首"天大地大不如党的恩情大,爹亲娘亲不如毛主席亲"刚唱了头两句就被一男一女两个苏北口音的农村红卫兵砸了场子,说是一看你们这一身没有红袖章的打扮就知道不是工农革干子弟,有什么狗屁资格站在台上宣传伟大的毛泽东思想。赤卫营的头头一看自己的几十号人居然斗不过两个外地人,深感血统不纯的羞辱和失落,第二天就宣布进行整顿清理阶级队伍,开除一切黑五类子女和资本家子女,还说了"等你们哪一天表现好了我们再考虑吸收你们中间的少数人回来"。其实,赤卫营的开除行动很不策略,因为这个街区学生的家庭出身比例一直是两头小中间大,文革以前学校中的状况就是这样:学习成绩优秀或具有音乐绘画等才艺的课外活动积极分子,基本都来自非工农革干家庭,这些同学也很愿意通过参加各种社会活动来"表现"自己的"进步",争取学校领导的重视,减轻出身不好给自己带来的阴影。与之相反，出身革干家庭的学生，往往表面谦和内心高贵保持低调不屑于出头露面；而出身工农家庭的学生则似乎并不珍惜自己的光荣出身，放学了就急着回家抱弟妹做家务，无心也无力参加课外社会活动。赤卫营贸然开除了这些出身不好但能歌善舞能写会画有活动能力的同学，等于断了自己的一条手臂，也加速了自己后来的没落。

随着红八月红卫兵杀向社会和刘少奇的靠边，整个社会对各级党政领导是"造反"还是"保皇"的分歧不断升温。红卫兵总部的老华虽然是最早组织同学写大字报炮轰本校党支部和梅书记的，但现在眼看所有学校和政府机关的各级党政领导干部包括他自己的父亲都被冲击批斗，被称作黑帮，也感到莫名其妙惴惴不安。这时北京的红卫兵开始到全国各地煽风点火"传播革命火种"，宣传"一反到底"——即除了伟大领袖和"无产阶级司令部"的几个中央首长，其他所有的各级党政机关及其干部都可以"炮轰"，可以"批斗"，可以"打倒"，这其实是伟大领袖秘而不宣的战略部署，但包括小昊在内的许多人当时看不明白。那天学校里冲进来一批北京中学红卫兵，大多穿着洗白的四个兜军装，证明其身份乃正宗军干子弟不假，跟随他们的两个女孩倒是穿着与革命形势格格不入的彩色方格背带裙，他们冲进各个组织的办公室大叫大嚷"一反到底"，"除了毛主席江青林彪谁都可以反"，其言论乖张出格，让红卫兵总部的司令老华以为来了一帮坏人，命令手下把他们赶进一间教室锁了起来，然后让电话总机挂长途到北京去问他朋友（当然是他父亲的战友的儿子）首都的风向，通话中老华的表情由一脸惊愕到面色土灰，终于弄清了"一反到底"才是伟大领袖的伟大战略部署，才是运动的正确方向，于是立马开锁，放人，道歉。那两个穿背带裙的女孩被放出临时禁闭室时还生气地嘟囔道："你们连这个大方向都不知道，真真是混蛋透顶！"

红旗赤卫营则是一开始就受到党支部的操纵，铁了心站在保卫党支部保卫梅书记的立场的。到了六六年底六七年初,"造反"成了"革命"和"正确路线"的主流,一些教师和出身不好的学生在运动初期所受的歧视冲击迫害被算到了"刘少奇资产阶级反动路线"的账上,这批人放下了包袱,运动进入了"全民造反"的阶段,靠造反起家的各大小组织相继取得了班级或年级的主导权,红旗赤卫营自然没有了往日的神气,树倒猢狲散,其成员不是以个人或战斗队形式改换门庭投靠造反派,就是只能龟缩在校外的某个据点里搞些油印的"毛泽东思想和党的九次路线斗争"、"毛主席诗词"等资料在社会上散发,以此打发日子,完全失去了对学校运动的参与权。

红卫兵总部的老华,因为自己的父亲也被打倒一直没有解放,渐渐地失去了对运动的热情,原来挂靠红卫兵总部的各个战斗队,纷纷脱离老华另立小山头,老华名下只剩了一帮标榜"工人出身"的初中小混混坚守红卫兵总部原来的地盘,他们不分白天黑夜常住在校园北面一幢小教学楼内,白天在木地板的教室内练举重打沙包,木地板被杠铃砸出了一个个大洞也毫不在乎,要紧的是他们终于练出了胸肌,可以随时响应校内外各种组织的招呼,去参与武斗帮忙当打手;夜半三更,他们一时高兴就会起身活动,或用电炉煮夜宵吃,或随兴所至打开操场上的高音喇叭放送歌曲,或提审捉弄几个仍被关在楼下"牛棚"里的牛鬼蛇神老师取乐,一时间,《乌苏里船歌》"阿拉拉何妮娜啊哈来何妮娜……"的优美歌声和牛鬼蛇神受拷打的哀嚎声混成一片,在学校和周围居民区的夜空中飘荡,令周围的居民十分厌恶。

此消彼长,红卫兵总部的式微为新造反派组织的诞生创造了条件。从1967年初开始,新的"红卫兵联合造反委员会"利用"大联合"的失败和七月份"复课闹革命"的流产,陆续收编了原来两大组织中的许多战斗队和个人,成立了新的组织。这"红联会"的头头宋立是一个在运动前不显山露水的干部子弟,其父是老红军，1959年"反右倾"运动中被降级冷处理，但官位仍不低。由于运动初期的"血统论"气焰已经大部消停，红联会的头头采取了广泛统战的政策，来者不拒，这立即在"家庭出身"两头小中间大的校园里取得了最广泛的认同和支持。红联会在校内主持继续批判党支部和梅书记，在社会上支持中学红卫兵"四三派"的立场并参加该派别的各种串联和大型演出活动，这几项政策令各路人马纷纷来归，队伍不断壮大，崛起为校内人数最多的主流造反派组织，到了1968年毕业分配时，它已经是学校内最强力最有发言权的造反派了。

学校内红卫兵造反组织的这些发生成长演变历史，一半已是后话，这里就此打住不提。

7.

"我是黑帮！我是黑帮！
我该死！我该死！
我是反党分子！我是反党分子！
我有罪！我有罪！"
"哈哈哈哈哈哈哈，过！下一个！"
"我是反党分子！我是反党分子！
我有罪！我有罪！"
"唱这么轻给谁听？！重唱！"
"我是反党分子！我是反党分子！
我有罪！我有罪！"
"哈哈哈哈哈哈哈，过！下一个！"
……

学校大门中间的铁栅栏门紧闭着，只开两侧的小门，左侧的门头顶上挂了块红纸糊的牌子上书"革命师生通道"，右侧门上的白色牌子则写了"黑帮分子通道"。黑帮通道的这一边，用两排课桌平行放置中间留出一条狭缝仅供一人通行，红卫兵总部的一帮初中生手执木棍站在两边的课桌上居高临下地监视牛鬼蛇神老师每天早上经过这道令人面如死灰的鬼门关。

我国大约是国民音乐教育水准较低，会作曲的人太少，相比之下借用现成曲子填词的能力则十分强大，所以一首法国童谣《Frere Jacques》不但被填成了中国儿歌《两只老虎》，而且被填成了"打倒列强除军阀"的《国民革命军军歌》，现在又被填成了"我是黑帮我该死"的《牛鬼蛇神嚎歌》，强令牛鬼蛇神们每天"嚎"几次，以证明革命已取得了令人骄傲的胜利。

从六月份运动初起到八月份形成高峰，学校里已经有三分之一的教师和员工被不知何种无形的力量推入了"黑帮分子""牛鬼蛇神"的大网。他们必须在胸前挂着自制的白布条，上面用墨汁写着"逃亡地主"，"摘帽右派"，"历史反革命"，"黑帮分子"等等各种名目，每天经过这个课桌搭成的狭窄通道进校报到，而通过这道关口最令牛鬼蛇神老师们难堪也是最令红卫兵小将们兴奋的就是这道唱嚎歌的节目，那些男女老师低头垂目，满脸死灰地努动嘴唇，好不容易嗫嗫嚅嚅地哼出了"我是反党分子……"的优美曲调，却被站在上方神采飞扬的红卫兵用木棍当头一击："唱给蚊子听啊？重唱！"于是不得不提高嗓门，模仿想象中男高音女高音歌唱家唱咏叹调的腔调再高声唱一遍，才得以在学生们一片嘻嘻哈哈的哄笑中狼狈地通过。

牛鬼蛇神进了校门，并不等于可以放松神经，所有的"黑帮分子"必须进入指定的三间教室，即所谓"牛棚"，等待红卫兵的训话管教。正式的揭发批判，包括党支部抛出的个人档案老底，早已白纸黑字写入各种大字报，无须在这里口头重复。所谓"武斗只能触及肉体，文斗才能触及灵魂"其实是一句反话，牛棚里所进行的，只是令人灵魂出窍的打骂，谁对大字报揭发的内容有不服，有争辩，立即被施以更强的"无产阶级专政"手段……男老师被木棍皮带抽打得鬼哭狼嚎，女老师被剃去半边头发，用搅拌了墨汁的糨糊劈头盖脸地浇下来，让你立马人不人鬼不鬼连哭都没心思哭……借用伟大领袖的名句"自从盘古开天地，三皇五帝至于今"，历史上有没有过哪个朝代十几岁的学童可以如此明目张胆地戏弄侮辱打骂甚至杀害他们的"先生"的呢？没有的吧，没有，确实没有。所以中国的文化大革命确实是"史无前例"，它不但将少年青春期的叛逆心理完全解放出来了，并赋予了无比神圣的"革命"的名义，你老师过去批评我教育我不给我面子不给我测验及格，我今天统统可以用"批判黑帮分子"的名义报复你，让你也尝尝我的"无产阶级专政铁拳"的厉害。

这一切完全是顺理成章的。多年来"阶级斗争观念"的灌输已经使这些没有经历过真实社会不知真实历史的少年积累了足够多的莫名愤怒和仇恨，一旦发泄的闸门被打开，一旦这些老师被认为是妄图恢复罪恶旧社会的魔鬼，是恶毒攻击党，敌视伟大领袖的牛鬼蛇神，对他们采取任何泄恨的手段，调动人性中最邪恶的欲望来凌辱践踏他们，都是正常的。

所谓"红八月"的"红色恐怖"持续了一个多月，学校里有多名老师和学生自杀。跳楼的成功地脑浆迸裂去了另一个安静的世界；上吊的则有一个被发现从阴阳分界上拉回来恢复了呼吸继续享受这盛大的革命筵席。这时学生自发去首都的"革命大串联"已经开始启动，有同学回来报告说，北京正大规模驱逐"五类分子"及其家属返回原籍农村，有些所谓的"逃亡地主"在返回原籍的火车上即被押送的红卫兵殴打致死推下路基了事。后来据北京官方的保守统计，到八月底仅一个月内首都就有将近一千八百人被各种私刑虐杀，民间则有说被打死的有几千人。

当然，如果到了 1966 年年末，你愿意相信这一切残酷迫害并非伟大领袖和文化大革命的本意，而是"刘少奇资产阶级反动路线"造成的罪恶，也是政治正确的，没有人会反对。

8.

"抄家"是一个中国特有的词汇，英语里找不到对等的词，倘若你去查从 1960 年到 2010 年这半个世纪的汉英词典，得到的英文词义都是"Search somebody's home and confiscate his property"——搜查某人的住所和扣押其财产，但是，中国的抄家仅仅是这些么？其深刻的政治含义，丰富的社会功能，精彩的戏剧场面，远非这几个英文单词所能表达。从封建皇帝惩处被贬黜的官员算起，抄家不但是要没收你的家产，捉拿你的家人奴婢充为奴隶，更重要的是连根拔除你的势力，让你在百姓面前"从此颜面扫地，做不起人"，而现代中国的抄家，其场面和内涵则更加丰富多彩。

九月初的一天晚上，小昊跟着一群人去抄家，那地址是城南被填没的污水河上所建街道边的几间瓦房，据说屋主是一个隐藏很深的逃亡地主。进了屋看到这个"地主"，小昊老是觉得有点面熟，等他开口说话，才想起这家伙竟然是几个月前给自己检查身体办游泳卡的地段医院医生，医院的造反派怕自己太文质彬彬不够凶不够狠营造出不成斗争气氛，特意向学校里借了几个红卫兵来帮衬。"地主"当然已不记得小昊这个病人,而小昊却清楚地记得不到半年前在地段医院这医生如何和颜悦色地为自己听诊开药,甚至在两天后按病历卡上的地址为小昊寄来了一封字迹端正娟秀的信,详细地解释了小昊那天所担心的低血压症状,所以小昊对他有较深印象,没想到不是冤家也路窄,竟然会在这样的场合碰头。

抄家开始,照例是预先宣布坦白从宽抗拒从严的政策给予警告,然后在斥骂声中翻箱倒柜,割破沙发,撬起地砖,最后又搭了竹梯拿了手电爬上房去逐次揭开瓦片翻查,但始终没有找到属于"变天账"的地契和带青天白日图案的反动书籍图片之类的东西,只在五斗橱上的两个瓷花瓶里的卵石中查获了两块"小黄鱼"——老秤一两的金条。黄金是一种带有罪恶标志的财产,这是那时革命群众的共识,屋主看来也是煞费苦心,把黄金藏在这样的地方,一是容易被忽略查不到,二是介于"藏"和"非藏"之间,不似藏在沙发内地砖下有明显的隐匿之罪。在整个抄家过程中,地主兼医生的年迈母亲坐在一把扶手椅上,老太婆用敌视的眼光来回扫视众人的一举一动,喉咙里发出模糊不清的声音,地主的残疾儿子则拄着拐杖站在一边一声不响。小昊从书柜里翻出了一本厚厚的数学笔记,发现扉页上是这个儿子手写的心得——写他自己因为残疾不能高考上大学而开始自学高等数学微积分,在迈向科学大门之际悲喜交加的心情。小昊在地主儿子的注视下默默地把笔记本放回原处,想到自己也是刚被切断了本来就渺茫的上大学之路,心里有些说不出的味道。抄家结束,红卫兵和医院造反派们带着两块小黄鱼和几种"四旧"财物凯旋而归,没有人知道小昊和这位地主医生曾经有过的交往和小昊在抄家时思绪万千的种种心境。

两天后,曾经扮演革命动力的小昊转换角色扮演革命对象,父亲所在大学的红卫兵来抄家了。尽管在这之前已有过几次不同组织上门抄家,但这是一次好像是最正式最全面最彻底的抄家。九月的阳光如此明媚,但小昊的心境却如此抑郁。他从窗口看到一大群人押着他父亲走进小区,走到一半时他们停下脚步,将一块写着"牛鬼蛇神右派分子XXX"的大牌子挂到了父亲胸前,然后继续朝家里走来。给罪犯挂牌子的手段是源于古代还是源于三十年代"打土豪分田地"的土地革命,小昊记不太清,但他终于看到了运动开始以来无数屈辱镜头中的黑牌子,现在也挂到了他父亲胸前。

剧烈的敲门声,十分急促,十分狂暴:"嗵嗵嗵!嗵嗵嗵嗵嗵嗵!"小昊心里想,何必敲那么厉害?我总要给你们开门的不是吗?但是,你们敲得不响就显得不革命不造反了,对吧?

门打开了,一大帮人押着父亲蜂拥而入,有年轻的红卫兵大学生,也有一两个中青年教师,母亲也接到她就职的中学给她的通知回来接受抄家和批斗,随后脚赶回到家里。父母被推进卧室按坐在椅子上,然后革命师生站在他们对面大声宣布了抄家的理由和坦白从宽抗拒从严的政策,小昊突然想到了什么,乘这个空隙悄悄地钻进了自己的小房间,打开小写字台抽屉上的挂锁,将自己的日记本塞进外衣遮盖的裤腰里又把挂锁锁上。那个年代,有许多年轻人因为思想不轨的日记泄露于众而被批斗甚至获刑,他知道自己的日记里并没有"对现实不满"的"反动言论",但是却有着他对生活悲喜交加的困惑,有着他想拥抱圣洁的生活目标,追求诚实的精神境界的理想,还有他对学校里几个优秀女生的青春遐想,那些都是他写给自己看的隐秘思想,他不愿意让这些红卫兵大哥大姐和老师们看到。

查抄开始,一切可疑的角落都没有漏过,凡用手指敲击回声显示内部是空心的木制饭桌茶几等家具,都用菜刀和榔头破开缺口来回翻倒用手伸进去探索有没有隐藏之物;布沙发和弹簧床垫被一刀刀割开,露出里面的棕丝和棉花;各个房间的木条踢脚线都被撬开,与房屋结构一体的壁橱,因为从隔壁房间的后壁敲上去是中空的回声,也被从毗连的后壁划破,卸下整块墙板进行搜查。两个小时过去了，大汗淋漓的红卫兵们不太相信在一个老牌反革命的家里竟然查不到半点反革命罪证，开始有点沉不住气。回转头围着坐在椅子上的父亲想从口中找出新线索来："东西藏哪里了？还是早点主动交代对你有利！"其中一个红卫兵用右手竖起拇指和食指比画道："这个有没有？藏哪里了？"小昊回首望去，只见父亲颓然地嘟囔着："你是说手枪？没有，我一辈子没沾手过那个东西，"回应这句话的又是一阵高声吼叫。

  在几个红卫兵轮番围攻父亲的时候，一个上唇留胡子戴黑框眼镜的中年教师回过头来注意到了小昊，他把小昊带到小房间里，和颜悦色地让小昊把抽屉上的挂锁打开让他检查，小昊顺从地照办了，他知道抽屉里已经没有了他的日记本，除非强行搜身，自己的日记不会暴露。中年教师在抽屉里翻了一圈，除了一大堆已经无用的高考备考习题本，只有三本精装的 A·托尔斯泰的《苦难的历程》三部曲，这是小昊的一个邻居也是小学同校的女生借给他的，女孩的爸妈都是电影制片厂的名人，文革浪潮袭来，家门口糊满了揭发批判的大字报，爸妈也常常不知所踪，家中只剩下女孩形影单只地泡在父母留下的一大堆文艺小说里，小昊看过的《复活》《铁流》《毁灭》《白夜》《生死存亡的年代》《莫泊桑小说选》《嘉莉妹妹》……，都是从她家借的。中年教师拿起一册第二部《一九一八年》，翻了几张，又回到扉页，黑框眼镜后的一双金鱼眼死盯着上面的卷首语："在清水里泡三次，在血水里浴三次，在碱水里煮三次，我们就会纯净得不能再纯净了……"，许久才发声说："这些书现在也很难说是好是坏，有时间还是多看看毛主席著作……"。小昊用余光瞟着他蠕动的上唇胡须，心里有点失望，作为阶级敌人的子女，在被抄家的环境下，他确确实实感到了自己的精神无所依傍的痛苦，他像抓住一根救命稻草一样，希望这位面色和蔼的老师或许能给他一点启示，给他指出一条精神上的出路，但是光说学习毛主席著作未免太简单太空洞不能解决他的实际问题。几个月来他好像是沉浸在《苦难的历程》这部小说的情景里,十月革命胜利前后社会的混乱和无政府状态,知识分子向往革命与崇高又和普通群众格格不入恐慌彷徨的精神面貌,真的和现在的文化革命有点相像。小昊一直在胡思乱想:那个英俊坚毅的伊凡·捷列金和以俄罗斯祖国为生命的罗申,都曾经参加过白军,若是放在今天的中国会不会就相当于隐藏在革命队伍中的刘少奇一类人?可爱的两姐妹达莎和卡嘉,如果碰到类似今天的抄家她们会怎么办?但是没有人会来解答他的这些问题。

抄家接近尾声,屋内一片狼藉,被撬下后背的壁橱在公寓建成三十多年后第一次裸露了他里面丑陋的原形,没有人告知被撬下的壁板和踢脚线应该由谁来装回原处。接下来的程序是在小昊家门外墙上张贴预先写好的十几米长的大字报,告知周围邻居这户人家是如何罪恶昭著必须提高警惕,然后摆上两条长凳让小昊父母亲站上去"示众"接受批斗,围观看热闹的自然主要是附近"小房子"里的那些小孩,虽然小昊母亲并没有被钦定为任何一种阶级敌人,头上并没有无形的政治帽子,胸前也没有挂有形的黑牌子,但阶级敌人的家属大致应归属于阶级敌人一类,是那年头革命群众的共识,必须通过示众让周围的群众知道他们的身份,让这些"国民公敌"时时处在革命群众的监督下无处隐身,在精神上被打翻在地,永远站不起来。

被查抄的财物里有半截"小黄鱼",小昊记得以往遇到开学要交子女学费或有其他临时开支入不敷出时,母亲都会去银行锯下一点点兑成现金贴补家用,还有一台新款的禄来福来双镜头反光照相机,这是当过记者的父亲最心爱的宝贝,再有就是一箱箱从书柜和储藏室里搜出的各种旧书籍和照片底稿。因为父亲在抗战前后当过记者,编辑出版过二战摄影画史和时政杂志,所以家中储藏室里有堆积如山的照片资料和参考书籍,几乎是取之不尽,抄之不绝。以后多次再抄家,红卫兵们在发现没有"变天账"反动罪证和金银财宝可拿的情况下，一定会搬走一堆书籍和照片充当替代的战利品，骂骂咧咧很不甘心地走出大门。

抄家，对他来说是很尴尬很屈辱很难以应付的事情，因为自己在这种场合中被当成了整个社会的敌对方，不管上门来的红卫兵是何方神圣是哪一种类型，他都必须唯唯诺诺地曲意逢迎，他觉得自己的自尊被彻底打垮了，假如自己的同学也在抄家现场，不知自己何以有颜面自处。

川藏线泸定桥，2009年5月。

"此桥建于清末，中经两度损毁，一次为红军由云南入康，晚间派先锋队持手溜（应为榴）弹伴称中央军，迫行至桥中途，即与中央部队发生接触，后侥幸渡过；但二次红军由川藏退回康甘，桥即被毁矣。"……此段文字见于某记者1938年12月28日的日记，当天他在泸定县县长李竹修的陪同下参观了泸定桥。该日记本经历十年文革浩劫后侥幸失而复得。

历史的长河滚滚向前，人们需要驻足反思并探寻验证那些众说纷纭的细节。

9.

　　自从伟大领袖8月18日接见红卫兵和革命师生前后,一个关于"串联"——即大中学生可以免费坐火车去北京"取经"的消息就在学生中疯狂流传,在那个坐火车旅行还是一种昂贵开销的时代,人人都跃跃欲试想去碰碰机会和运气。8月23日,听说这几天一直有学生在包围和冲击火车站,他也心猿意马身不由己地跟了几个同学赶去火车站,临走时面对母亲忧心忡忡的询问,他嘴上说是去看看热闹,心里却想着或许有机会爬上哪列火车就一走了之了,他实在是很想逃离那个随时会被抄家的已经不像家的家。

　　夕阳中的火车站被上千名学生包围着,他们高喊着"我们要见毛主席"这个毋庸置疑不能批评的口号,用力摇晃和用身体冲撞着火车站紧闭的铁门,企图破门而入。他和几个同学在周围巡视观察了半天,终于避开了喧闹的人群从车站背后的一条小街发现了一堵不太高的围墙,从这里翻墙进入了火车站。双脚落地后走了几十米,他们惊喜地发现就在这堵墙上有一扇带铁栅栏的小窗,里面闪着昏暗的灯光,里面有铁路职工正在向窗外派发"革命师生串联火车票"！只有七八个人在排队！他按住激动的心情排在队伍后，排到窗前时里面的人什么也不问就递给他一张"串联火车票"——用红字印在黄色的牛皮纸上：8月25日，到北京！另外几个同学也都领到了票，但经验老到的他们都鼓动小昊，不去管这车票，现在就爬上随便哪一列往北方的列车走了再说！因为形势千变万化一天一个样，但小昊犹豫了，口袋里仅有三块钱，连牙刷毛巾都没带，他觉得还是先回家，等后天持票上车比较稳妥，最终，他说服了其他几人，怀揣着车票离开了车站。但是，他没有想到当天晚上电台就广播了中共中央和国务院的决定：即日起停止串联，等安排好火车运力和首都的接待能力后重新开始。

之后直到十月底，小昊他们才领到了学校开的介绍信和车票，五六个同学搭伴一起正式踏上了去北京"串联"的旅程。

11月1日先到第一站南京，南京大学正在开批斗省委书记的大会，校园草坪上的主席台上拉着白底黑字的横幅"彭葱不许装蒜！"小昊身边一个戴眼镜的中年教师大概因为过度紧张神志恍惚，在跟着喊口号时把"打倒刘少奇"喊成了"打倒毛主席"，他随即脸色苍白肌肉扭曲地主动大喊："我失口了！我失口了"！但旁边的群众根本不理会他的辩解，一窝蜂涌上去拳打脚踢把他拖出场外。

11月5日，在南京站上了火车，经过火车轮渡过了长江到了浦口，本以为可以继续直接往北开，却在等候多时后又被连人带铺盖卷赶下了车，在人山人海一片漆黑的浦口车站乱挤乱拥折腾了一个通宵。人群中小昊的身前有位女生把她心爱的小提琴（应该是"宣传毛泽东思想"要用的宝贝）托在了头顶，仍无法减缓周围人群强力挤压的痛苦，不断地呻吟道："妈妈呀，快来救我，妈妈呀，快来救我……"。直到第二天中午，小昊他们才算爬上了一列肯定要北上的火车，车厢里有传言说，昨天晚上有一个学生被挤死了，他相信那是真的。

车厢里十分拥挤，头顶上的行李架上都睡着不少人，过道上的人或站或坐或索性躺在地板上，晚上若能钻到座位底下伸直了腿躺下，那就算占到了整个车厢里最宽敞最舒服的空间，列车开开停停，三天之后终于到了北京站，小昊他们被卡车接到了先农坛体育场，体育场四周的看台和中间的场地上挤满了黑压压的人群，在那里等候住宿安排。冬日夜间寒风凛冽，许多人把贴大字报的席棚拆了点成一堆堆篝火来抵御寒冷。广播里隔一段时间播送一组人已被落实住宿处可以准备出发的通知，一直挨到天亮，小昊他们才得到通知被接走，在清晨的路上他们第一次看到了首都在文革风暴中的市容：整个城市有点像古代的战场，大街上到处搭满了芦席棚，那不是住人的兵营，而是解决上百万进京临时人口排泄问题的临时茅厕。

然后住进了位于三里河的国家计委办公大楼，住处是在宽阔的走廊里用铁皮文件柜隔成的一个个小单元，足见当时安置这些涌入北京的学生的住宿是如何困难和如何煞费苦心。小昊是平生第一次出远门，也是第一次见到和大城市的学生不一样的人群。隔壁的单元里住着一群鲁西山区的大妞，十几个人都穿着花布大襟棉袄，留着一样的男式一边倒短发，斜背着红色的塑料语录袋，有两个腰里还束着一掌宽的铜头武装皮带，一看就是旧时代民间武装的遗留物，现在被用来充当红卫兵尚武精神的标志了。隔着铁皮柜，小昊听见她们在议论蹲在厕所的坐便器上如何拉不出屎来，其中一个插嘴说，那玩意儿用来淘大米倒是不错，引得小昊一阵暗笑……。铁皮柜的另一边，住着一对来自上海的男生，每天晚上就津津有味地猛聊今天到了城里的哪个角落，发现了什么新的好吃的东西，从果脯冰糖葫芦到艾窝窝茯苓饼到驴打滚驴肉火烧到骆驼肉杏仁茶……那如痴如醉的叙述让小昊好像透过铁皮柜看到了这两个前世饿鬼馋涎欲滴的猴急像，好像他们到首都来的唯一目的就是吃吃吃吃吃……

他们仍一本正经地赶到北大、清华去"取经"——看大字报，但运动的第一波高潮已过，大多数师生也跑到外地去串联了，校园里冷冷清清，多数的大字报是旧的，已经残破，在冬天的寒风中哗哗作响。

到了 11 月 11 日，终于等到了又一次伟大领袖接见红卫兵的安排。一早由解放军带队去长安街两边等候，但是每边都站了十几层人，根本看不到街上的动静。将近中午，一阵喧嚣，人群乱拥，都知道伟大领袖的车队已经一溜烟地开过去了，多数人其实连个影子也没看到，但是这并不妨碍许多人拿了小红书语录本的扉页去天安门两边的红墙上蹭上一层朱红粉，然后在上面写道："敬爱的伟大领袖毛主席，我们心中最红最红的红太阳，我今天终于见到了您，这是我一生最大最大最最大的幸福……"

然后……然后管理串联学生的军宣队就催促大家早日离京，发给了大家离京的火车票。在北京火车站外的广场，又经历了来时在浦口火车站一样的遭遇，在广场的一片黑暗中毫无目标地随着人潮乱拥乱挤了一整夜，小昊甚至还在翻过一道矮墙时扭伤了腰，终于在早晨天亮后爬上了一列南下的火车。经过三天三夜，火车终于停靠在他自己的城市，因为腰痛难忍，经过一番激烈的思想斗争，他终于放弃了跟车继续南下的打算，下车回到了自己的家。

10.

他去北京串联回到家时,家里已经住进了"客人",一帮据说来自手工业局的造反派年轻人,名为造反派是否由原"保皇派"被逐出原单位演变而来则无处可考。他们占据了原来父母的卧室兼书房,在这里成立了他们的"司令部"。"司令部"的门常常只是半掩着,他能通过门缝看到里面的情形,除了值夜用的三张铁管单人床和一张小书桌和两把椅子,竟是空空如也。

造反派们很忙碌,有时很早起床出动,有时半夜才收兵回营,一大群人踏着沉重的脚步进进出出弄出各种喧嚣和吵闹声,把与他们共享一套房的"邻居"小昊一家人视为无物,也许他们觉得,只有他们自己才是这个时代这个世界天马行空的主人,至于小昊一家这种"黑五类"或"资产阶级",完全是这个社会的败类垃圾,是应该消亡和正在消亡的贱民吧。

有天下午小昊看到他们押着一个穿蓝色干部服戴解放帽和一副深度近视眼镜的胖子进来,明显是个属于"走资派"的人物,他们把他按在椅子上,声色俱厉地强迫他签一个什么文件,好像是要他交出公章财务章之类的东西,这大概就是当时普遍的"夺权"行动吧。过了几天,他们不知从哪里又搞来了一辆摩托车,喜不自胜,在房间里的木地板上一次又一次试着发动,摩托发动机在发出几次回火的爆鸣声后终于被启动吼起来了,他在隔壁房间都感到了地板的震动,年轻男女发出了一阵欢呼,然后推着摩托出门去小区里兜风了,兴高采烈地享受他们搞到的快速交通工具,这也许就是他们几天前"夺权"获得的战果之一。

"司令部"留驻两个半月后,小昊的父亲看不清文革运动的前景如何,觉得自己用微薄的收入付房租却由他人长期占住不合情理,于是去房管所申请把这间房退了,但水电煤气费却暂时无法分割,仍由小昊家支付,造反派们仍旧和小昊家人"不分彼此,亲如一家"地在一个煤气灶上烧早饭煮夜宵,大概由"资产阶级"支付水电煤气费,由"无产阶级"使用水电煤气也是"造反有理"具体表现。

造反派们也有空闲松弛的时间,有次小昊从半掩的门看到里面一男一女正躺在两张单人床上,四条腿挂在床头外晃荡,倾情神聊。男的一个在预测自己的前景,担心自己一个青年工人造反派能否被结合进革委会成为领导干部,女的一个在憧憬未来的幸福:"你讲,我们这辈子啥时候才能住上这种有钱人家的洋房,有地板有煤气有独立卫生间不用每天生炉子倒马桶?"多年来小昊一直觉得自家的"资产阶级"房子是一种精神牢笼,它给自己贴上了原罪的标签,限制了自己追求进步,追求革命,追求纯洁和崇高,他渴望早一天冲破这个牢笼,远远地离开这个家,离开这所房子,现在听到来自"无产阶级"的青年们把"资产阶级的房子"当作理想,当作目标,真觉得有点乾坤颠倒不伦不类的滑稽。

这帮客人一直住到一九六七年五月才消失,但退掉的房间已不可能再从房管所收回,空关了一年后,被分配给某公司革委会"三结合"干部的一家四口,这是后话。

11.

　　一九六七年一月六日，寒风凛冽，这个有国际影响的全国第一大海港和工商业城市的市委书记和市长，被工人造反派，党政机关造反派和学校红卫兵联合押上了市中心人民广场的高台，包括小昊在内的所有市民都看到了黑白电视现场直播的批斗大会。

　　在这之前，这个城市经历了产业工人大军中保皇派赤卫队和造反派工总司长达几个月的对峙和争斗，每派都拥有几十万成员，保皇派的成分似乎大多是传统上拥护党也为党所倚重的本地模范老工人，党团员，而造反派人员的面目则含混不清，有不少是过去若干年党为了改变这个城市的阶级构成从外地调入的工人，虽然他们也高举着拥护伟大领袖的旗帜，但总有点让人疑心他们年轻气盛，动机不纯，投机冒险，前途未卜，但是最终他们赢了。

　　看着市委市政府机关的主要领导在台上挨斗，过去数月的动乱场面一幕一幕重现在大家的记忆里：八月底红卫兵和工人造反派组织人马冲击市委大楼，市总工会则组织工人纠察队保卫市委，把整个大楼围得水泄不通，五六个身高近两米的彪形大汉如庙里的四大金刚一般站在市委大楼门口,双臂交叉在胸前以傲慢的微笑俯视着任何想靠近大楼的不速之客……十一月,造反派成立工总司组织人员"上京告状",卧轨阻断铁路干线,结果受到"中央文革"领导的接见,承认其组织是"革命组织",其告状行动为"革命行动"……十二月,保皇派也组织起工人赤卫队反告状,在市委机关和宿舍所在的马路上和造反派工总司爆发大规模武斗,有的赤卫队员被卡在围墙铁栅栏的夹缝中间被动挨打头破血流……由于幕后神秘力量的运作,每次冲突的结果都是保皇派的气焰被打掉一成,直至今天市委机关的所有干部统统都被揪到台上当作敌人斗了一遍,标志着造反派取得了第一次决定性的胜利。

  对于性格冲动不屑思考喜欢随着潮流打打杀杀的红卫兵学生和年轻工人来说,一切都像过节一样和令人兴奋。而对于喜欢谈古论今深入思考的人来说就有些迷惑不解:这些身居高位的革命老干部怎么就会在一夜间都变成了反革命分子?他们是原来就心怀敌意的潜伏者还是后来的蜕化变质者?在五十年代,党的基层干部就是党的化身,是实现党的领导的具体体现,谁反对他们就是反党,注定会有悲惨的下场。小昊清楚地记得,他的小学美术老师,也是他的美术启蒙人,就是因为看不惯和顶撞校长(一个1948年参加地下党的药店伙计)被戴上了右派分子的帽子成了扫厕所的杂工。到了1960年,这个校长因为贪污和监守自盗被逮捕判刑,美术老师觉得这下终于证明了自己本来是好人确实是被坏人冤枉的,于是四处申诉,但竟然毫无用处,反而被当作"翻案老右派"受到了更严厉的批斗,因为这里的逻辑是这样的:不管校长是好人坏人,他当时是代表党的,而你竟敢顶撞他,你就是反党,党永远是正确的,反右永远是正确的,所以你妄图翻案是有罪的,你永远不可能平反!

  而今的局面正好颠了个倒,下面的群众可以起来把党政干部宣布为黑帮走资派反革命,而且不止于少数人个别机关,是所有各级干部一律可以被打倒，被靠边，被批斗，最高领袖对此种历史上批判过的"打击一大片"偏差，这次似乎毫不在意，放任自流，甚而有意无意推波助澜，鼓动这种狂潮，这是为什么？

许多年后，人们悟到了一种玄机，当年掌控军队处于极权顶端的伟大领袖，已经和他的党政机构不在命运共同体——伟大领袖，党政机构，底层群众，成了文化革命中的三极，伟大领袖将党政机构和群众玩弄于股掌之上，听任群众打倒一切干部，瘫痪一切党政机关，有助于他摧毁他的政敌的组织基础，废黜他的政敌即原来设定的接班人，重建他的绝对权威和他设想的乌托邦党国机构"三结合"革命委员会。再说，把全国党政干部"放在火上烤一烤"让他们受点罪也不错，谁叫这些人在一九六二年的七千人大会上竟然欢欣鼓舞地一致同意让伟大领袖承认错误又让伟大领袖在经济工作领导上"退居二线"的呢？伟大领袖的夫人已经明说了："从七千人大会以来，主席是一直憋着一口气的，直到文化大革命才出了一口气"，是啊是啊，现在终于可以利用"革命群众"出口气，可以对这些不知好歹不知敬畏的干部报复一下了。

文化革命结束之后很多年再反过来思考，倘若文化革命仅是贬黜了几位像高岗，彭德怀，刘少奇那样处于党内顶层权力圈的"个人野心家"，仅是镇压了"黑五类"阶级敌人和不可靠的知识分子（这些都符合党一贯的斗争传统），并没有听任绝大多数各级干部被冲击被凌辱被"放在火上烤"，那么，抓捕以主席夫人为首的"四人帮"和全面否定"文化大革命"，在党内就可能没有那么广泛强大的思想基础舆论基础，也许根本不会发生（这点从多年后某些人对全面否定文革耿耿于怀，千方百计要把文革归于"艰辛探索"可以看出）。当然历史不能假设，但伟大领袖和夫人在掀起文革狂飙肆意"出一口气"的时候，有可能没有想到老子的"祸兮福所倚，福兮祸所伏"，没有预想到历史的因果轮回。

川藏线波密县米堆冰川的巨大冰洞，2009年5月。

巨大的冰河发出轰轰巨响穿过冰洞，又钻入地下，令人不寒而栗地感受到我们的脚下的冰川其实是不断移动变化的砾石，冰，水流和空洞的混合体，不知何时到达了一个临界点整个冰洞就会坍塌面目全非，我们眼前看到的景象只是几千万年历史中的一个瞬间。

12.

　　文革中的许多现象，许多场面，在众人看来很平常，很理所当然，但却会令小昊感到震惊，感到迷惘，反复地在头脑中纠结挥之不去。

　　那天路过学校附近街边某戏曲学校的小排练场，见到十几个造反派红卫兵正挥舞着军用皮带猛力抽打和辱骂一大群穿着蓝色棉大衣趴在地上的同学，强迫这几十名的同学伏首跪着"向毛主席请罪"，这群同学则毫不反抗，乖乖地匍匐在冰冷的水泥地上，撅着屁股面朝舞台上伟大领袖的画像不断磕头，双手捶地号啕大哭："毛主席，我们错啦，我们对不起你老人家，我们向你请罪……"。他知道，此前的故事背景是66年至67年之交造反派开始炮轰市委，冲击了该市党报迫使其停刊，而这批戏校"保皇派"学生则打着"我们要看党报"的旗号参加了全市的北上请愿团，跑到北京希望找到中央文革有关领导讨个说法，结果当然无人理睬碰了个又冷又硬的钉子，返程途中他们意识到知道大势已去，只好承认背叛了"毛主席的无产阶级革命路线"，向造反派投降，一下火车就被造反派押回学校请罪。小昊感到震惊的是这一幕和概念中的"旧社会"太相像了：那几个表情扭曲凶神恶煞的造反派学生不是很像旧社会恶霸地主的狗腿子或戏班子的封建班主吗，那些跪在地上唯唯诺诺听凭打骂毫不反抗的学生不是很像旧社会的穷人或戏班子里的学徒吗。我们一直向往革命，追求进步，按照毛主席语录，"造反"精神本来是"敢把皇帝拉下马"的一种思想解放，而现在怎么"造反"的结果，反而是"无限忠于"最高领袖成了革命道德的核心和最高准则？最高领袖至少在形式上不就是相当于皇帝吗？眼前的跪地请罪场景难道不是一种新的压迫，一种新的奴性？不管眼前的这些人是造反派还是保皇派，他们身上所表现的难道是新社会青年应该有的精神面貌？

　　文革伊始，他自然而然地被招入了党支部做后台的赤卫营，后来又自然而然地因为无法改变的"家庭出身不好"被赤卫营宣布开除，他对此并不在意，因为他觉得党支部和梅书记一向官僚主义严重，死气沉沉，应该怀疑，应该炮轰，赤卫营一味死心塌地地保卫党支部，思想太僵化了太落伍了，脱离这帮人正好远离他们的紧箍咒。他加入了班级里的造反派战斗队"反到底"，一起活动一起贴大字报，这个战斗队也是学校里最早起来反党支部的"老造反"之一，名义上挂靠红卫兵总部，实际上有很大的独立性。但过不多久他又觉得造反派的观念太矫饰了，所排列的梅书记罪状，大多是牵强附会，盲目上纲上线，如果像梅书记和党支部这样的就是真正的黑帮反革命，那岂不是全国所有的基层党组织都烂掉了？文革的最终结局会是这样吗？一定不会的。他写了自己的大字报，希望党支部能检讨文革初期挑动群众斗群众保护自己的错误，恢复党组织的正确领导，希望各个造反派组织能放弃山头，建立统一的不受党支部管控的文革筹委会，但是，他的大字报除了被驻校工宣队头头称赞为"这样的观点还有一定价值"外，不被有实权的任何一派所喜欢，甚至已经失去权力躲在校外的保皇派也不喜欢。这张大字报也使自己和班级里的造反派"反到底"战斗队产生了隔阂。知心的同学提醒他，不要犯理想主义的错误，历来的政治斗争经验证明，在两大派对立的情势下，任何第三派都是不可能在夹缝中生存发展的，于是他又开始犹豫，开始彷徨。班级里的"反到底"成员在造反派全面胜利之后，离开了自己班级的教室住进了红卫兵总部盘踞的小楼里，成天吃吃喝喝无所事事，根据"同性相斥，异性相吸"的惯例，他们和新成立的全校造反派组织"红联会"争权夺利摩擦不断，却和一帮有"联动"保爹保妈倾向的干部子女拉拉扯扯，关系不清，不知这是否出于他们自己的家庭出身几乎是一片黑的自卑，想沾上点红色。这些都令他感到厌恶，也和他们越来越疏远，于是他又成了半游离于运动之外的孤独者。

　　人类是群居动物，文革的社会动乱更证明了这一点，许多人参加这样或那样的组织，并非自己有什么观点或者一定要支持哪一派，而是出于随波逐流的从众心理希望和众人一起热热闹闹有事可做，不希望被众人遗弃放逐。有好几个低年级同学，平时习惯了从家里到学校两点一线的学习生活，一切有人安排妥当，一旦学校停课了没人管了，这些孩子就六神无主不知干什么好，惶惶不可终日，加上性格不合群，不会主动巴结投靠任何个人和团伙，最后在孤僻和无聊中越陷越深，有的甚至得了精神分裂症。小昊也害怕孤独，担心孤独会让自己走到精神不正常的边缘，但他又不愿意轻易去参加另一个组织，他仍游离在彷徨和纠结之中。

13.

"小昊,你没有参加学校里的造反派啊?"

"我……"

"你怎么总不参加组织的呢?"

发问的是初中毕业班的王晓枫,六七年三月的一天,教室里正在开工宣队召集的造反派各组织联席会议,讨论"革命造反派大联合"的议题,允许旁听,但谁都知道这样的讨论不会有任何结果。王晓枫正好坐在他的前一排斜对面,回过头来问小昊,自文革初期的动乱以来他们一直很少接触,他有点猝不及防,不知如何回答,只好讷讷地说:"我还在班级里的造反派啊"。

虽然刚进高中报到时他就对这个穿蓝白相间格子短裙在单杠上翻上翻下的初一小女生有点印象,后来又因为学生会办初中优秀作文展认识了她,但是在中学里"男女生互不聊天"的风气下,男生女生若在路上遇到都会把头扭过去装作不认识,他也不能例外。文革运动一来,男女生之间的这种藩篱似乎有所破除,但他反倒因为心里有了某种"想法"更不敢主动接近王晓枫了,而她则不管运动前运动后,只要和他打照面都无拘无束笑吟吟地打招呼，毫无顾忌，反倒令他觉得有几分羞愧和尴尬。

在这个街区，学校里工农家庭出身的同学很少，大多是"职员"家庭出身，被体力劳动者称为"坐写字间"的"职员"，相当于今天的"白领"，包括工程师教师医生会计等等。这些"白领"的上一辈往往是地主或资本家，所以，即使职员家庭出身不属"黑五类"，这些同学还是或多或少地带有"出身不好"的原罪感；另一方面，"职员"家庭出身虽然灰不溜秋，但是文革前学校要选品学兼优的学生会干部，少先队干部，要搞课外活动发掘既有才艺又有积极性的同学，往往只能到"职员"甚至资产阶级家庭出身的学生中去找，王晓枫就属于这一类。她是少先队的中队长，不仅学习成绩好，会拉手风琴，而且是全校知名的游泳好手，可以作10公里长江长游。小昊自己性格拘谨，却很喜欢王晓枫的坦诚大方，有一段时间学校里号召学生在下课时也讲普通话不讲方言，囿于习惯势力几乎没有一个同学响应，整个校园唯有晓枫一个人特立独行，整整坚持了一个学期，令他暗中对这个性格坚毅的女生又多了一分敬佩和关注。他喜欢站在教学楼二楼的室外走廊上远远地看操场上的少先队出旗仪式，看鼓号齐鸣中戴红领巾的王晓枫执旗踏步的优雅姿势，这里面也包含着他对自己迅速逝去的少年儿童时代的深深怀念。

文革前一年多，学校和所有单位一样，开展"社会主义教育运动"，要在校内办自己的"阶级斗争教育展览会"，小昊和王晓枫课余都被抽到学校图书馆阅览室去办展。众多的展板选题，从"面粉大王荣德生的罪恶发家史"到"我校反动学生小集团事件"，都要靠五六个学生自己编辑，自己抄写，自己绘画，遇到问题相互讨论相互帮助，这是他们彼此接触最多的一段时间。在办展览会期间，他从聊天中得知晓枫的父母都是纺织厂的工程师，这点让笃信"学好数理化，走遍天下都不怕"的小昊很羡慕，虽然他还知道王晓枫的爷爷是苏州乡下的地主（这是从她作文本里一篇自忏式的作文里读到的），但他还是以为，这样的家庭背景比自己那个父亲在旧社会当记者编辑，新社会又成了右派分子阶级敌人的家庭干净多了。一起办展览会，能够近距离地接近这个优秀女生，他觉得很幸运。偶尔向她借橡皮，看见她笔盒里一排削得整整齐齐的铅笔，他也会一阵心热，觉得这种精严整洁就代表着一个好学生的修养和性情，觉得自己和这个既文静又豪放的女孩多了一分亲切感。正在制作中的展板上是各种刀光剑影黑暗血腥的"阶级斗争"，但斜阳余晖中的图书馆阅览室里似乎始终洋溢着一种温馨甜蜜的气氛。

文革风暴正式降临前的四月里，晓枫带头贴出了大红决心书要求放弃中考去新疆军垦农场干革命，这令他很是震动，本来想着自己可能会放弃希望渺茫的高考或高考失败后去新疆，但现在却被初中的王晓枫先走一步了。他知道晓枫从初三开始就打了入团申请报告却始终得不到批准的心境，也知道她那种义无反顾地想"脱胎换骨"的决心，心中对她充满了同情。文革正式开始后，晓枫很快地成了党支部支持的保皇派赤卫营的骨干，不但积极批斗牛鬼蛇神老师，甚至多次以身涉险，冲杀在两派辩论和武斗的前线，从造反派的揪斗中护送梅书记脱险，小昊隔着一层无形的屏障看她冲锋陷阵，总是担心她"站错了队"，但内心又带着偏袒为她辩护，觉得她是有思想有底线的人，在目前这样前景未卜的乱局中勇敢决绝地采取一边倒的态度自有她的理由，和那些为个人前途投机或没头脑瞎起哄的同学不同。令他没想到的是，这样一个为死保党支部梅书记立下汗马功劳的铁杆保皇派，后来竟然也被赤卫营以"出身不好""不听指挥"的借口开除了，令小昊感到暗暗好笑，也感到一种同病相怜的安慰。经过一段时间的冷静，王晓枫贴出了真诚反思自己的大字报，揭露了党支部操纵运动的一些黑幕，参加了新成立的校一级的"红卫兵联合造反委员会"即"红联会"，这就是前面说到开会时她关切地问小昊为何还没有参加"学校里的"造反派组织的原因。

坐在台上代表上级革委会的工宣队长正滔滔不绝地强调不提倡再成立全校性的革命造反组织而要搞"革命大联合",但这样的号召空洞无力,无人响应。从学校到社会的整个运动形势都失控了,大家都在各行其是,朝着不知所终的目标乱奔。

　　会议在没有取得任何成果的情况下宣布结束,他却没法忘记会上晓枫回眸一望的眼中那两颗闪烁的小星星,没法忘记她眼神中的热心,诚恳和期盼,这令他对自己的消极和萎靡感到惭愧,他觉得自己还是应该摆脱目前和班级里造反派战斗队若即若离的状态,明确自己的位置,和晓枫一样,不要过多地纠结和预设自己的立场,勇敢地投身到运动中去,经历和体验这场前途未卜的社会动荡。

　　他抱着妥协的愿望和班级里造反派"反到底"战斗队进行了沟通,重新加入了他们的活动。直至六七年年六月那次校内红卫兵总部和"红联会"之间发生大规模武斗,眼看"反到底"厚颜无耻地支持红卫兵总部和那帮打砸抢作恶的"联动"小流氓,他才忍无可忍写大字报宣布和"反到底"彻底决裂,以个人身份参加了晓枫所在的"红联会",这是后话。

14.

　　一九六七年三月，校门口的照壁上贴出了"迎接五月大决战，彻底打倒刘少奇"巨幅宣传画，这是小昊奉命按照造反派出版物的封面临摹的作品。当年看了只觉得是一句鼓舞人心的战斗口号，现在想来，这也许流露了当时上层某些人的想法，觉得到了五月，就可以把党内关于打倒刘少奇的分歧摆平了。

　　但是随着五月的到来，迎来的是只全国各地武斗的升级。

　　武斗从红五类上等人群对黑五类社会贱民的棍棒皮鞭升级到两派群众组织之间的石块短刀长矛混战，然后仿佛在雾霾中响起了一声炸雷，开枪了！红卫兵报纸的白纸黑字和整版照片铺天盖地而来传遍全国：五月六日四川成都保守派"产业军"首先动用军用武器向造反派开火，死伤甚众。稍有良知者，手里拿着这样的报纸，看到这样的消息，都会感到无比的凝重：文化革命，何至于此！双方各自宣称要捍卫的，都是同一个伟大领袖，同一种思想，但竟然发展到用武器剥夺对方的生命，天底下有比这更疯狂更荒唐的吗？是谁造成了这样的局面？死难者的生前照片一张张地从小昊眼前掠过，有两个看上去仅是十几岁的中学生花季少女，一脸纯真平和，甚至有点像晓枫，小昊相信她们一定有着某种信仰，在追求着一种崇高的精神世界，所以冒着枪林弹雨而行，但是，到底她们在追求什么？是不是这个世界欺骗了她们？

学校内的武斗亦开始升级。文革前掌管学校广播室钥匙的学生广播员后来参加了红联会，于是"广播大权"自然而然地落入了红联会手中。红卫兵总部不服，一直在明争暗抢但都没有成功。某日一名红联会初中生因私人恩怨带着校外红卫兵冲了自己班级原属红卫兵总部的战斗队，于是被红卫兵总部抓住把柄宣称这是红联会总部策划的行动，召集了校外的红卫兵和校内一批没有组织却有"联动"倾向的干部子弟乘傍晚校园内人少对红联会的办公室和广播室以及下属战斗队进行了有预谋的全面洗劫，小昊因为当时的身份不属于武斗双方，壮着胆子去看热闹，正好和红联会的头头宋立等一帮人一起上楼，听到楼上一阵稀里哗啦击碎玻璃的声音后，在楼梯转角和几个刚完成打砸正准备下楼离去的"亲联分子"狭路相逢，为首的是初三某班的赵海平，手里提着一根不知从哪里抄家得来的外国垒球棒，宋立怒目相向质问道："赵海平，你在这里瞎掺和什么？"赵也用挑衅的眼神瞪着宋立说："我就是把你们的狗崽窝砸了，你能怎么样？"小昊是第一次如此近距离地看到一个打手的眼神，简直大吃一惊，因为小说里常说眼睛是人类心灵的窗户，但对面的那两颗浑黄的眼球充满了嗜血和暴戾的兽性，看不到一丝人味，仿佛是一对狼狗的眼睛嵌到了人的脸上。赵海平的父亲是某海岛警备区的副司令，小昊在赵海平初一时也认识他，那时他还像是一个和气本分的学生，不知现在怎么会变成这样，大约是他父亲周围的老干部们受到一些冲击，日益壮大的红联会成员又大多是"出身不好"的学生，引起了这些并不参加校内两大派组织的干部子弟的抵触和仇恨。宋立无意和他正面冲突，让开一条路侧着脸说："你又不是红卫兵总部的人，帮人家当什么冲头？当心吃后悔药！"赵海平借势下楼，回敬了一句："哼，别看今天闹得欢，小心将来拉清单！"小昊又听到了这句自己家被抄家时听到的"小兵张嘎语录"，明明是赵海平拿大棒砸了红联会的门窗和书柜，却说别人"今天闹得欢"，真不知是什么歪理。多年以后，小昊听赵海平班级的同学说，赵海平毕业后被他父亲安排去海军当了兵，后来在1983年的"严打"中因为"聚众淫乱，杀害妇女"被判了极刑。听到这些后事，小昊脑海里再次浮现出当年看到的那双兽性的眼睛，他觉得有些人的残暴可能本来就是一种犯罪基因隐藏在血液里的，他又想起了赵海平当时叫嚣的"小心将来拉清单"，没想到这个莫名其妙被广泛引用的"清单"后来拉到了赵海平自己头上，把他拉成了穷凶极恶的罪犯，拉成了那个混乱年代最不堪的一种牺牲品，这是后话。

等红联会的大队人马赶到，对方已完成打砸抢全部撤离，整个校园到处是被砸门破窗翻箱倒柜的景象，一片狼藉，大家都很痛心。他在夜色中看到了晓枫，她带着迷茫的眼神问小昊："你说，我们红联会算不算造反派？他们凭什么这样打我们？"他觉得晓枫大概被气糊涂了，这问题问得有点孩子气，虽然现在"造反派"仍是一个"政治正确"的护身符，但是现在全国各地互相打得一团糟的，不正是造反派自己么？老的造反派为了争权在分裂，老的保皇派则转型为新的造反派，各个派别在夺取权力组织新革委会过程中，以拥护这个干部打倒那个干部的不同站队，互相指斥对方为保皇派而自己为真正的造反派，既然"武装斗争"，"枪杆子里出政权"的观念多年来已深入人心，最后以武斗解决分歧，也是历史的必然。

到了六七八月，小昊的舅舅从川东南的泸州写信来，说他们的城市已经以江为界，划成了红旗派和红联站各占一边的"解放区"和"白区"，所有的居民都必须根据两派划线站队认定自己属于哪一方，要不然连粮票布票都领不到，他们红旗派被包围压缩在市中心的狭窄区域，只能居住在学校教室里，有时不得不通过跨江大桥两端对立两派的岗哨，经过盘问和搜身穿越"封锁线"到位于"敌占区"的老屋去取回一些换洗衣物。川东北的重镇重庆也是这样，被"八一五"和"反到底"两派把城市分割得四分五裂。一旦双方开始打仗，那是步枪机枪一起上，甚至还动用了坦克大炮双管四管高射机枪，江中则有炮艇登陆艇巡游向岸上开炮，没有搞到军用舰艇的一方也会用民船四面竖起钢板装上山炮来充当军舰。武斗进入到这一步，不但兵工厂的工人和郊县的农民全部卷入，军队也已经完全介入了，许多武器是在半抢半送的状态下落到群众组织手中的，每场战斗伤亡人数达到成百上千，这已经不是武斗，而是完完全全的内战了。

　　八月初的炎夏，小昊的城市也发生了一场全市性的武斗，工总司在市革命委员会和军队的支持下，动员十几万人包围了江边的一个发动机厂，攻打这个厂里不服从市革命委员会命令的另一派组织，这一夜全市几乎通宵无眠，十几辆宣传车架着高音喇叭在大街小巷四处巡游广播鼓动市民支持工总司的行动，进攻一方出动了消防车高压水龙，水上舰艇和直升飞机，最终打败了这一对立派组织，该场武斗死亡18人，伤残近千人。据说不久前从武汉转移到此的伟大领袖坐防弹汽车在城里巡视了一圈并在城市郊区的宾馆里观看了多支摄像队伍从武斗现场传回来的电视直播。领袖夫人上月下旬对造反派发出了"文攻武卫"的号召，伟大领袖则在观看武斗的当天夜间写信给夫人对工总司的行动表示赞许，号召人民解放军应大力武装左派。

　　全国许多地区大规模武斗，至少延续到1968年9月全国各省市自治区革委会全部成立才消停，有些地方则到1969年才刚进入"武斗高峰期"，"文化革命"变成了"武化革命"，人人都知道伟大领袖"要文斗不要武斗"的最高指示只是个幌子，可以放心违反大胆忤逆。

　　人性深处结帮好斗的盲目性，多年来"阶级斗争你死我活"

的思想教育，各级当权派（包括军队将领）出于打击政敌和自保的目的在幕后挑动，年轻人的纯真和信仰，中年人的随大流和玩世不恭……这些都是"文化革命"中形成各种规模武斗不可缺少的动因，但是根子究竟在哪里？几年后小昊到西北山区工厂工作时，和两个来厂支援运输的5321部队汽车兵聊天，这两个广西籍的年轻战士详细地讲述了他们老家的文革武斗文革大屠杀，小昊后来把他们讲的细节都忘了，只记得其中两句"那真是尸横遍野，血流成河，江水都被染红了……"无论是当时还是多年后，一想起这两句话他都极为震动：和平时期，怎么会这样？为什么要这样？文革后的官方档案显示，广西武斗从贫下中农单方面杀害五类分子及其家属，到武斗双方互相杀戮，再到军队直接把四.二二造反派当作"国民党残匪"用战争手段剿灭，死亡人数从几百人累积到数千人最后上升到将近二十万人。那些当年在幕后煽动武斗在前线指挥武斗的干部，后来有被查办么？侥幸脱罪的，有过一丝自己的反思和忏悔么？

15.

　　破了，一个正方形和四个正方形，白色的，选哪一边把脚插进格子里去呢，沿着绳梯从陡峭的黑色大坝往下爬，低空掠过一架庞大的方形灰色飞行舱，一个外星人伸出手来要拉小昊上去，一声枪响，只见远处是一片血色天空和的熊熊大火，总司令臃肿的身材上紧绷着一件士兵的军装，闪耀着绿色涤卡布的光芒，招手，跟上跟上……纷乱的梦境，失眠，头痛欲裂，深感内心有一种精神支离破碎的痛苦……眼睛微微睁开，窗外是一片铅色的天，又要开始倒霉的一天。

　　最大的苦闷是思想四面碰壁，文革以来他已经尽最大的努力去理解去适应周围的一切，但所有的现象还是令他想不通。他希望有一种真诚的，自由的精神生活，但找不到出路，也无人可以商量探讨。假如你不去追根究底地分辨世上的是与非，或者假装自己已经解决了是非判断问题，那么你可能会觉得精神上轻松一些，但是你不能，于是你陷入了痛苦。

　　在小昊的记忆里，自己从小学起就因为"家庭出身不好"常常受到一些同学的挖苦和捉弄，有的同学老喜欢凑在他身边假惺惺地问："听说你爹是在大学里扫厕所的？是男厕所还是女厕所啊？"他不能对这类挑衅动怒，因为一旦发生争吵，那同学会进一步对他喊声喂喂喂先提请他注意，然后在他眼皮地底下做出双手被铐的手势，提醒他你爹是应该坐牢的坏人，他立刻就蔫了，争吵就无法再继续。在小学的下乡劳动中，他明明觉得自己很努力地干农活一点不输给其他同学，可那个老太婆班主任总是追在他身后用夸张的语调对他吼："你不能那样资产阶级思想严重的呀！你偷懒这是有阶级根源的呀！"还有自己的妹妹，才小学两年级就被班主任逼问对父亲戴上右派帽子的认识，还恐吓说不坦白交代就是小右派。直到成年后他才理解当年有许多旧社会过来的像他老师这样的小知识分子被反右运动吓懵了，患上了"右派恐惧症"，他们生怕自己被推入右派分子的悲惨深渊，所以拼命地表现自己的"左"。直到小学六年级小昊的这位班主任才对他有所改变，显示了一些隐含歉疚的善意，但是一个成年人对一个小学生的心灵伤害是永远无法修复无法忘记的。

在小昊的回忆里，唯一的社会气氛比较宽松的时间只有1962年，（也就是伟大领袖真正"退居二线"的一年），那一年市场上的食品供应明显地恢复和好转了，那一年有很多出身不好的高中生也照样考上了大学，过去被班主任歧视打压的妹妹竟然当选了小学的少先队大队长，那一年电影院上映了很多好看的电影，有国产片也有译制片，那一年知识分子似乎得到了许多额外的生活优待和政治礼遇，连劳动教养中的右派也听到了不少要减免刑罚甚至重新"甄别"的传闻，那一年电台播放着根据诗人郭小川的新作谱写的歌曲《春暖花开》，里面唱道："啊，春天来了……知心的人儿，莫错怪我轻佻，我们是一为今日二为明朝，一腔热血似火烧，满副精力如刀出鞘，誓为共产主义，打开阳关大道！"歌词充满了某种政治隐喻……。但是这只是昙花一现，仅仅一年后，"千万不要忘记阶级斗争"的圣旨又高悬皇天，团委书记梁植忠带着一脸严峻神情走进学生会召开干部会说："怎么回事？你们这些学生会委员都是家庭出身不好的？"他批评小昊最近画的两期壁报报头"有问题"，一幅是根据报纸上的报头画的轮船在海面上航行的画面，他说："表面上看来是象征祖国乘风破浪在前进，但为什么船头下面的浪花这么小？简直就是风平浪静！这显然和当前尖锐复杂的阶级斗争形势不合！"另一幅是小昊根据歌曲《延安颂》中"夕阳映照着山头的塔影"的意境画的红色的宝塔山和天空，他说："看上去有太阳象征毛主席不错，但为什么是落日？一小撮别有用心的坏人会不会从反面联想？"小昊吓了一跳，才知道政治风向又变了，现在的舆论形势社会氛围竟然是这样严苛的了。

到了1965年，报纸上和社会上"阶级斗争"的火药味越来越浓，班级中几个工农子女也投稿黑板报，批评几个资产阶级和职员家庭出身的同学剪运动员式短发，戴手表，是"追求打扮，摆阔，以资产阶级思想向工农子弟示威"，小昊觉得批判资产阶级思想应该着重其道德本质，不能用一些表面现象来上纲向同学施压，于是也向黑板报投稿进行反驳，题目是"梳辫子就是无产阶级思想吗？"不料遭到了更大的反攻。他后来知道这场论战是团委书记梁植忠背后发起的，于是主动去找梁书记交心，想澄清是非，团委书记毕竟眼界高远，不屑于对具体是非做评论，他说，让不同意见争论把矛盾揭出来不是很好嘛，你放心，这次辩论的结果不会记入你的个人档案的。听了这样的告知，他真有说不出的味道，他知道这次风波只是梁书记跟随社会潮流策动的小型阶级斗争，属于团委的工作成绩，梁书记目前仍需要他继续留在学生会做工作，但好像又在暗示：他是一个言行被监视随时可能记入档案的人，一个不受信任随时会被抛弃的工具。

家庭出身问题，始终是那个时代许多青少年精神上的重压。每逢遇到招收飞行员，射击运动员，国外留学预科班学员这样的"好事",出身不好的同学明知自己根本无入选可能,架不住班主任一脸坏笑地宣布:"录不录取是党和祖国的选择问题,报不报名是你们自己的立场问题态度问题",只好填表报名,再一次填报自己那充满耻辱的黑色"家庭出身",然后就是渺无回音,既不能参加面试初选更不可能参加体检,也不给任何解释,让你自己去体会其中滋味。无论上面如何反复宣传党的"阶级路线",说党的阶级路线一贯是"有成分论,不唯成分论,重在本人政治表现",他仍觉得迷惑不解,无法接受。他在文革前的日记中写道:"现在要评选两盆花,一盆土质好另一盆土质不好,我们姑且承认一般说来土质不好花也不容易好,但是在具体已看到两盆花哪盆好哪盆差的情况下,还硬要再'参考'一下花盆里的土质,'有成分论'一下,评价'好花'时把'土质不好'掺和进去打个折扣,不让'好花'入团入党参军升学,这公平吗?这是什么道理什么逻辑?!"

社会中长期隐藏的矛盾必然在文革的纷乱中浮出水面,一九六七年初,长篇论文《出身论》以《北京家庭出身问题研究小组》的名义在小报发表,文章利用当时中央文革批判"血统论"的姿态,引经据典借用马克思主义的理论资源,对一贯以来冠冕堂皇的"阶级路线"提出了质疑,庄严宣告:"任何通过个人努力所达不到的权利,我们一概不予承认",说出了全国范围内至少几千万受"出身不好"压抑的青少年的心声。一时间,文章被四处传抄,引发辩论,造成轰动效应,但这只是漫天乌云中的一道闪电,未几文章即被中央文革大员戚本禹正式宣布为大毒草,作者销声匿迹。直至文革结束后小昊才知道,《出身论》的作者是北京的一名青年工人遇罗克,早在一九六八年一月即因这篇文章被捕,两年后的一九七零年三月以"书写反动文章印发全国大造反革命舆论"和"阴谋暗杀伟大领袖毛主席"的罪名被枪决,这两道罪名究竟哪一道是"要害"?只有决定死刑的几位最高层领袖自己心里有数。中央文革反"血统论"只是为了砸烂刘少奇们的"特权",没想到《出身论》竟然把火烧到了特权治国的命根子"阶级路线"上,真是太过分了!有血有肉太善于独立思考的脑袋在那个年代是不允许存在的,只能不动声色地用金属子弹去敲碎它。

　　内心的痛苦外人难以触及,他觉得自己真的有点精神分裂症的样子,白天胡思乱想,晚间长久失眠。他觉得或许自己是受了"反动家庭"的长期毒害,所以和环境格格不入:周围亿万群众热情投入的运动,总不见得是没道理没原因的吧?也许自己真的应该再次真正"背叛"过去那个有罪的自我,背叛那个有罪的家庭,获得一种新的革命的精神生活?父亲所在大学的红卫兵一周前又来过,给小昊兄弟姐妹办学习班,鼓励他们和父亲划清界限,监督父亲的认罪和改造,走革命的道路。由于68届高中的弟弟是小昊姊妹中唯一的共青团员,所以红卫兵们对弟弟投以信任的目光给予了特别的期望,弟弟也答应了他们的要求——以后家里每周办一次毛泽东思想学习班,监督父亲交代活思想老实改造。他忽然觉得自己又像看到了一线阳光,抓到了一根救命的稻草,觉得苦闷的生活会有一个新的转机,全靠这个能开展思想斗争触及灵魂的学习班了。但是事后一周过去了,两周过去了,弟弟竟然完全没有再提起办家庭学习班这件事,似乎把他对红卫兵的承诺全忘了,他内心十分愤懑:"你不是共青团员吗,我可是争取入团四年都毫无结果,你是我们家革命的带头人啊,你不出来带头,我们还有什么希望?我们的新生活从哪里开始?"心里这样郁闷,嘴上却对弟弟妹妹说不出口,自己也隐约感到把获得新生的突破口寄托在弟弟一个人身上是在钻牛角尖,是一种神经质的病态,但是他的心灵就偏偏赖在病态边缘徘徊,一次次不断陷入苦闷的泥潭。

　　居委会的一帮阿姨大妈昨天到访,检查居民的房间布置是否革命化,最后明确要求每个房间包括厨房不包括厕所都要贴毛主席像和毛主席语录。小昊特意问了一下父母目前拥挤的小卧室只剩床头一面的墙壁没被家具杂物遮挡，毛主席像可不可以贴在这边，话语出口后忽然意识到自己可能在恶意调侃，又是神经质的表现，因为到他这个年龄，已经意识到了床的双重含义和窗帘的双重功能，但领头的阿姨脸红了一秒钟然后坚定严肃地说，要贴，就贴这边，似乎她完全肯定床只是用来睡觉恢复体力第二天继续跟着伟大领袖干革命的，然后她们带着大义凛然的表情地走了，留下一种伟大时代的一切时间一切空间都在伟大领袖监控支配下的气氛。

人们常说，夜深人静之时是人的思维最清醒的时候，各种思绪如潮水般涌上心头，你都能真诚分析应对，但到了白天你就得套上假面具去演戏，使自己的言行符合社会世俗的常轨，没有了真诚，你的辨析能力就跟着打了折扣。而现在则是白天黑夜都成了一团糟，小昊只感到了一种思想支离破碎，精神趋于分裂的痛苦，一种他即将精神崩溃离开常人的思维世界坠入深渊的恐惧，他在一种心灵和与肉体的双重折磨下，头痛欲裂，全身萎靡，无处逃避。

西藏定日县北珠峰大本营,海拔5200米,2009年5月。

终于来到珠穆朗玛峰脚下,我们的心在这里战栗,我们的魂在这里受洗,她像一个安详庄严的女神,在我们面前无语地叙述着这个星球的历史。

16.

　　有段时间，他也强迫自己静下心来，找一堆书柜里抄家剩下来的书看，逃避混乱的思绪。精装本的《联共（布）党史简明教程》，是父母当年在思想改造运动中圈点划线认真研习过的，这本斯大林亲自修订的党史，其中文版语言浅显流畅，把复杂的布尔什维克革命史党内斗争史描述得一清二楚不容置疑，如果革命真的如此纯洁崇高容易理解，该有多么好；艾思奇主编的《辩证唯物主义和历史唯物主义》，看完后觉得眼界豁然开朗，似乎从中获得了一种用相互关联，动态发展的眼光来观察世界的奇妙本领，但是书中对苏联的绝对赞誉又和书本身的观念自相矛盾，也和当前的反修形势不合；马克思的《法兰西内战》，让人感到当时法国的情势有点像文化大革命，但是马克思主张的实行普选建立工人自治政府废除常备军和官吏，岂不是和中国的无产阶级专政唱反调么……。西方的马克思主义，总归是在现代工业文明的基础上产生的社会变革理想，比较合乎知识分子的口味。马克思说过，他最喜欢的格言是"怀疑一切"，很清晰地表明一切真理都是在和谬误的比较、鉴别和斗争中产生的，都是必须经受怀疑，经得起怀疑的。但是，这种精神境界，在"三忠于四无限"（永远忠于毛主席、毛泽东思想、毛主席的无产阶级革命路线；对毛主席要无限忠诚、无限热爱、无限信仰、无限崇拜）的中国氛围中能得到理解么？回到中国的现实中，我们能看到的往往多是农民出身干部思想的闭塞颟顸，和刚从农民转化而来的城市工人的愚鲁和流氓习气。从许多红卫兵小报的报道中看到，一些在运动初期十分狂热的红卫兵带着运动中产生的疑问组织了马列主义学习小组，想到"马列原著"里去探索真理寻找答案，结果许多人都被批判被查处了，有的还被打成了"反革命小集团"进了监狱，甚至被判极刑，对这些现象和案例报纸上从来没有明文报道和解读，但似乎可以感到有人躲在神秘的云端雾后警告这些不安分喜欢动脑筋的年轻人——毛泽东思想就是最高级最现实的马列主义，自学马列，此路不通！

　　曾经有一阵子，红卫兵小报上还盛传中央首长批判所谓的"红卫兵四大黑书"的讲话，警告红卫兵们离这些书远一点。他乍一看有点吃惊：一是这四本书他碰巧都读过，分别是《居里夫人传》《赫鲁晓夫主义》《第三帝国的兴亡》和《毛泽东思想万岁》；二是这四本书看上去风马牛不相及，而且最后一本还是"最高指示"是伟大领袖的讲话，何以被一并列入"黑书"范围，岂不是逆天之论反动透顶吗？但仔细再去浏览一下这几本红卫兵们感兴趣的热门书，再对照一下首长的批语，就不难明白其中的奥妙和文革领导们的顾虑所在。

　　《居里夫人传》，把一个知识女性热爱祖国，追求科学，优雅处世的品格描写得如此纯洁高尚令人向往，没有一点"阶级斗争"色彩，这应该会使靠"枪杆子"和"农村包围城市"上台，进城后给知识分子贴上一张"资产阶级"标签的革命干部们很不爽，所以给这本书加了一顶"美化知识分子，鼓吹个人奋斗"的帽子——我们这个时代需要的榜样是雷锋欧阳海蔡永祥那样的普通士兵，而不是居里夫人。

《赫鲁晓夫主义》，揭露了中苏两党分歧和论战的由来和发展内幕，有些过程和细节并不是我们的领导想让老百姓知道的，虽然作者对中苏论战采取了中立客观甚至同情北京一方的态度，但是作者是锡兰共产党的古纳瓦达纳，有"托派"的背景，他对北京的同情也许部分源自"托派"对包含斯大林主义在内的正统苏联体系的抵制，这就使得曾经紧跟斯大林也在中国"反托派"，在中苏论战中力挺斯大林，在文革中支持锡兰共产党（毛派）的中国党有点尴尬。

《第三帝国的兴亡》，作者是美国记者威廉·夏伊勒，他在前面的章节里详细地揭示了希特勒的发家史：1919年一战失败后至1929年世界经济危机，德国经济崩溃社会混乱民怨沸腾，各种政治势力纷纷登场（和文化革命的无政府状态有点相似），希特勒充分利用形势发挥他纵横捭阖的权术击破了漏洞百出的民主宪法，从1919年参加一个不到百人的不入流小团体"德国工人党"起，到1933年前后将其改造为国会第一大党"国家社会主义工人党"，控制了整个国家政权。青年学生红卫兵过去都懵懵懂懂把高层权力架构和领袖人物看得神秘莫测，现在则从作者的清晰剖析中得到了政治权力斗争的启蒙：原来在乱世中靠不到百人的"革命群众组织"起家也有可能最后夺取国家最高权力！而且它还写了二战前期苏德两国密谋瓜分波兰的战争罪行，让人怀疑作为反法西斯主力和中国革命后台的苏联是不是和德国法西斯是同门兄弟。对于当时的领导层来说，这两条都是带有致命危险的有害信息。

《毛泽东思想万岁》，小昊看到的是河北农业大学红卫兵总部编的版本，内容是从建国初期到文革前伟大领袖在所有党的会议上的讲话，文稿，批示，等等，大多数是没有公开发表过的内部文件，来源当然是大学生中高干子弟的父母，或者被抄家的高干。当把这些讲话全盘展示的时候，你就会发现伟大领袖也有不伟大不高明的时候，例如在 58 年大跃进前后的发烧膨胀："过渡到共产主义……（苏联）落在我们后头，现在已经发慌，他们还没有人民公社，他搞不上去，想抢上去，我们过渡苏联脸上无光，全世界无产阶级脸上无光，怎么办？我看要逼他过渡……总之，一定要让苏联先进入，我们后进入，如果实际上我们先进入，怎么办？还是挂起社会主义的招牌，行共产主义的实际……全国每人每年收入不到 80 元……农民是年薪，五亿多人口平均年薪不到 80 元，穷得要命……（XX：吃红薯怎么进入共产主义？）一块钱的工资怎么进入？这些问题不好公开讨论，但这些思想问题要在党内讲清楚。"（1958.11.23 在武昌会议上的讲话）——自己头脑都不清楚，怎么能对别人"讲清楚"？事实是这些革命家刚取得了政权就迫不及待地提前结束了之前信誓旦旦的"新民主主义时期"，才干了几年"社会主义"就急吼吼地要进入"共产主义"，会议讲话的白纸黑字记录尚且如此荒诞，背后潜藏的隐秘思绪则可能更加荒诞：伟大领袖急于在自己短暂的有生之年一步登天完成人类终极理想，让自己成为世界头号革命领袖头号伟人。

中国领导阶层的思想方式，行为方式，带中国色彩的"马克思列宁主义"，就是通过类似"批判四大黑书"这样的动作在文化革命中慢慢被群众读懂的。

17.

  杨超自杀死了。
  学校里文革初期被当作反动学生揪上台批斗送进派出所的学生一共只有两人，一个是前面讲到的跳楼身亡的初二学生，那个资产阶级家的小少爷，另一个就是和小昊同一班级的高三学生杨超。
  杨超一直是班级里的一个异类，高中三年里绝大多数同学都不喜欢他，经常拿他开涮。那时一般男生都剪板寸平头，但杨超总是用厚厚的凡士林把他乌黑的"三七开"偏分头梳得一丝不苟，上身常穿一件藏青色中山装，下身是裤缝笔挺的黄色美军呢裤子，脚上蹬一双乌黑贼亮的三节硬头皮鞋。一般说来，那时的男生有一双回力牌白帆布球鞋才是令大家羡慕的对象，一直穿皮鞋，总有摆阔的嫌疑。和人讲话时杨超手里总是拿着一截薄荷脑不停地摩擦着鼻尖，哼哧哼哧地说"抱歉，我有鼻炎"，总而言之，他这幅老气横秋的样子和社会树立的革命青年形象相差太远了。
  每个学期学生要下乡劳动三个星期，杨超有慢性病体力不行，常常被编入女生一群去干轻活，为此也受到不少同学讥笑。而且他还要每个星期写一封信从郊区向市区的他母亲报平安，托人带到镇上邮局去寄走，信封上竟然写着"XXX女士亲收"，同学都笑他，什么时代了，还女士女士？写同志不好吗？这一代年轻人都知道，解放后头两年，街上摆摊的小贩还有尊称顾客为老板老板娘的，后来就完全听不到此类称呼了，再后来先生女士小姐都成了资产阶级的称呼也听不到了，学校里学生有时把男老师称先生，但这个"先生"等同于"老师"，是另外一种情形。总之，杨超落后，杨超落伍，是那时大家的共识。

那年代学生的都爱抬杠爱辩论走极端，比如辩论一个坏人（例如杀人魔王卖国贼蒋介石）在干坏事时究竟是明知自己在干罪恶之事仍执意要干，还是他认为自己在干正义之事至少本心动机是好的。对于这种带哲学意味的问题大家都会推断杨超肯定认同后一种答案只不过他不敢说。而在其他问题上杨超是经常爱发怪论，比方报上发表了某英雄舍生忘死抢救国家财产的事迹，他会带着不屑的神气抹着薄荷脑哼哧哼哧地说："救啥啦？还有什么比人的性命更宝贵的吗？""国家财产就一定要拼死去救？比方大轮船上的一盒火柴掉到海里去了，这也是国家财产，你要不要跳到海里去把它捞上来？"杨超的这种提法确实有点抬杠，但大多数同学都会义正词严地"杠"回去说："要救！国家财产一分一厘都不能损失，要全力保护！"于是杨超说："那你去救好了，结果你被淹死了一条命没了，火柴打捞上来也失效了，值不值？"这些同学面红耳赤讲不过他，就一起"欧欧欧"地起哄，但最终结论仍然是杨超思想落后，近乎"反动"，与新社会格格不入。

文革开始后杨超家被抄了，因为他父亲曾是大学里的教师，五七年被定为右派分子，一个在上大学的大哥也被定为右派送去劳教。抄家过程中发现了杨超的一本日记，里面有颇多出格的言论，看来杨超的"一贯反动"确实和家庭影响有关。也许以杨超的脾气，认为自己日记里写这些言论既不算反动也不算有罪的，所以他既没有藏匿也没有销毁，但他还是因这本日记被当作反动学生揪上了批斗台，然后班级里的一帮赤卫营红卫兵以中学革命师生的名义又去他家抄了一次家，自此之后，杨超成了班级里真正的"阶级敌人"，无论保皇派造反派都不理他，他被彻底地驱逐到同学圈以外，不见踪影了。

一九六七年中的一天，班级里的造反派"反倒底"和原属保皇派"赤卫营"现已失势同学在临街的一楼教室里辩论所谓"复课闹革命的领导权"问题，双方正吵得不可开交时，忽然有人透过窗户看到了铁丝网围墙外站着一个人："看杨超！"大家侧过脸去，果然是杨超，他也呆呆地看着这些正在"干革命"的同学，并不逃避大家的目光，但是大家很快就看出杨超的眼神已经不是一种正常的眼神，他的精神状态已经不像一个正常人了，像一个与世隔绝的孤魂野鬼，他大概是疯了。

几个月后，听说杨超服了大量安眠药，去了另一个世界。没有人关心他的自杀，没有人说他"畏罪"，也没有人说他"自绝于人民"，因为他只是一个中学生，他太渺小了。

文革前上课时，每逢课间十分钟休息，同学们一般都聚在教室外通向小花圃的走廊上聊天。有次《政治常识》课，兼任政治老师的党员副校长在课堂上讲了苏修如何向中国逼债加重了中国的经济困难，如何刁难正在经历"三年自然灾害"坚持反帝反修的中国人："运到满洲里边境口岸的苹果苏修竟然要用铁丝圆框来检验大小，不够大的就退给中方，苹果小一点就不能吃吗？真是无耻透顶！"，同学们听得义愤填膺，下课了还在议论纷纷，杨超忍不住又发表了他的怪论："其实嘛，你们不要光讲苏修有多少坏多少坏，我们中国早点晚点也要变修正主义的，只不过这既不是史太林式的修正主义……"——周围几个同学一齐大叫"什么？你说伟大的马克思列宁主义者斯大林是修正主义？"还有别的同学大叫"明明是斯大林，为什么你偏要念成史太林？"——杨超却不慌不忙地讲下去："也不是赫鲁晓夫式的修正主义，而是农民出身的革命家和他们的儿子孙子到后来会蜕化变质，最后变成特权官僚资产阶级，早点晚点会这样！"同学们都大笑起哄，一致以为杨超同学不但"思想反动"，而且几乎是胡言乱语的神经病，杨超却带着狡黠的微笑说："其实你们当中有些人是懂得我的意思的，只不过不敢承认，比如小昊……"，害得小昊当场连连否认"No，No，No！我才不懂你！"他不想脱离作为"革命群众"的大多数同学，也不想像杨超一样被大家当成"怪人"。

　　几十年后，当同学聚会回忆起这个早已在另一个世界的落后怪异不合群的同学，有些人才承认说他当时的话还有点道理，有点预见性，只是在当时太"超前"了。他的这些"超前"思想主要来自父兄的影响，也许他觉得自己的精神世界中有许多自己的同学不知道或不懂的事情，他无法抑制自己的欲望想把这些思想表达出来，还希望在同学中找到一些理解和共鸣，但是他失败了，他始终是一个绝大多数同学无法理解的"怪人"。小昊有时会想，假如杨超懂得"好死不如赖活"的人生哲学，和大家一样过日子，不坚持也不表露那些"超前"的怪异思想，他就不会被逐出社会主流，就不会得精神病，也许今天还和老同学在一起笑谈往事，那不是很好吗？好倒是好，但是，那样的他还是原本的杨超吗？

柏林墙(Berlin Wall)，1995年10月。

　　柏林墙建成于1960年，坍塌于1989年。其实在漫长的历史时期中，我们每个人的心中都有一道无形的柏林墙：你必须相信自己是在光明正义的一边，而另外一边是黑暗邪恶的一边，如果你不能限制自己的思想，让灵魂越过了边界，你就必须承受生死存亡的考验。

18.

  时间进入 1968 年,也是文化革命的第三年。在老百姓的眼中,最危险的敌人——"中国的赫鲁晓夫"刘少奇似乎已经是死老虎,同学们都觉得今年应该要毕业了,应该分配工作踏上社会了,但运动却没有稍稍停歇的迹象,继续展示着它不可预见的五彩斑斓的图像。

  四月初,这个城市的多数群众组织卷入了第二轮炮打本市革委会主任同时也是中央文革第三号人物的浪潮。本来,在这个城市的文革新政权建立前夕的一九六七年一月,已经发生过一次大学生红卫兵发起的炮打浪潮,但很快被"上面"明显地否决了,当时几十万份八开大小的红字传单《中央文革特急电报》被散布到这个城市的每一个角落,宣称这些红卫兵不去打走资派而把矛头对准中央文革领导同志是"完全错误的",小昊记得当时学校大楼的楼梯过道上,几乎被这份通告当地毯铺满了,让人们领悟到了其背后宣传机器的强大财力物力。第一次"炮打"偃旗息鼓后,众多参与者被关押审查。现在第二轮炮打又起,规模比第一次还浩大和猛烈,参加者已不限于学生红卫兵,还包括工人和新政权的机关干部（至于上层幕后的推手，"革命群众"暂时还不太能察觉）。市中心人民广场的四周贴满了大字报，历数这个市革委会主任历史上的变节行为和文革中的投机表现，还有巨型横幅标语"陕西省委霍 XX 以党籍和脑袋担保 XXX 是叛徒"，令人咋舌暗笑。广场东北角有一份长达二十张的大字报最引人注目，因为它宣称目前的这个"主任"，伟大领袖信任的文革理论家，其实是当年受国民党派遣投奔去延安潜伏的一位特务替身，他的前身那个面目晦暗不清的左翼文人在变节投降后已经失踪或死亡。该大字报对"主任"在变节前和变节后的两段历史细节的记述，都和十年后"主任"作为"四人帮"被打倒后揭露的历史大致相符，唯一是在叛变这个节点上"主任"被"狸猫换太子"的说法令人拍案惊奇。而另一件同样令人惊奇的事是作为新政权市革委会的喉舌，全国文革舆论标杆的大报《文汇报》，竟然也连篇累牍地发表拐弯抹角影射"主任"有问题的报道，引得全国多家大报都竞相转载，以为这和当年首发《评新编历史剧"海瑞罢官"》一样，有中央的背景。人们熙熙攘攘从各条街道汇聚到市中心人民广场，嘻嘻哈哈地看热闹，议论大字报，都在坐等这场"炮打"的结局，好像等待一次盛大的节日。时间到了四月十二日，当人们普遍相信炮打已经到了顶峰，"主任"倒台已是大局已定时，不料"上面"再次传来了相反的消息，伟大领袖的亲密战友让他的手下大将带来了圣旨："主任"的所有职务仍旧不变，他仍旧是"无产阶级司令部"的人！于是轰轰烈烈的二次炮打再度灰飞烟灭，"广大革命群众"经过这次炮打也彻底明白了：所有的黑材料红材料都无足轻重，无须澄清，无须解释，最高领导的意志才是决定一切的。

"主任"靠最高领袖伸出的援手死而复生重新上台，深切地体会到了巩固权威的无上必要性和最有效手段，就像他后来在笔记中写下的一段小字"革命和专政。如何巩固政权？……

杀人",简单地说,就是古已有之的"杀人立威"四个字。四月底即炮打当月的月底,画着红勾,判决十几名"反革命"死刑的布告贴满了这个城市的大街小巷。小昊在街边变电站的墙上看到了布告上十几名死刑犯的照片,一个熟悉的名字赫然跳进了他的眼帘,这是这个城市的交响乐团首席指挥。国庆十周年时,他在一个游乐场的屋顶花园听过这位音乐家指挥的《蓝色的多瑙河》,这是他生平第一次聆听大型管弦交响乐团的现场演奏,记忆中当时深为震撼——沉浸在如此美妙的音乐中,能感到自己的灵魂正经受着净化和升华。一个给大家展现如此美好境界的音乐家,为什么会成为恶毒攻击伟大领袖攻击文化大革命的死囚?他想不明白。他身旁刚看完看布告的一个老头,一面收起老花镜一面用几乎听不出的含糊喉音咕哝了一句:"连音乐家也要杀,啧啧",老头不敢让人听到,不想让人听到,但是小昊听到了,这是那个年代老百姓自发的,最隐蔽的,最低限度的一种抗议。

　　一个多星期后小昊路过市中心广场西北角钟楼下的马路,正好遇到一辆抛锚在三岔路口当中的军用中吉普,两个当兵的正在车头前用摇把费劲地摇发动机企图重新启动,但摇得满头大汗脸涨得通红仍毫无效果,小昊正疑惑他们为何如此紧张如此心急,走近一看才知道敞开后背的篷布车厢两侧坐着八九个背带手铐的犯人,再往车厢里暗处一看,这些犯人几乎都是英俊文静的大学生脸相,也不知犯了什么事,要押送到哪里去,是不是和十几天前的炮打风潮有关。这些男生有的穿洗白的军装,有的穿浅灰的夹克,靠门口的一位女生长着一副白净的大脸盘,和那年代大多数女生一样把浅色棉袄罩衫当春秋两用衫穿在身上。这时车旁边的闲人越聚越多,有两个大胆的小男孩甚至伸出手去摸这位女生背后亮晶晶的手铐,这个女生对小男孩发出了一声轻轻的劝告"不要动呀",那声音又绵软又沙哑,令小昊突然觉得她很像自己初中当少先队员时那个当辅导员的高中学生，那时因为自己的贪玩过失被她拉住在操场边的黄荆树下像大姐姐教训小弟弟一样循循善诱地批评了半个多钟头，真的是她还是只是外貌相似？他不敢断定，也无法断定，他只是觉得很伤感，要不是文革，这些人应该都在课堂里认认真真地读书，和他一样，期望着将来成为一个有作为的建筑学家，造船工程师，或者优秀的医生，现在则莫名其妙地被一只无形的大手卷到和自己本来无关的凶险黑暗的政治争斗中去了。

19.

　　久悦邨的房子远看上去像是隐藏在一大片树丛中的一幢幢法国的乡间别墅，优雅而小巧，但其实它是两层楼的连体排屋，错落地露出假三层的尖顶阁楼和壁炉的砖砌烟囱。每户人家门前有个小花园，推开园子的栅栏门，穿过砖石铺就的小径，正对面是三级水泥台阶上的深赭色双开户门，户门的左边或右边是一楼房间的两扇大窗。夜晚，透过一人多高的海棠树，可以看到两扇大窗的窗帘后面和双开门上方的玻璃气窗透出的暖黄色灯光。

　　小昊有好几个同学都住在久悦邨，但最重要的是，王晓枫住在这里，还有她的妹妹王晓榆，还有她们的父母，那对纺织厂的工程师夫妇。不知什么时候起小昊就成了这里的常客，在那些阴暗动荡的日子里，晓枫姐妹对于他来说就像《苦难的历程》中的卡嘉和达莎两姐妹，晓枫家门口的温暖灯光成了他心中唯一的向往，时时召唤他穿过海棠树下的小径去扣响那扇户门。他喜欢去她家做客，晓枫父母有时会一本正经地和他聊聊学校里社会上的运动情况，把他当成一个同等地位的大人；有时则会避到楼上去让小昊和两姐妹在楼下瞎聊，这时候的晓枫就几乎完全没有了学校里造反派红卫兵的角色,大家只谈和运动无关的校内外各种有趣的人和事,偶尔有了争论,晓枫脸上会现出她特有的那种佯怒、娇嗔的表情和含义深远的狡黠眼神,让他怦然心动,感到她就像自己的亲妹妹。他喜欢和这家人在一起,这可以令他暂时忘记久悦邨这间温暖的房子以外阴冷的社会氛围和身边的一切不快。

文革以前有的男生会向暗中心仪的女生寄"情书",虽然用语五花八门含糊其词,但是寄信本身的含义已不言而喻,就是希望建立一种更亲密的关系。对此,有的女生会暗中用实际行动表示会意;有的会傻傻地写一封回信说"我们还年轻,需要把精力用在学习和革命事业上"表示婉拒;也有的干脆把来信当作流氓不端行为交给老师或教导处,让校方私下对这个男生做一番防止早恋的训诫,一旦传扬出去,这个男生就会在班级里身败名裂没脸做人。文革开始后,男女生之间的藩篱有所削弱,若仍需书信传情,前面可能会冠之以"让我们共同敬祝伟大领袖毛主席万寿无疆,祝林副统帅永远健康",后面可能还会大谈文化革命的伟大胜利等等,但本意仍是不言而喻。小昊几乎没有经历过这一套,他和晓枫完全是从文革前就自然而然地越走越近的,而且他知道晓枫身边还有几个比较接近的男生,他对这几个男生也没有竞争或妒忌的意念,只觉得未来还很遥远,一切应该听其自然,眼下能和晓枫有这种比较亲切的关系,他已经觉得很满足很幸福。晓枫的父母对女儿的交友从不检定,但似乎对小昊比较看重——尽管他背后有那样一个黯淡无望的家庭背景,这点也让小昊感到一丝温暖。

很多次他和她会近距离地发生眼神的碰撞,他惊奇地发现除了两颗明亮的小星星,她的眼神是那么清澈无邪,那么坦荡,那是一种介于没有性别观念的小女孩和成年女青年之间的少女的眼神,这种眼神会令他感到羞愧,觉得自己是一个猥琐有欲念的不干净的人。自从初三开始他有了性自慰行为后,他就一直提心吊胆，担心是不是全世界只有他一个人这样下流古怪，但是晓枫的眼神中的诚恳和热情也给他带来了鼓励，让他觉得应该严格地约束自己，增强品德修养，学好功课，对得起这样一个好女孩对自己的信赖。

在多数同学的眼光中，晓枫是一个游泳水平超群，性格洒脱，外貌阳光的三好学生（品德好，学习好，身体好），而他自己几乎把这个身材匀称结实，肤色微带浅棕的女孩当成了心目中的女神，在心里为她创造了一个"性格美"的赞语，在她身上寄托了他自小的生活环境造就给他的对一切美好事物的理解和追求。文革之前和之后，他也认识一些"出身好"即工农家庭出身的女生，但这些女生往往性格乖张，言辞尖酸刻薄，男女大防的意识特别强，动不动就骂男生流氓不要脸，以证明自己的身心特别干净，但这在他看来，这些表现只是证明了她们在恶劣的居住环境中过早地看到了两性关系中那些猥琐龌龊的东西，过早地失去了对两性关系中美好一面的向往而已。

在他的精神家园里，青春期的少女是造物主给世界创造的最美好的偶像，是人间"真善美"的化身，他看到身边的一些优秀女生和男生们一样勤奋学习主课，课余修习音乐美术舞蹈，在学校运动会上竞争名次；但是，他又隐隐约约地感到她们将来要"以身事人"（这可是马克思在哪本书里说的哦），要承担生育和做母亲的责任，因此觉得现在的她们更加清纯，更惹人怜爱。他认为真善美是人世间道德追求的终极目标，但这三者是既互相促进又互相制约的统一体，真本身是一种善一种美，而脱离客观条件一味地追求真，必然暴露出一些恶与丑；而过于表现自身的善和美就会变得虚假，也就不善不美了。人世间不可能让这三者同时趋于顶端，只能不断地追求这三者在更高水平上的和谐统一，而晓枫，在他眼里是一个三者均衡发展的偶像，他常常用她来激励自己，甚至在艰苦的下乡劳动中遇到挑重担走长路觉得难以支持时，只要在心中唤出晓枫的影子，他就能再鼓一把劲挺过去。

他也有过窘迫的时刻，当视线无意中落在晓枫微微隆起的胸前，当情欲的幻想接近自己心目中的偶像时，它会慌乱急速地自动跳开，他不希望亵渎自己心中端庄美好的偶像，包括对其他几个他认为是容貌姣好，举止端庄，功课出类拔萃的女生，他也是这样的反应，有时他甚至会在心里找出另一个并不相识但印象里"风骚放荡"的女生做替代品来完成性幻想，然后又对自己这十几秒钟的猥琐下流的思绪懊悔不已。后来，不知是在苏联小说《钢铁是怎样炼成的》还是《古丽雅的道路》中看到了一段心理描述，说的是主人公常为自己头脑中会有荒唐猥琐思绪而感到羞愧和纠结，经过反复的思考和自省，这个主人公最后确定，这些瞬间即逝的思绪并不能代表自己的道德精神面貌，从而让自己得到了解脱。小昊牢牢地记住了这段内容并用它在内心为自己辩解，也尽力用各种文体活动来排解空虚的时光，减少荒唐的琐念，心情似乎稍微放松了些。

有次小昊生日，晓枫和妹妹特意在家自己做午饭招待小昊和另两个女生，因为中午父母不在家可以尽情放肆。饭桌上大家约好轮流讲自己觉得最好笑的笑话，轮到晓榆时她说："你们晓得我们老家是苏州的，不过苏州人呢，是中国人里面脑子最拎不清的人"——大家眼瞪瞪地看着她不知她要讲什么——"一向好坏不分，把好事讲成不好的，把不好的事讲成好的"——大家还是不明白她是什么意思——"比方讲古辰光苏州有两条船面对面摇到枫桥桥洞下面，眼看要碰了，两个船老大却啥事体也不做，只晓得立在船头手舞足蹈，大叫'弗好哉！弗好哉！'，等到两条船砰地一下相撞了，两个船老大都被震得七花八倒掉到水汪荡里去了，他们在水里'倷末看看吾，吾末看看倷'，反而异口同声地大叫'耐末好哉！'你们说滑稽吧？"晓榆模仿的一口苏州话让几个女孩子笑得花枝乱颤停不下来，姐姐晓枫一面笑一面用筷子头敲敲得意忘形的妹妹的头："听好！现在轮到我讲了……",同时用狡黠的眼神斜瞄了小昊一眼,好像在说:"你看我这个妹妹好玩不好玩",他觉得刹那间一股暖流从心上流过,似乎在久悦邨的晓枫家里,他才真正感到有一种家的气氛。

20.

最高指示

清理阶级队伍，一是要抓紧，二是要注意政策。

  1968年5月，中央转发了伟大领袖批示的《北京新华印刷厂军管会发动群众开展对敌斗争的经验》，标志清理阶级队伍运动的正式开始。这是一次混战后清理自家队伍，巩固新生革委会政权的运动，据说是1966年就宣布的文革三大任务"斗，批，改"的一部分。伟大领袖说了"要注意政策"，看上去是一个温和的信号，但据后来官方的统计，单是这场"运动中的运动"就造成全国3000万人被揪斗和50万人非正常死亡。

  初夏时节，预感到即将毕业分配各奔前程，几十位"红联会"的同学相约组织了分手前的姑苏城旅游，穷学生们既囊中羞涩又打不出介绍信，不可能去住旅馆，结果是女生都去了王晓枫舅舅家的老木屋二楼打地铺，男生则通过造反派战友的关系在三元坊的苏高中教室里课桌椅上和衣而卧。这个古老的风景城市两个月前刚刚结束了将近九个月的全面武斗，城墙外的许多大楼上有被打成蜂窝一样的弹洞，伴随着墙上"苏革会依然屹立不倒"之类的大幅标语，房顶上还有两派的大旗在风中猎猎飘扬。同学们在谈天说地中都觉得好笑的是，以吴侬软语闻名天下的苏州，无论男女讲话都是一式轻柔婉转软绵绵的娘娘腔，但打起武斗来规模和狠劲一点不输于广西四川湖北这些"壮丁省"，这大概还是和两派背后都有不同系统的军队支持有关吧。晓枫说，还有一点可笑的是，她去年到苏州看亲戚，在火车上遇到当时的苏州"造反派"逐个车厢搜查，没想到这些被当作"正确路线代表"的造反派竟然个个头戴礼帽墨镜，穿圆领白汗衫外套黑胶绸短衫，斜跨盒子炮，看上去完全是一副电影里汉奸或土匪流氓的装扮。小昊心想，社会成了半无政府主义的混乱状态，原来的权威秩序和道德标准都弱化了，社会上隐藏的各种阶层人群都会浮出水面表演一番，不管这些人背景如何造反动机如何，这身打扮肯定是故意展露的一种叛逆心理吧，现在的"清理阶级队伍"会不会清理到这些"造反派"呢？他想对晓枫谈谈自己的感想探讨一番，但眼下却没有机会。

  早晨，同学们行进在山谷里，从灵岩山向天平山进发，一束束阳光穿过层层叠叠的翠绿树影斜射下来，两边山上采石工人凿石的声音叮叮当当，在山谷中回响，仿佛是欢迎这支队伍的动听乐曲，经历了两年的动荡，迷惑和挫折，这些年轻人仍然充满了对新生活的热爱和向往，相信自己是生活的主人。而回城的路上经过阊门外，英姿勃发的年轻人的队伍遭遇了另一支不一样的队伍——一列估计有三四十人的牛鬼蛇神队伍，在灸热的阳光下，被戴藤条帽持长矛的民兵押着游街。为了防止逃跑，这些人双臂都被细麻绳捆住，和前后的人连成一长串，且都没有穿鞋赤脚走在滚烫的柏油路面上。为首的牛鬼蛇神敲着一面破铜锣，后面的一个个满头大汗，面如死灰。每个人头上都戴着白色高帽，上面分别用墨汁写着"逃亡地主"，"富农分子"，"右派分子"，"历史反革命"，"破鞋女流氓"，"武斗杀人犯"等等诸多名目。与其他地方不同的是，这里的每个白色高帽的顶端都插有一大捧五颜六色的纸流苏，十分俏丽夺目，大大增加了游街的观赏性和趣味性，足以显示这个秀丽的江南园林城市对市民的美学熏陶。这时旁边街道又插过来一辆游街的大卡车，上面居然载着一口翘起的黑棺材，棺材里站着一个胸前挂着"投机倒把分子"黑牌的人，意思不言自明，围观的群众又哄笑起来，纷纷指着那人说："死要钞票！死要钞票！"。这样大规模的游街大约就是展示"清理阶级队伍"的成果了，小昊知道，走在牛鬼蛇神队伍里的这些人和他们这支同学的队伍不同，这些人是被新社会淘汰的渣滓，是毫无前途毫无希望的一群；他同时又知道，自己和这些社会渣滓之间并无不可逾越的鸿沟，自己父亲的头上就有一顶这样的"牛鬼蛇神"的帽子。从49年起，一次又一次的运动在不断地一网又一网抓捕这些和"旧社会"有关联的人，网眼一次比一次缩小，等待他们的不是逮捕劳改就是"群众专政"，让他们逐渐凋零消亡。对这些人，他搞不清自己是厌憎还是怜悯，两种情感同时在他心中纠结，不知如何理清头绪。

　　回到自己的城市，更体会到"清理阶级队伍"的威力，三天两头听到街上有人跳楼或撞公共汽车自杀的消息，没几天连他自己都中了头彩遇上了一回。那天走在妇女儿童用品商店大楼边的街上，忽然听到头顶上夸嚓一声闷响，他还在疑惑发生了什么，只见周围的行人都骚动起来，纷纷停下脚步对着小昊头顶上方的钢化玻璃大屋檐指指点点，原来是有人从大楼高层的窗户跳楼落到大屋檐上面去了，因为深色花玻璃加脏污，下面的人并看不到头顶上跳楼人的形状。很快有大楼的工作人员来处理这事，考虑到把死人放到大街上影响不好，工作人员决定用绳索绑在死人的两肋下从原窗口拉上去，人慢慢地被吊起来了，于是街上所有的行人都看到了这个垂着头的死人的模样：中式短上衣已经崩开，里面穿的是破得像渔网一般的汗衫，黑色的裤子很短,露出下面用本白色土布手工缝制的袜子,和黑色圆口布鞋。根据这种过时的服饰可以判断死者是个穷愁潦倒脱离社会主流的小人物,一个已经失去危害新社会的能量的可怜虫,本来应该躲在阴暗角落自然消亡,但是"清理阶级队伍"又把他拉到了大庭广众面前来表演了一番。死人被拉到一半时,忽然内外裤都一起松脱了,于是男人的那个毛森森的部位在半空中向众人暴露了,观众中的年轻女人都不约而同啊地一声大叫起来,涨红了脸别过头去,男人们则继续伸直了脖子仰着脸观看这异样风景,直到这个死人被拉进窗户消失,看热闹的人群才议论纷纷地慢慢散去。

　　接下来这个城市开始"刮台风",不是自然界的台风,而是全市统一行动的冲击"阶级敌人"的战役。那天晚上十一点,他已经睡下,一群来历不明的工人纠察队冲进了他家,这种行动并非是又发现了什么新罪证或又要查抄什么东西,而只是显示一下"无产阶级专政"的威风,奉上级命令"冲击"一下"资产阶级"而已。他听到这帮人在父母房间里乱嚷嚷,又听到漆黑夜色中周围有几幢楼的窗户里传出了厉声拷打和鬼哭狼嚎般的声音,他不愿意爬起来,闭着眼睛装睡,几个青年工人踏着沉重的脚步挤进他的小房间,用手电光照着他的脸乱晃,他不愿意张开眼睛和他们发生交流,这伙人哈哈大笑:"这只赤佬在装死,在装睡!"他们嘻嘻哈哈地走了出去。他想起以前看《仇恨的旋风》那样的苏联电影,看到工人赤卫队冲进资产阶级奢华的家搜查,总是觉得自己毫无疑问是属于工人阶级这一方属于正义这一方的,而现在这一刻,自己莫名其妙地被当作了敌对的腐朽萎靡的资产阶级一方,毫无抗辩解释的可能。而真实生活中的工人阶级和工人纠察队,就是眼前这些青年工人,和在他家住了几个月的造反派一个模样,并不见得怎么高尚,也不见得都是好人。

21.

　　文革的第一波接近尾声，小昊他们都将要离开学校走上社会。作为党支部书记的梅楠，在清理阶级队伍中被定为"犯有严重走资派错误"的领导干部，每天提着长柄畚箕和扫帚躲在校园里人少的角落里完成她的"监督劳动"。

　　红卫兵造反派在给梅书记定性的过程中查阅了梅书记两尺厚的个人档案，得知的独身的梅书记原来是地主家庭出身的大小姐。红卫兵学生们在内查外调的过程中惊奇地发现了他们之前不知道，现在知道了又难于理解的历史——尽管现在执行"阶级路线"如此严苛，"红五类"是如此高贵荣耀，但49年前在城市学生运动中冒着生命危险参加地下党的学生，一大半竟然都是地主资产阶级家的少爷小姐，都属于"黑五类"。那么，按照"无产阶级专政下继续革命"的要求和"清理阶级队伍"的宗旨，包括梅书记在内的这些人就很容易界定为混进革命队伍的同路人和投机分子了。梅楠在国共内战开始时在江南的本城上大学，经过同在本城上大学的妹妹和妹夫的介绍加入了地下党。梅小姐入党后曾在城里遭遇到一次美国大兵的暴力骚扰和侮辱，可能因为情节不够严重不够典型或时机不对，没有像北方某位女大学生的遭遇那样激起全国范围的游行示威抗议运动，后者引发的运动迫使驻华美军为了表明无意干涉中国内战几个月后就撤走了全部军队。49年后，梅书记和妹妹妹夫都进入了文教单位担任领导职务，但妹夫在57年竟然"向党进攻"堕落为右派，经过几年劳动教养身体彻底被摧垮，无法工作，只能靠老婆和独身的梅书记共同养活自己和两个孩子。文革中，梅书记的妹妹扛不住来自各方的批斗和内查外调走上了自杀之路，于是这一家剩下的三口人都要靠自身难保的梅书记供养，两个孩子因为受到周围孩子的欺负，逃出家庭流浪到外地成了小野人，那情景绝对可以称得上是家破人亡。文革中所谓的"革命造反"，盲目上纲上线"打倒走资派"，对从中央到基层的大批"走资派"个人生活造成的惨烈后果也就是如此，可谓触目皆是不知凡几。

四人帮倒台文革结束后，梅书记恢复了原来的政治地位，开始以"十倍的努力，疯狂的热情，百倍的仇恨"（列宁用语）去追凶寻仇，在她的追究下，红联会头头宋立和另一个学生造反派头头都被单位开除党籍（68年分配到工厂后入的党），断送了"政治生命"，一个教师造反派头头（前党支部成员）则被行政连降三级，靠部队家属身份才勉强保留了党籍。但是，梅书记的报复成功，并不能给她带来成功的欢愉，因为她无法探究她所受苦难的真正原因，她也不敢正视自己在运动初期策动批斗牛鬼蛇神老师给他人造成的苦难，她的晚年仍然生活在孤独和凄凉之中。回顾"参加革命"的一生，从三反五反到反右到文革，她不是在斗争别人，就是在被别人斗争，文革前她也曾经雄心勃勃地想提高本校的教学质量和升学率，但留给她的时间、机会和精力都很少，也没有收到成效，的到头来是既没给他人也没给自己带来什么成就和幸福感，可谓"落了片白茫茫大地真干净"，这是后话。

对于两年多来的文革运动,小昊在当时的日记里写道:"生活的主流,是伟大领袖毛主席领导的亿万群众参加的革命实践,自己的同学们和周围的人们都在跟着这个洪流前进。列宁说过:'在革命时期,几千万人在每个星期中所学得的东西,要比在平常梦寐生活的一年还要多些。因为在整个人民生活急剧转变的关头,可以明显地看见,人民中各个阶级所追求的目的怎样,他们拥有何种力量,他们用何种手段动作。'我也'明显地看见'了这些。因为客观的原因,我不可能被卷入革命浪潮的中心去,思想也常常处于混乱矛盾木僵的状态,但我不是一个消极的旁观者,我尽力地正确分析问题,认识问题,并以此指导自己的行动。"这则日记写于文革发动两周年的1968年5月16日,那时用白纸黑字记下的东西,不能具体地写脑子里的困惑和迷乱,必须是这个样子,也只能是这个样子。他不敢让自己的思想脱离"伟大领袖领导的亿万群众参加的革命实践",尽管心底深处有时会怀疑这样的实践只是狂热,是盲从,是奴性,是出于恐惧的互害。他的思想,似乎总是游走在两边都是悬崖的山脊上,他必须尽力保持平衡,以免坠入不可知的深渊。

他当时最大困惑还是"一反到底"的全民造反运动:所有的党政机关和领导干部都被冲击了,被"打倒了",为什么会这样?造反派们看上去"匪"性十足无所畏忌什么都敢做,但其实每个人头顶上都有一个共同的"皇帝",这个皇帝不但不能"拉下马",而且必须"无限崇拜",连"善意指出"他的龙袍上有污点都是弥天大罪,这实在是一种笼中的造反,一种戴着镣铐的舞蹈。十年文革结束后人们慢慢醒悟到,文革初的造反运动确实包含着不少平民百姓反抗官僚机构的革命因素,例如某省领导在"三年自然灾害"中大搞浮夸虚假,横征暴敛,草菅人命,文革中无可避免地受到造反群众的清算。但这个清算却不能明白地指出他的实际罪错,因为这些罪错明显地带有伟大领袖的标记,属于龙袍上的污点,不可语及,只能违心地说这个走资派跟着刘少奇搞资本主义复辟如何如何。因此，所谓的"造反"是人人都戴着一副假面具：有的人是借题发挥私报公仇，有的人是借机行事公报私仇，有的人是投机混世以求一逞，年轻人则是被洗脑单纯盲信上当受骗。在闭关锁国舆论专制环境下的所谓"造反"，亿万人民犹如在暗无天日的下水道里狂奔的老鼠，一面互相迫害互相杀戮，一面又在最高领袖的驱赶下蜂拥而上去打倒领袖个人的政敌，这实在是一副可悲的景象，而这种觉悟，只能出现在十年文革结束之后。

不过在文革前几年的社会动乱尘埃落定后，回过神来的小昊其实已经有了较深一层的感悟：文革运动的前期，就是一个半无政府状态的混乱年代，社会上各种阶层，各种群体，各种个人的"本性"以及它们之间的矛盾都在这个断层的年代里得到了充分的表演和暴露，是历史学家，社会学家深刻解析社会演变一切因果缘由的最好标本，是政治家吸取教训，弃旧图新进行改革的最好殷鉴。可惜十年文革结束后，我们接下来正好碰上了上层领导集团要求"向前看""宜粗不宜细"的政治需要，用整个民族的惨重代价换来的政治遗产没有被正常利用，文革罪错的责任被甩给了"林彪江青反革命集团"，但文革的内斗本质仍然变成了现行体制头上的疮疤，不可触及，不可解析，最后终于形成了"忘掉文革"的基本国策，许多真相被淡化被淹没，许多历史被简单化标签化被年青一代误解和遗忘，到后来"十年浩劫"的定性又被人悄悄地偷换成"艰辛探索"，成了党的伟大事业的一部分，中国人再次暴露了自己对历史"健忘"的民族本性。

尼泊尔 EBC（南珠峰大本营）路上的石头和阳光，2012年3月。

我们自小被要求从单一角度去观察世界，但世界是一个多面体，从不同的角度去观察会得到不同的印象。

22.

  1968年7月27日,伟大领袖派数万人的"工人毛泽东思想宣传队"在军队的支持下以人海战术进驻接管了清华大学,并于次日接见了所谓的首都五大红卫兵领袖,表达了他对工宣队的支持和对盘踞学校武斗不止的红卫兵的厌弃,之后还向工宣队赠送了芒果表示慰勉,红卫兵学生运动以此为转折点走向衰落。同学们都关注着这次行动的进展,晓枫对小昊谈到这个话题,叹了一口气说,千里搭长棚,没有不散的筵席,看来红卫兵的历史使命要结束了。

  轰轰烈烈的学校运动终于走向尾声,大批学生在等待毕业分配时刻的来临。由于国民经济尤其是工矿单位连续两年的衰退,无力招工,看来多数学生的就业出路只有面向农村一途,伟大领袖为此特地在12月22日发布了最新指示"知识青年到农村去,接受贫下中农再教育,很有必要"。

  文革运动在中学积压了应在66、67、68年夏天毕业的高中和初中毕业生,一共六个年级,统称"老三届",全国共一千多万人,前两届的去向有本市工厂,外地工厂(主要是军工单位),

郊区农场，黑龙江军垦农场和外地农村，小昊的66届高中和晓枫的66届初中，就属于这一拨；而到68届分配则是"一片红"全部去外地农场农村。在社会上和学校内的一片混乱中，学生们第一次面临决定终身命运的毕业分配关口，谁能不惶恐不安？令人意想不到的是，学校原先的"领导"失去了权威，造反派仍然是"政治正确"的代表，毕业分配权力竟然有很多是实际控制在各个班级的造反派学生自己手里，运动中派性攻讦和武斗冲突产生的恩怨情仇，终于在毕业分配中得到了报复和发泄的机会，造反派们无法拒绝权力和利益的巨大诱惑，无法不尽力把"自己人"都拉进本市工业单位而把对立派尽可能塞到农村，在校外不参加运动的逍遥派则成了弱肉强食的牺牲品。许多人一辈子的命运走向就这样被自己的同学带着恶意决定了，这不能不造成同学之间更深刻的怨恨和撕裂，即便几十年后也无法化解。

和红卫兵运动初起时的情势一样，"家庭出身是好是坏"和"造反还是保皇"仍然是两条相互交错的"个人政治品德"衡量标准，所以最后所有待分配学生的"政治等级"无形中被粗略地分为四等：出身好又是造反派的是第一等，出身不好是造反派的是第二等，出身好是保皇派或逍遥派的为第三等，出身不好的保皇派或逍遥派则是第四等，基本上第一等第二等都分去了本市工厂，第三等大多去了外地的工矿和军工保密单位，第四等也是人数最多的一等，则被派往本市和外地的农场农村。唯一例外的是远在边疆的黑龙江军垦农场，因为那身没有帽徽领章的军装对当时的青年学子有无比的号召力，基本上需要出身好才有入选的希望。

分配的前期也开了一次动员大会，王晓枫等一批积极分子仍然不忘两年前的初心，上台表达了不畏艰苦到农村去到边疆去的决心，但接下来大家发现，那些政治上"优秀"的学生，基本上都被他们自己分配到本市工厂去了，并没有"响应党的号召"带头去农村去边疆，经历了两年的文革动乱，革命的理想之火已经降温，现实生活的考虑更多地占据了待分配学生们的头脑。

  他和王晓枫都向驻校的黑龙江军垦农场工作组报了名，但一直没有得到批准的信息。晓枫悄悄地找到他说："听说这些工作组是黑龙江'山上派'的呀，特别讲究成分和家庭出身，他们再这副样子我都不想坚持了"，小昊看着晓枫眼中那两颗明亮的小星星，心里有种说不出的滋味。他喜欢和同情这个女孩子，曾经幻想过自己能和她奔赴同一个远方，一同开辟一种新生活，至于将来更远的事情，他不愿去想，他觉得只要自己能和晓枫这样志同道合的女孩在一起，他愿意去任何地方，但他没有权利去要求别人也这样想，他知道晓枫是她父母十分倚仗的长女，如果能留在本市工厂或农场，对晓枫父母应该是一个较好的选择。带着一种悲壮的心情，他仍然一门心思地期望自己能去黑龙江，远远地离开自己那个灰色的没有希望的家，在天涯海角的新环境中把自己变成一个新人。另一方面，小昊的班级是"反到底"战斗队掌权，小昊和他们已经闹翻，根本不指望他们能把自己分到本市或工厂。

  在军垦农场工作组即将撤离的前一天上午，他和另一个同样报名去黑龙江军垦农场没有得到批准的男生一起闯到区革命委员会，那里正在召开有关中学生分配的会议，小昊他俩站在会议室门口求见领导，引来了区革委会主任离席到门口和他们谈话。小昊和这位男生向他反映了坚决去黑龙江军垦农场而得不到批准的情况，希望得到他的助力，他问了小昊的学校名称和其他一些情况，和蔼地回应道："好啊，你们有决心去军垦农场很不错，但是光自己决心很大，也要在实际行动上有所表现，才能让人家知道你们的决心嘛！"最后他拍了拍两人的肩膀说："回去好好表现，争取一下！"然后就回到会议桌边去了。那个男生拉了小昊就走，兴奋地说："你听出来了没有？"，小昊还是懵懵懂懂:"听出来什么啊?""血书啊,血书啊!所谓有所表现就是要写血书,写了血书问题就解决了!"小昊这下才醒悟过来自己既不了解眼下周围的情势又不善于听话听声"接翎子",但是他有点漠然,不是他怕割手指流血会痛,而是他觉得这种表示决心的方法似乎有点"无聊",有点"封建色彩",有点"伤害自尊"。整个下午小昊犹豫了大半天,到晚上终于拿定主意采取"无为而治,听天由命"的态度。第二天一早,最终批准名单在校门口贴出来了,那个和小昊一起去区革命委员会的男生昨天下午勇敢地割破了自己的两个手指向工作组递交了有十几个血字的决心书,被批准了,而小昊仔细看了两遍布告,确认自己榜上无名。

一周后,由于小昊的妹妹报名去了郊区农场,按照"两丁抽一"的潜规则,在学校分配领导小组的安排下,他拿到了本市工厂的录取通知书,但录取通知书上已经标明:这是一家即将内迁去西北的工厂,学校里有六七个同学也分到了这家工厂,不过他们和小昊不属同一个派别,或者是逍遥派。再后来,王晓枫被分到了本市郊区农场,和小昊的妹妹属同一个农场,但不在同一个生产队,相距甚远。

23.

  生活的航船离开学校这个码头，驶向社会的海洋。
  这是一家位于南郊工厂区的轻工机械厂烤漆分厂，专门给各种小型轻工机械的机架外壳做烤漆外观涂层，百名左右的工人在环境极其简陋的厂区内工作，厂区西边是一排两层楼瓦房，下层是最终工序贴金花的车间，上层就是工厂办公室和几个家在乡下的单身职工的宿舍，东边更大面积的工作区没有砖砌的厂房，仅是钢架结构顶部铺石棉瓦的工棚，和工棚毗连的北边则是一排十几个一人高的烘箱，用耐火砖砌成，烘箱底部是烧得暗红的铁板，铁板下面是烧煤的炉膛。喷完漆的机件用铁棍穿成一串由装箱工像举重一般地举起由烤箱前方推入烤箱内的槽轨上，然后关上装有温度计的铁门。炉膛的开口在烤箱的后方，由专职司炉不停地往里加煤减煤控制烘箱的温度，整个烤漆的火候完全靠司炉的人工经验控制，时间一到就由司炉撤火打开烤箱前面的铁门用大排风扇对着里面猛吹冷却机件然后将机件拆出烤箱。
  喷漆工种的学徒期要两年半，只拿津贴不拿工资，实际上小昊进厂后在师傅的辅导下练习了一周,就开始顶岗上班了。他和师傅轮流做喷漆和装箱,工棚下低矮的喷漆间,充满粉尘漆雾和刺鼻的气味,装箱时胶鞋踏在烧得暗红的铁板上一块垫脚的耐火砖上,半个身子钻进烤箱,即使到冬天人也汗流浃背,脸上的汗珠滴在铁板上吱吱发响。工作环境异常艰苦,但小昊心里充满了自豪,他觉得自己终于成了先进阶级的一员。他在新买的日记本中写道:"要深入生活!要正视生活中的矛盾,在斗争中改造自己!彻底否定那个消极保守逃避现实的旧我!只要努力工作,一定会有美好的前途!"

他和师傅完成的头道漆是烤漆的第二道工序,第一道工序是在东边工棚里的打底车间完成的:将铸铁机件喷上环氧铁红防锈底漆后再喷一道粉质的腻子,然后进烘箱烘烤,冷却后用装有铁砂布的手持电动抛光头抛光,所以打底车间的空气里永远弥漫着红色的粉尘,直到中班下班后粉尘才会慢慢沉降到地面。小昊他们的头道漆完成后机件要进行水磨,也就是人工用水砂纸在流水中细细打磨抛光,根据机件的部位会用不同的辅助工具和手势,这道工序由头道车间的十几名女工进行。头道车间西面的工棚是末道车间,机件在这里被喷上亮丽的色漆,经过第三次烘烤后送到办公楼下面的贴花车间去贴上商标金花,钉上铭牌,贴花车间也是清一色的女工,完成贴花后的机壳机架要再喷一道清漆罩光并烘烤,这样才算完成烤漆工序可以装车送去总厂装配了。

他现在每天八小时身处灯光昏暗的喷漆间,但是他好像能从巨型排风管震耳的轰鸣中隐隐约约地听到他的同学在唱红卫兵歌曲,从喷漆台对面挂着厚厚黑漆疯狂转动的排风扇里看到他的同学们的队伍在苏州灵岩山下前进的身影,他还在留恋他的学生时代,惦念那些去了边疆军垦农场和农村的风华正茂的同学们。

24.

小昊进厂时正值全国推广8341部队军管北京针织总厂的经验，所以每天上班前每个车间的十几个工人都要排成两行站在工棚里一堵墙上的伟大领袖像前，摇晃手中红色塑料封皮的《毛主席语录》，口中念念有词："敬祝全世界人民的伟大领袖我们心中最红最红的红太阳毛主席万寿无疆！万寿无疆！祝毛主席的最亲密战友，我们的林副统帅身体健康！永远健康！"这个仪式叫"早请示"，做完了才推上电闸让排风马达轰然响起，开始一天的工作。下班前又要关掉排风让车间安静下来，重复早上的这套程序，但名称却叫"晚汇报"，每个车间都准点同时进行这个仪式，不存在这个车间在早请示晚汇报，隔壁车间却排风马达轰轰作响造成干扰的情形。

每当有重大新闻发生时，车间会安排好生产，让大家停工到办公楼上的几间小会议室去进行"政治学习"，通常是在下午上班前或下班后，大约一个半小时左右。先是读文件，读报纸上的新闻，然后由车间组长请大家"发言，漫谈"，开始都是冷场，然后组长不停地催："讲啊讲啊，大家不要有顾虑，随便谈谈……",最后会点名催你发言"小张,你上次没有发言,这次可以讲讲了吧？""小王,你一张嘴不是很会讲么,正经发言才是真本事啊",终于有一两个人愿意发言,讲一些政治立场正确,符合领导意图,显示革命群众觉悟的句子,以早点结束无人发言的尴尬局面,早点解散回车间去干活（因为都知道那才是自己的本职,工作是有产量指标的,没法敷衍）,或者早点解散可以回家。有时候政治学习的内容是讨论市里公检法军管会下发的罪犯名单（一般大部分是反革命罪,小部分才是刑事罪）,根据名单上所附每个人的犯罪事实,请大家逐个讨论哪个犯人应该枪毙哪个犯人应该判刑多少年,据说这是发扬大民主实现"群众专政"的有力措施,大家对各名罪犯所定的刑罚最终将以会议记录的形式上报给公检法做参考。讨论罪犯应该判多少刑的"政治学习",可以让大家看到一些案例内容,也让不少人有了一种居高临下支配他人生死的荣誉感,所以比一般空洞的政治学习受人欢迎。

"清理阶级队伍"的运动仍在整个社会如火如荼地开展,厂里也经常关起厂门在院子里召开有关的全厂职工大会。这天横幅上写的是"清理阶级队伍开展对敌斗争第二次宽严大会",坐在横幅下讲台后面的是党支部书记兼厂长祝永正,他是学徒工出身的干部（据说他的父亲解放前是一名"掮客"即经纪人,属于不大光彩的职业,反正在这个社会里任何人的家庭背景都是藏不住的）,瘦削的脸盘,两块突出的颧骨上泛着红色的油光,面对面看人时眼神飘忽不定,不知他的眸子在哪里。现在他正得意扬扬拿腔拿调地发出最后通牒:"上次我们挖出了逃亡地主王彦喜,揭穿了他的真面目,取得了很大的胜利,今天,我们要挖出一个更危险的敌人,这个人啊至今抱有侥幸心理,以为闷声不响假装老实就可以混过这场运动继续隐蔽,这可能吗？我们现在发出第一次警告,希望他站出来主动坦白交代,争取宽大处理！"……坐在下面的工人开始窃窃私语,是谁？谁是更危险的敌人？祝书记又开腔了"第二次警告！还不站出来？！"……工人们开始挪动身体左看右看，前看后看，希望看看谁的脸色最不自在谁板凳坐不住了谁就是今天要挖出的阶级敌人，但是似乎还是没有发现有谁想上台自首。祝书记再次拖长了声音开腔："第三次警告……罗碧华！你站起来！"整个会场的所有人一起"哦"了一声，原来最危险的敌人是她！这个一直缩在锅炉间里负责用木盆热水浸泡用过的金刚砂布再晾干回收利用的老太婆！大家都知道这个孤老太婆和一个成年的儿子一起生活，丈夫49年去了台湾，现在她变成现行反革命了？两个造反队员立即上前把罗老太婆手臂拗到身后押到讲台前，祝书记向大家宣告："她在这里装傻，但我们的造反队已经去她家抄家了，马上让大家看她的现行反革命罪证！"话音刚落，去抄家的造反队员已经开着厂里一辆小道奇卡车回到会场，把一台裸体的电子管收发报机和一副大耳机捧到众人眼前，祝书记得意扬扬地说："看到吧，这就是反革命分子罗碧华和台湾特务联络的收发报机！"众人皆惊叹不已，原来躲在车间角落里洗砂布的老太婆竟是这样隐蔽的特务，就在我们身边！全场响起了一片"打倒反革命分子罗碧华"的口号声，这个老太婆蠕动着嘴唇在说什么，但根本没有人去听她。后来人们发现，宽严大会过去了十几天，她仍然龟缩在锅炉间里洗砂布。明白人都知道，如果罗老太婆真是现行特务，应该是由公安机关抓走的，而且那台裸体的电子管装置，据懂行的青年电工分析，不过是她儿子自己组装的收音机而已，并没有发报电键之类的东西。罗老太婆和她儿子有可能会用这个东西收听敌台，但估计无人告发又没有明显证据也不好治罪，所以罗老太婆仍在厂里洗砂布。但是，用这样的"运动方式"来敲打这类潜在的阶级敌人，大方向是完全正确的，祝书记还会领导大家一个又一个地挖出阶级敌人，革命群众还会一次又一次地举起拳头跟着祝书记高喊口号。

25.

　　高中时期虽然也每周下厂劳动半天，但学生毕竟属于外人，和工人们接触有限。小昊觉得，现在既然到了工厂就有了直接向这个社会的先进阶级——工人们学习的有利条件，可以逐渐和他们融为一体。但后来他慢慢发现，在这个一共百多人的小厂里，纯粹的"工人"并不多，而精神和外貌像电影和宣传画里那样的工人更是凤毛麟角。

　　这个烤漆分厂虽然小，却是公私合营时由十几家更小的厂和小作坊合并成的，于是老厂的资本家和小业主们及他们在厂里做工的家属就要占去二三十人。这些昔日的厂主现在除了埋头干活就是唯唯诺诺，精神上形同劳改犯。老板的妹妹从公私合营前到现在都在流水线上干活，合营前老板就做主把妹妹嫁给了这个厂唯一一台小道奇卡车的司机，因为送货卡车司机这样的重要岗位只能安插信得过的自己人，不知这是否算资本家在剥削自己妹妹和妹夫的剩余价值。

　　占员工多数的老工人这一群里有很多人带有不干不净的旧社会标签。比如这个打底车间喷腻子的老工人，平时看上去灰头土脑,那天傍晚下班后小昊和他一起在工厂边的公交起点站等车,站上的电铃响了,小昊按高中时"情景英语教学法"养成的习惯嘴里不经意地哼了句"Bell rings",哪知这个老工人却在一边冷冷地说"错了!应该是 The bell is ringing!",把小昊吓了一跳,后来一打听才知这个老工人曾是洋行买办,精通英德两国文字,会说一口标准的伦敦腔,三反五反时被清理到厂里来当工人;还有那个矮个子的打底车间装箱工,18岁就进厂当学徒,但在清理阶级队伍查出来属于"富农分子";那个操一口四川话的司炉工成天赤膊干活,胸前的乳头上打了一个洞,挂着一枚彩瓷毛主席像章,看上去是"无限忠于毛主席"的样子,却是参加过袍哥会的黑社会帮派分子残余;材料间的配漆师傅,是工艺技术上的权威,但是参加过国民党;还有一个住在瓦房二层楼单身职工宿舍里的喷漆工,白天上班很正常,但一到晚上就酗酒发酒疯,从二楼的露天走廊往下面地坪里扔酒瓶子,据说他是苏北乡下的地主少爷,49年前逃难到此地来打工,一直单身的原因是因为每天要喝掉一瓶白酒没有女人愿意嫁他……

除了这批老工人之外,还有一群和旧社会瓜葛较少的是文革前从社会上招收的青年工人,年龄比小昊他们略大一两岁,大多属于末道漆和清漆罩光车间,其中多半是"职员"家庭出身,每到等待拆箱出炉的工间休息他们便聚在工棚边的屋檐下用工会的一架手风琴切磋琴艺,小昊看着他们灵巧的手指在黑白键盘上飞舞,听到《杜鹃圆舞曲》《瑞典狂想曲》等等乐曲像泉水般流溢,羡慕得发呆,这批青工"小资味"十足而没有"工人味";另有几个出身好政治上有前途有期盼的青年,担任了本厂或地区的工总司小头目,成天在社会上游走活动,指望能在未来的领导机关里谋个一官半职,厂里的生产线上基本看不到他们。

小昊所属的头道漆车间,也有一个"小资青年"乔大勇,但却是"小资"过了头成了"反革命"。文革前他因为迷恋电影,自觉相貌风流倜傥,演技与生俱来,和电影《寂静的山林》《英雄虎胆》里的王心刚于洋不相上下,因此一直想跳出这个烟雾粉尘弥漫的倒霉地方去当演员。某次正好遇到电影制片厂在社会上招收演员,他得了这天大喜讯,便欲火焚身魂不守舍,天天缠着厂领导祝书记给他开介绍信前去报考,不料祝书记对这个后备演员的天分完全没感觉,认为他既政治思想不合格又只是做油漆工的料,坚决不放行,大勇软求硬吵都毫无效果,眼看一生的美好理想马上就要败在这个头脑僵硬不懂文艺的小干部手里,竟然急火攻心动手和祝书记扭打起来了,混战中不失冷静的祝书记用激将法引诱乔大勇下喊出了一句忤逆最高领袖的反动口号,让他犯下了反革命的罪名,但后来公安机关经过侦办认为乔大勇没有反动家庭出身的阶级根源,充其量不过是因考电影演员受阻"资产阶级个人主义"大发作精神失控,结果定了个坏分子劳教两年后又送回工厂。回到工厂的乔大勇成了个"怪人",干活还能胜任,产量质量指标都完成得不错,但一旦有任何人与他谈话交流他就用模糊的喉音对你胡言乱语不知所云,有人说他是半个神经病,有人说他是故意装疯卖傻抗拒改造,不论是真疯还是假疯,人人都讨厌他那副神经兮兮的样子,有时被惹得肚肠根发痒忍不住就想打他骂他,而头道漆车间也经常利用这一点在早请示晚汇报时把他拖出来当反革命斗一通,以保持车间里阶级斗争的热度。有次斗他时小昊竟然也受不了他的怪话连篇冲上去在他的后脖子根上打了一拳,出手后连自己也感到震惊:因为他在学校文革的两年多时间中从没有出手打过别人,他只有被打的机会但都靠侥幸或低三下四避开了。这一拳是怎么打出去的?是因为自己现在是"工人"了不必担心同学看到这种不符合自己本性的行为?是为了表现自己的"进步"和"革命"?是因为知道出手后不会受到反击?是因为自己和多数人一样厌恶乔大勇那真假难分的精神病样子?是因为自己想阻止他发出更不堪的怪话其实是想保护他？他觉得好像每种原因都有，但每种原因又都是不真实的，他感到了自己的虚伪和矛盾，很多年后他都忘不了这令他自认卑劣和恶心的一幕。

　　自己不是正经的工人阶级，周围也没有几个正经的工人阶级，那么那个革命的先进的工人阶级在哪里呢？

26.

"伊拉背后头都叫我军官太太，其实我老早就和我男人离婚了。"

和小昊说话的是一个尖颧黄脸的中年整理工吕玉纯，属于末道车间。小昊所在的头道漆喷漆间的侧门，斜对着末道漆喷漆间的成品出口，所以他一直能看到吕玉纯站在那里从窗口拖出成品稍加检验整理堆垛在送货手推车上。在劳动中的间隙，她总喜欢点上一支烟走到门口和他聊两句。他不想和她搭讪，因为讨厌她那个倚门抽烟的轻浮姿势和说话时露出的烟熏黄牙，觉得她从面相到穿着都带有一种难以洗刷的旧社会陈腐气息。老工人告诉他，这个吕玉纯其实一点都不纯，解放前在南京做过妓女，后来被一个在溃退中路过浦口车站的国民党军官赎身结婚，丈夫49年后逃往台湾，留下了她这个"军官太太"和一个与新中国同龄的女儿。

那时，厂里的工人们一般都把发放的工作服当作上下班挤公交的"通勤服"，而真正进车间劳动时穿的则是用旧的铁砂布水洗过的底布拼缝成的"上班服"，样子像一件灰白泛红的乞丐百衲衣。而吕玉纯从不穿这种褴褛的上班服，她是用旧的旗袍来充当上班的工作服的，而且几乎三天两头地换，有时是银灰底加黑色网线的花纹，有时是黑褐色的香云纱，有的是浅绿的横条加上争奇斗艳的红花，似乎她有穿不完的旗袍正好借上班劳动的机会来展示。那个时代人们都把旗袍当作旧社会资产阶级的服装，曾经拥有旗袍的女人都把它们压在箱底，一般人无论时间场合都不会再穿，而吕玉纯在车间里把旗袍当成工作服，似乎是一种废物利用，无可指责，让小昊联想起自己家把父亲不再系戴的十几条毛料或丝织领带扎成拖把使用，又想起旧社会的妓女现在当了工人，觉得这都是一种废物利用。

"我啦，一眼就看出你是好人家的小孩，你爹爹是做老师的，对吧？"吕玉纯用讨好的口吻继续说道。

本来就讨厌这个"军官太太"，现在她又提到小昊的家庭背景，更令他反感。他知道，一个人只要到了一个新单位，自己个人档案里的那点"家庭出身"背景，很快就会被干部和造反派的头头们当作新闻传得人人皆知，相比在原来市中心的学校里，父亲头上原来的大学教授和现在的右派分子两个标签，在这个南郊的小厂里变得更加稀罕和引人注目。吕玉纯当然和多数人一样，避开了那后一个敏感的标签，但还要进一步套近乎："我爹爹也是做老师的……"，他听了心里暗暗好笑，哪有老师会让自己的女儿去做妓女的？他觉得吕玉纯一定是在信口胡编，他讨厌她那种晦暗的脸色和混沌的眼神，讨厌她的苏北口音，觉得她属于社会人中的垃圾，应该走向消亡的那种。"我有一个女儿，和你差不多大，在隔壁金属压延厂工业中学读书，也就是在当学徒……"。

说到工业中学，他倒想起几个月前自己还在学校里时，社会上"刮台风"打击流氓阿飞，几个初中红卫兵从自己住的街巷里抓来一个女阿飞关在隔壁教室审问，那女孩就是什么光明电池厂工业中学的学生。一同被抓来的还有她的母亲，也是逃去台湾的国民党军人留下的老婆，据说母女两人都"腐化堕落，在社会上乱搞男女关系"，那女孩发育得丰满高大，身上的白衬衣有点紧绷，比眼前这几个同龄的初中男红卫兵高半头，却不得不低声下气恳求那些男孩不要打她妈妈，说她们俩都会老实交代，在得到了含混的承诺之后，她开始嗫嗫嚅嚅地坦白自己的事情，那年代没有儿童不宜的概念，几个红卫兵一边听一边在脸上浮现出猥琐的阴笑。接着又开始在女儿面前审母亲，才问了几句男孩们就把原先的含糊承诺忘得一干二净，一拥而上押着她妈跪到了地板上，小昊看到这个容颜枯槁的中年女人的眼中一刹那间闪过了一道阴暗和仇恨的眼神，两个红卫兵用一根竹杠放在她小腿肚上两边同时用力踩下去，那女人立刻像杀猪似的大叫起来，那几个红卫兵高声叫："交代！交代！"那人高马大的女孩则大哭起来。红卫兵都知道"踩杠子"是过去国民党特务用来拷打共产党员的刑罚，现在用来对付反动军官的老婆是以其人之道还治其人之身，理所当然。小昊不想看这场刑讯如何继续如何收场，但他觉得自己不同情这类人，他向往光明快乐自信的人格，而这些人与此无缘，他们脸色晦暗，双目无神，精神萎靡，是旧社会留下来的渣滓，应该逐步消亡，就像眼前这位军官太太吕玉纯一样。

没过几天，类似的一幕在厂里上演，厂里要批斗吕玉纯，末道车间的一大群人押着这个永远穿旗袍的女人走进瓦房二楼的会议室，要这个国民党军官遗弃在大陆的老婆交代这个交代那个，小昊在楼下听到楼上的人声慢慢变高变凶，接着好像有人开始动手打人，中间夹杂着吕玉纯喑哑的呜咽。突然间，一声尖利的哭喊像炸雷一般在人们头上响开："你们不准打我妈妈！"，小昊抬头望去，只见二楼的露天走廊上有个穿蓝色工作服的女孩冲进会议室去，走廊上的众人吃了一惊，手足无措，听凭她护着吕玉纯走出会议室来到露天走廊上，他终于看清了那是吕玉纯的女儿：穿一件崭新的纯蓝色工作棉袄，左胸上"安全生产"

四个红字特别醒目，臃肿的大棉袄难以掩盖年轻女孩矫健挺拔的身材，一双黑白分明的大眼睛，一头乌黑的齐耳短发，一张白里透红的苹果脸，向外喷发着愤怒的热气："为什么要打人？！我妈妈凭啥要被你们打？！"不知她是如何得知吕玉纯要被批斗，从隔壁厂里赶来保护妈妈的。小昊一直认为军官太太属于堕落的，毫无希望的一群人，所谓相由心生，他们的枯槁脸色落魄神情都是和他们晦暗的内心相互依存的，现在一个形象鲜亮敢说敢做的女儿突然出现在众人面前，确实令他感到震动：也许吕玉纯年轻时也是她女儿现在样子？那么是什么把她变成现在这个"军官太太"的？在这恍惚的思绪中他突然觉得，其实渺小的个人在时代的沧桑中是没有多大能力左右自己的人生的，就像他自己无论如何努力挣扎还是从小就被贴了一张国民公敌"黑五类"子女的标签一样。我们在多年的压力下和教化下，习惯了根据上面传达的文件絮絮唠唠"批斗从严，处理从宽"，"深挖阶级敌人，保卫红色江山"，"亲不亲，阶级分，黑五类子女应该和反动父母划清思想界限"……等等，等等，但是有几句政治术语是出于我们心底出于我们本性的？好像这一切都敌不过"不准打我妈妈"这一声"动物性"的呐喊如此天经地义，所以听到这一声呐喊，小昊反而感到了一种心理压抑被释放的快感，周围有几个围观者也用暗含赞许的口气说："哟，这个小姑娘倒是蛮厉害的！"那些自以为站在正义一边的斗人者也萎了下来，草草地结束了批斗会，听凭军官太太的女儿把她带出了批斗会场护送她回家了，这真是个少有的令人诧异的结局。

27.

  王晓枫出发去远郊农场前，小昊去了久悦邨几次帮她整理行装，最后和许多同学一道去码头送她上船。他内心仍然对这个阳光的女孩充满了亲切感，但是他知道自己头上悬着一把内迁大西北的剑，不知什么时候就会砍下来，让他和她一刀两断天各一方，这样的未来他自己完全无法把控。眼下一个在市区一个在远郊农场的地理距离，不近也不远，倒是给了他们相互写信的理由，表达一些平时不方便当面用口头语言表达的思想。双方落笔都很谨慎，避免一切可能引起亲昵联想的词汇，例如不说你我而说你们我们战友们，等等，这在那个时代十分普遍，但是能不间断地相互写信，又好像不是一般的同学关系。

  王晓枫的信：

  首先，敬祝毛主席万寿无疆！万寿无疆！！

  收到你的来信我们都高兴极了，实在是非常想念各位战友们！

这几天是农忙,生活很紧张,却也很愉快!差不多是天天割稻,比刚来时割中稻不知好多少了,那时不但割得慢还七零八落,经过老职工耐心地教,现在已经比较自由了!你懂我的意思吗?我们确实是怀着一种自豪感走上了做一个社会主义新农民的道路,这是我的第一步啊!

踏上社会,正如大家所感到的,不像当学生这么简单了,到了农场,觉得环境复杂,人也复杂,各式各样的人都有,老实说我全然不敢像在学校里那样任性了,我自知在学校时我的任性是让许多人受不了的,但我从来没有去解释误会的习惯,只要不树私敌,问心无愧就行了,但我知道我的一些好朋友包括你经常在后面为我解释,为我分担,我内心很感激,也很内疚,但当着你们的面,我是什么也不愿意说的,我是一个性格倔强的人,看不起那些为小事斤斤计较,吃了一点苦受了一点挫折就灰心丧气的人……现在面对复杂的周围环境,我越来越觉得要减少任性,要清理自己的思想。要走稳自己的第一步,不是要出人头地向上爬,也不是要学那种人吃喝玩乐庸俗一生,现在最重要的还是接受再教育,尤其对我来说,在学校里做惯"干部"的,更是要下决心准备做一个普通劳动者了,劳动之余,我现在是"学习学习再学习",生活还是比较充实有规律。

我还是很有信心的,只要自觉地磨炼改造自己,我是可以有所作为的!你在工厂里,条件更好,更有机会向工人阶级学习,会更有出息!盼望各位战友多来信交流思想,向大家问好!

此致

战斗的敬礼!

1968.11.6 中午

又及:若有毛主席在八届十二中全会上的图片或画像,请帮我寄两张来,好吗?

            敬祝毛主席万寿无疆！

你好！

　　你的来信中说"听说你们农场里有不少同学仍旧带着知识分子的那种傻劲儿在发奋读书"，我倒是很想知道你指的是哪些人。据我观察，周围认认真真读书的人太少了，像我这样准备系统地学习的人几乎没有，可能有的人会去读一些政治方面的书籍，还有的人纯是温习课本指望万一将来还能上大学，但是我想我们的学习和这种为"我"而读书是完全不同的……看到现在生活中的错综复杂的矛盾，联想起当时学校里的斗争，那时都是用一种片面的，静止的观点来看问题，视角很窄小，现在则有可能通过学习用一种动态的，前后关联的眼光来对当时做个总结。既然我们的共同志愿是一辈子紧跟毛主席干革命，那么我们就要看到从中央到地方到我们生产队，各种复杂的斗争都是党内几十年来路线斗争的延续和反映，我们当年的一些分析和观点虽然肤浅片面，但是也证明了我们有一定的政治敏感性！现在则有必要对过去的一切加以总结，批判自己身上的小资产阶级意识，在劳动中脱胎换骨，通过不断的学习，以清醒的冷静的头脑投入今后的斗争。在学校的两年多的斗争中，我们几乎是同时在政治上成长起来的，所以我们能够相互理解，相互鼓励，踏上社会后再要真正认识一个人就困难多了，你说对吗？我觉得自己简直说不清了，很多想法有待清理，心情不好，想问题也不易集中，请原谅！

1968.12.5 下午

　　很对不起，这次托人带来的一堆小扫帚没有你的，因为扎扫帚的玻璃丝用完了，等家里把玻璃丝寄来，我再给你扎，其他谁还要也请告诉我。你有空是否能画点东西送给我，托人带来？

（因为晓枫是游泳好手，小昊后来从伟大领袖在长江游泳时穿毛巾睡衣站在船头向群众挥手的一张照片上截取了头像局部画了幅油画送给她，他在背后的画框上用毛笔写上了"紧跟伟大领袖毛主席在大风大浪中奋勇前进！"的题词，他对这幅画的效果很满意：蓝天背景前伟人脸部的皮肤很有质感，画面充满阳光，还能感觉到江风的吹拂）

你好！

刚回到农场。这次回城送周蔚如她们去云南，心情如打翻了五味瓶，难以描述。照理说，千里搭长蓬，没有不散的筵席，学生时代的结束是必然的，但事情就是这样，当我感到一份友谊的特别珍贵时，它已经随着火车去了天涯海角成为历史了。

写这封信，老实说心里很犹豫，一则我在火车站答应过你，我应该守信用，二则我也确实不愿欺骗战友。我想说的就是：我最近看到的，听到的，心里想的东西很多是"上不得台面的"，但是既然想了，也不想瞒着战友。

回农场后照例是天天下地，我已经感觉不到累与不累，只觉得心里闷，也不想讲话，生活太简单太普通，只是好像没有目的，周围的人成天忙忙碌碌，看着他们心里有说不出的味道，也许生活就该是这样平平庸庸的，何必自寻烦恼呢，但心底里又不甘心。所以这次看到叶志红，刘欣她们准备放弃农场和工厂的岗位自己组团去内蒙古插队干革命，一方面觉得自己很惭愧，一方面又为她们担心觉得她们很幼稚，但同时感到自己思想太混乱了，既要不幼稚，又不能丧失理想和斗志，不想庸庸碌碌的话，那该怎么做呢？我看到了周围那些靠溜须拍马，削尖脑袋踩着别人的脊梁骨往上爬的人，感到十分厌恶，但不当普通农工要当干部，好像非得学会这一套不可，所以我压根不想当干部。我想照自己的意志生活，但究竟该怎样做呢？真希望哪一天打仗，战友们奔赴战场奋战一场！

踏上社会后，大家都或深或浅地在思考这个问题，但肯讲出口的极少，你说是吗？多给我来信，写写零零碎碎的事情也好，小道消息也想听，我以后写信也要写些日常琐事给大家听。

前进！毛主席的红卫兵！

1969.3.9 夜

有空帮我把给周蔚如妈妈的信送去她家。

（1969年3月4日老同学们相约到火车站送68届高中的周蔚如等一批同学去云南临沧插队落户，小昊见到了从农场赶来的晓枫，她说："哎，我跟你说，我以后不能再那样写信了，老是端着个架子放不下来，我难过死了，我的思想真的没有那么好哎……"，接下来小昊就收到了上面这封信）

敬祝毛主席万寿无疆！

你好！

你的来信使我和其他战友们都收到了很大的鼓舞，在这样思想动荡极大的时候看到战友真诚，直率的意见，确实这种心情也许你很难体验，因为你不知道我们是在怎样一个地方，怎样一种环境啊！你和我们都是刚出学校的学生，思想方法可能和我们并不完全一样，可是出于对无产阶级革命事业的共同信念，你和我们一样在观察生活，从我们这些人身上看到了你自己并更深刻地看到了我们，以不同一般朋友的坦率向我们表达了自己的意见，中心是为了革命必须紧紧地跟上时代潮流，这是我们当年这些激进派不难理解的，可是现在听来尤为亲切！

我们的信仰还是那样坚定，我们对生活还是充满了勇气，但我们不能老是纸上谈兵，终究得付诸实践，将来我们会成为怎样的人呢？我想了一下，大约以下几种吧：

1. 做一个普普通通的工人，农民，农场职工，为祖国创造物质财富，生活最安稳，最平静；

2. 战友们共同闯出一条新路，扎根农村边疆一块地方，为改变当地的面貌，创建我们的新生活而努力，虽不算神奇，但也很不容易了。这次叶志红她们的失败给了我很深的印象，她回到农场后和军代表发生冲突，做了检查。可惜的是她要是晚回去两天，就能听到市里领导批准她们去内蒙的消息了！你说气人不气人！

3. 把精力注重于意识形态的研究和国内外历史和社会形势的研究，练好身体，准备迎接五十年内外到一百年内外"全世界社会制度彻底变化"的伟大斗争，我坚信生活不会永远这么平静的！

思想斗争十分激烈，但愿与战友们热烈而慎重地抉择！
前进！面向未来！

1969.4.16

快把我们的照片给周蔚如寄去，她在那里心情很不好！

（收到晓枫"放下架子"的信后小昊又回信给她讲了自己的感受去劝慰，也许其中还不乏一些革命大道理，然后收到了晓枫上面的信，现在小昊则完全想不起当年讲了些什么了）

敬祝毛主席万寿无疆！

你好，

我已经于昨天到了镇西公社五大队六队，刚安排下来，许多事情还没有头绪，人很累，要回的信实在太多了，只得暂且给每个人先涂上几笔，对你就更是如此了，等过几天，我会把这里的情况好好告诉你，好吗？

周蔚如说很感激你寄的照片，要我谢谢你，她身体较弱，已被安排在乡村学校当老师，她说以后会给你来信的。

我在场部开会时，碰到你妹妹的。

九大精神你们听了吗？我们这里传达得极简单，你能给我讲讲吗？短时间内我要注重劳动和生活锻炼，适应农村的新环境，过一段时间，我会恢复自己的学习计划。

1969.5.20晚，匆匆

（1969年5月，解放军军宣队进驻农场系统，同时抽调几千名"贫宣队"进驻全市各农场生产队，在当时的中国，贫下中农不是"小资产阶级"而是和工人阶级同等地位的"先进领导阶级"，但是贫下中农作为个人又是公社生产队和农户家庭的劳动力，抽走了就要影响生产，于是以"接受贫下中农再教育"的名义，在派出"贫宣队"的一年多期间，用两个农场知青置换一个农民的办法，将知青单个安排到农户家落户，晓枫就是这样来到农家的。）

那时候小昊收到了许多来自农场，农村，边疆的同学来信，通常开始时都充满豪言壮语，把自己当成既要重新塑造自己又要改造世界的革命者，就像晓枫说的是在"端着架子"，同时这些刚踏入社会的孩子又对真实的社会是如此灰暗虚伪大人们是如此庸俗自私圆滑世故无法适应。结果两三年下来，大家都发现自己陷入了一个迷惘的怪圈：要想有所作为改造环境就要做有支配权力的领导，而要做领导就必须向上爬迎合社会上生活中的虚伪丑恶，结果到底是谁改造了谁都说不清了。有个同学宣称："其实我早就彻底看明白了，这不过是自己什么时候能下决心抛弃'童真'变'坏'的问题"——他说他看穿了：只要自己让顶头上司感到自己的忠顺依附，让领导相信自己不但不会影响他的权力地位而且会对他有所辅助，就可以为自己打开上升的大门。努力干活这是必要的基础，但光努力干活毫无用处，剩下的就是按照社会的需要做戏了：比如在人前人后大庭广众下捧一本毛选废寝忘食地地凝神阅读；比如抓住关键时刻在领导和众人面前露一手显示自己的一不怕苦二不怕死（当然要控制好分寸安全第一），等等。这一切不需要多少才智，但却需要在内心放弃自尊建立一个'做戏有理'的无耻人格。这个同学后来确实是下决心放弃"童真"了，于是迅速地被提拔为地区的学习毛选积极分子，知识青年的标兵，照片登上了市里的党报，并很快入了党。在以后的岁月里，一些知识青年标兵树得快倒得也快，很快归于平淡，最后大家都跌跌撞撞地走上了各自的稳定彼岸。人的本性原来就是善恶同体的：善的一面是坚持公义理想坚守道德准则，恶的一面是趋利避害趋炎附势追逐个人名利权力地位，在那些有一定才华不甘平凡的同学中，能在善恶之间取其中，平衡把握得好的同学，大多后来升到了很高很优越的领导岗位，而那些自命清高不肯妥协不肯依附的书生们，大都只能在下层当百姓。放眼更广阔的现实世界也是如此，那些能成就一番"事业"的大人物，大多是既执着于理想信仰，又擅长权谋机巧不忌厚黑之道的角色，虽然世情复杂多变难以一概而论，但生活的辩证法基本如此。

28.

　　转眼已到了1969年五月中旬，作为文化革命里程碑的共产党第九次全国代表大会已经在四月初隆重召开，现在轮到向最基层的革命群众传达了。

　　工厂的大铁门紧闭，一百多工人都坐在院子里的长凳上，听祝永正书记滔滔不绝地讲了整整一个下午。他是听了市里某位出席九大的领导5月8日的传达大会，然后再转向基层群众传达九大精神特别是九大期间伟大领袖讲话的。祝书记眉飞色舞，神气十足，好像他亲自参加了九大一样，话语中有时都分不清是他的加油添醋还是市那位里首长的个人发挥还是伟大领袖和中央首长的原话。小昊拿着小本本紧张地记录着，因为很多去农村的同学写信来打听"九大精神"和内幕新闻，他觉得自己有转达的义务，最要紧的是记录伟大领袖的指示一定要尽可能精确，一个字也不能错。

　　"主席指示，对九大的召开要'立足保密，力求保密'，结果我们做到了，代表们到北京都不知道要开什么会，主席要求代表们不要出门，等大会结束了再安排参观'六厂一校'和北大。3月31日晚上才通知明天四月一日开九大，代表们都激动得睡不着，但三人一间房不能走出去交流，只好两边敲墙表达内心的激动，至四月一日外国还完全没发觉在人民大会堂召开了九大，这是第一个胜利……"

"下午五时，毛主席出现在主席台上，毛主席说：'现在选举主席团，要不要读？你们都知道了嘛……一共一百七十六人。你们手上都有，赞不赞成？赞成的举手。多数吧？通过了'。又说：'大会主席团要推选一个主席，一个副主席，再选一个秘书长。哪几个当合适呀？我看林彪同志当主席（总理说：毛主席当合适），我当个副主席，好不好？（林副主席站起来说：不好！不好！我们伟大领袖毛主席当主席！毛主席万岁！赞成的举手，好！全体通过）'……"

"毛主席致开幕词，回忆了党的光辉历史，他说：我们党，从一九二一年成立，到今年已经有四十八年这么长的时间了。第一次代表大会，只有十二个代表，现在在座的还有两个，一个董老，还有人不认识吧？再一个就是我……，第七次是在延安开的，开了一个团结的大会。清算了瞿秋白、李立三、王明的错误路线，那时党内有分歧，有人提议，不选王明路线的人到中央，我不同意，说服大家选了他们……其他几个，刘少奇、薄一波、安子文这些人，那时不知道不好，对他们政治历史我们不清楚，也选进来了。从八大以来，现在搞清楚了，政治路线、组织路线都比较清楚了……大会以后，能不能在全国取得胜利？我认为是可以的，开一个团结的大会，胜利的大会，是可以的。"

"从四月二日起到十四日全体大会，期间48个单位分六大组讨论林副主席政治报告和新党章修改草案，毛主席发表了多次重要讲话，毛主席说：'苏联人讲我们整知识分子，秦始皇杀了四百几十个人，我们还没有杀一个人吧，……喷气式不要搞，我说罪魁祸首还是我：我在八届十二中全会上讲了，说我在一九二七年文章上说了，地主戴高帽子游乡，既然给地主可以戴，为什么不可以给彭真戴？给彭真这类牛鬼蛇神戴，我们几十年没有搞了，这次是红卫兵翻出来了……'毛主席又说：'包括武斗，所有的材料我都看了，都不如四川张国华那里。双方几万人，穿上群众衣服，实际上是退伍军人……，如保定、浙江、江西、四川是不是这样？（江青：是）贵州、云南也是一样，……这些矛盾过去没有暴露过，这次暴露出来，我看是好事。'"

"十四日全体大会，毛主席说：'明天将选举，好人我不提，我就提这些人，你们一定不赞成，我有啥办法呢？好人我是不提名的，我就提这些人，你们一定不赞成吗？我有啥办法？'代表们一致认为，把一些老同志选进中央委员会工作，体现了毛主席宽阔的无产阶级胸怀。毛主席讲了：'我们付表决好不好？第一个林彪同志所作的政治报告，赞成不赞成？赞成的就举手（全体举手，主席看看会场后），都赞成，有希望了，通过。这个党章草案是不是赞成呀？赞成的举手（一致举手），看来也有希望了，通过。关于这两个文件，可能还有些文字上要斟酌的地方，还要翻成外国文，怎么办？再开一次大会？有同志建议，由秘书处来完成这个任务，可不可以？（全体代表：可以！热烈鼓掌）。今天的工作就告一段落。'林彪同志讲：'全党全军全国人民对毛主席的评价是完全正确的，没有毛主席就没有中国革命的胜利，就没有我，若是在张国焘手下就不会有我，主席肯定比有的人高明。'"

"从四月十五日到二十四日闭幕，是酝酿和选举中央委员会，总理说了，苏修选举委员会是主席团提名，通过了事，外国以为我们三四天就可以结束。我们为啥要这么长时间呢，因为我们是发扬民主，让全体代表酝酿提名，去年参加八届十二中全会的中央委员后补中央委员只有59人，是当时全部委员的三分之一，其余的都'不行'了，当然要补充……"

"毛主席4月11日和4月23日两次会议上都谈到党内'反对派'，或曰'对立面'的问题。他点了10个人的名字：陈云、朱德、李富春、李先念、聂荣臻、叶剑英、陈毅、徐向前、邓子恢、张鼎丞。说'这些人批个啥，检讨又检讨不好，还是看行动吧，和我在一起的时候，也不是天天反，也有一点功劳。'这10人中，李富春、李先念、陈毅、聂荣臻、徐向前、叶剑英，属'二月逆流'干将，'二月逆流'主要代表人物谭震林是叛徒不能参加九大，至于朱德、陈云等人，是一贯的'右倾机会主义分子'，朱德说：'我的检讨是深刻的'，毛主席说：'这是你自己讲的，不算。'但是，毛主席主张把这些人作为对立面选进九届中央委员会里。他说：'不把这几个犯错误的老同志选进去不好。党内有几个反对派有什么要紧？你反你的嘛！'许世友忿忿不平地说：'反一两年可以，反几十年怎么行！不过，我们坚决听主席的，主席怎么说我们就怎么办！'"

"还有一个徐海东，陕北红军的领导人，他的红十五军团和中央红军配合打了直罗镇战役立了功，从1941年起就生肺病，只能睡担架，接氧气生活，却一直反对毛主席，但没有这一仗就没有巩固的根据地啊，就没有党中央啊，所以毛主席3月30日想起了这个老同志，请他来，进主席团，总理很激动，毛主席就是胸襟开阔……一桌之肆，一人向隅，举桌不欢，但是谁不改正错误，还要反对毛主席，坚决打倒……"

"毛主席第一次提出了无产阶级专政条件下继续革命的问题，成为马列主义宝库的重要一部分……解放后毛主席进行了一系列无产阶级革命，从深的意义上来讲，过去历史上从来没有这样深刻地发动群众，触及灵魂，没有触及政府各个部门和上层建筑，没有从根本上解决领导权问题和防止资本主义复辟问题……"

"防止形式主义，把群众学毛选引导到错误道路上去，搞什么三忠于活动，大建忠字碑，忠字塔，忠字桥，江青同志说，忠字是没有阶级性的，地主家里挂个大大的忠字，其实是忠于蒋介石，忠于刘少奇！康生同志插话，让牛鬼蛇神在主席像前下跪磕头，把主席当成啥？是对毛主席莫大的污蔑！忠字舞不好，做大像章浪费铝材，主席不同意，说还我空军。康生同志插话，走向反面，但是我们不要挫伤群众的积极性……"

"关于准备打仗的问题，林副主席讲，一战到二战 21 年，二战到现在已 23 年，我们已经闻到火药味了……珍宝岛战役胜利后有人有骄傲麻痹思想，说'一个兵团就可以打到莫斯科'，现在从中央到地方都要加强战备，有备无患……"

"毛主席说了：'现在苏修攻击我们……说我们现在不是无产阶级的党，叫作'小资产阶级的党'，说我们搞一元化……什么叫一元化呢？……按照苏联的话叫作军事官僚专政，这些话嘛，我看让人家去讲！人家怎么讲，就怎么讲。但他有个特点，他就是不骂我们叫资产阶级的政党，而叫小资产阶级的政党，而我们呢，就说他是资产阶级的专政，恢复资产阶级专政。'"

……

半个多世纪过去后，重新翻阅当年字迹潦草的会议记录本，当时的豪言壮语，矫情表白，絮絮唠唠都成了昨日黄花，也有些含糊的只言片语，当年不知背后的含义，现在则成了提示历史真相的蛛丝马迹。人们现在知道：伟大领袖要召开九大正式完成从组织手续上打倒刘少奇及其党政干部系统，在高层还是有强烈的争议和阻力的，并非像普通老百姓理解的那样全国一心同仇敌忾。当年参与珍宝岛战役指挥的老军人后来也坦承，中苏边境那时本来就摩擦不断，但双方都限制在不用子弹的肉搏，而此次大规模边境冲突基本上是中方选定地点时间事先筹备了三个月故意激化的，意在造成"大敌当前一致对外"的氛围促成党内矛盾的弱化和转移。三月二日珍宝岛一开打，持续半个月之久，到了四月一日"团结的九大"就胜利地召开了，时间上确实配合得很好。至于此次战役引发了苏联大规模增兵边境和在新疆发动报复性袭击，整个中苏边境战云密布战争一触即发，甚至发展到作为社会主义阵营老祖宗的苏联计划对"小资产阶级军事官僚专政"的中国进行"外科手术式"的核打击,迫使曾经批判苏修对美妥协联美反华的伟大领袖后来自己也不得不改行联美反苏的外交战略,这些都是早先没有预料到的吧。

尼泊尔南珠峰大本营（Everest Base Camp, Nepal），海拔5360米，2012年3月。

只有不畏艰险登到高处才能更多地探索世界，认识世界需要俯览的观察角度。

29.

　　1969年的三月，68届高中的弟弟去了江西赣南农村插队，之后小昊不断地收到他的很多来信，最初的信这样写道：

亲爱的哥哥，你好！

　　现在，正是1969年震撼世界的重大事件——党的九大胜利召开的时刻，全国上下，一定是一片沸腾的海洋。在我们茅家埠，贫下中农也是冒雨集会庆祝，四月一日新闻公报宣读后，四处鞭炮如雷鸣一般腾空而起，贫下中农和知识青年同声高呼："毛主席万岁！"我们党的九大，将对中国的前途和人类的命运产生何等巨大的影响，我们的时代将发生何等翻天覆地的变化。

　　几天前收到你的来信和你帮我们印的火车站出发的照片，印得那样好，同志们都很高兴，我知道这是你在辛勤劳动之余帮我们印的，中间包含着多少你对我的关心，虽然我们平时没有好好谈过心，但是我能理解我们兄弟之间的深重情谊，它对我是很大的鼓励。

　　我们现在情况很好，每天主要的农活是挑土平整土地，又开新地扩大生产，和贫下中农的关系越来越亲近，生活也越来越丰富多彩，几天前还上山砍了一次柴，天黑才回家。一个原来的女同学在五队和其他人不和，老是受欺负，经队里批准调到我们队来了，这样我们知青户有四个男生四个女生了，在全公社全县这么多知青在一起的只有我们，而且我们队条件好，交通方便，广播线也马上要拉起来了，真是很不错的呢。户口簿，购粮证都下来了，每人一本，只是待遇比预想的要差，安家费每人只有一百五十元，其中包括今后3-8月五个月的伙食生活费，8月后就要靠自己拿工分吃饭了。

你的信里的一些看法，我很有同感。在文化大革命之前，由于刘少奇控制下的修正主义教育机构和旧团中央的毒害，我们确实过着一种浑浑噩噩不知天高地厚的生活，年轻人充满革命理想，有强烈的进步追求，可是这些上进心被引上了"修养"的邪路，学生们最大的追求是什么？我看莫过于入团，与其说是为革命而入团，不如说是为入团而"革命"，为自己弄个光荣称号。我觉得我们文革前的追求进步，确实有种自欺欺人的成分，在文化大革命中亲身参加了阶级斗争的实践，才真正懂得了要恨敌人，爱人民，忠于伟大领袖毛主席。回想起文革前后自己的变化，对过去的生活既感到遗憾又感到不遗憾，既感到偶然又感到必然，人们就是在革命中突变中发展前进的，今后我们也不要指望走直路，不要追求洁身自好，不要搞渐进的四平八稳的不犯错误的那一套，要在批判旧世界中创造新世界，要在迂回曲折中奋勇前进百炼成钢！

我也常常想到家里的问题，我们如果回避矛盾，回避斗争，对父亲温情脉脉，甚至为他涂脂抹粉，父亲可能由此觉得自己不交代各种罪行也混得过去，并一直顽固下去，我们则可能一辈子实际上站在他一边，站在资产阶级和国民党反动派一边，直至去见上帝！不行！我们不能走那条路！我们生活在毛泽东思想的灿烂阳光下，是无限幸福的，我们有自己的光明前途！我们班有个女生，老子在文化大革命中揪了出来，她在家里就带领弟弟妹妹们把反动老子斗了,她老子气急败坏地说,我情愿去坐监狱也不愿意在家里受这个罪。从来的家庭关系,都是"父父子子",但在我们这个时代,老子出了问题,儿女就起来斗争,这难道不是革命精神的光辉?难道不是毛泽东思想哺育的新一代英雄?这样的事迹我身边的同学中有很多,也有的同学不问政治追求名利,结果在关键时刻暴露出本来面目,年纪轻轻就反党反革命,犯罪戴手铐坐牢,这样的例子也不少。所以我们一定要警惕,我们是劳动人民养大的,时刻要站在劳动人民一边,要为劳苦大众的解放而斗争,要一辈子跟毛主席走,永远忠于毛主席!

亲爱的哥哥,我常常想起你借给我看的一系列苏联国内战争时期的无产阶级革命巨著:《铁流》《毁灭》《钢铁是怎样炼成的》《严酷的年代》《苦难的历程》等等,它们给了我许许多多的教益和力量,因此我也由衷地感激你,让我们一起赶上这个伟大的时代,在剑与火的阶级搏斗中,把自己的一切贡献给全世界贫苦工农的解放事业,用我们的双手把一穷二白的祖国建设成伟大的社会主义强国,随时准备投入埋葬帝国主义的战斗!

紧紧地握你的手!

弟 69年4月3日

敬祝毛主席万寿无疆!

哥哥:

谢谢你为我寄来的报纸和九大传达资料,工厂劳动生活这么紧张,你还挤出时间为我整理资料,我们一个同学还寄来了毛主席在九大讲话的全文,这些精神粮食对于我们是太重要了,没有他们我们真不知要多难受。

记得伯达同志在59年的一篇《红旗》社论中,称赞了一位十几年坚持灭鼠的贫农老婆婆,称她是一个"伟大的乐观主义者",其实,没有为人民服务的革命实践,也就无所谓革命的乐观主义。从文化革命到现在,我和大家一样,坚持参加激烈的阶级斗争,天天与阶级敌人斗,与旧习惯势力斗,与大自然斗,在斗争中懂得了革命的道理,生活的道理,越来越觉得生活有奔头,浑身是劲,心情开朗愉快得不得了,心中不知有多少感情要说要唱。

农村中生产很忙,我看根本就是无所谓农忙农闲的,从三月份来直到现在,每天都是十二小时劳动,要碰上大雨才能捞到休息,每天五点到七点后才能下工,下工回来要砍柴,浇菜地,养猪,虽然时间很紧,但我们都以极大的兴趣去做,看书学习的时间不多,不过我倒觉得不算坏事,农村的环境可以迫使我们更多地去接触生产实际,农村产量低,生活水准低,我们就考虑要搞科学实验,改变这些现状。在学校时学了点医,当时都不当回事,可是农村医疗条件差,农民纷纷到知青这里要求治病,我们不得不卖力地学习医学知识,天天给农民做针灸。贫下中农对毛主席无限热爱,希望我们在村口为他们画毛主席像,能天天看到毛主席的形象,我们怎么能不画?于是也拿起了画笔。

我已经学会了撑船,前几天我们晚上十点撑船到县城去玩,50华里逆流而上,不知遇到多少激流险滩和滚滚黑浪,直到第二天早上才到,整整划了十二个小时。当天下午顺流返回,三个半小时就到家。一路的滋味真是难以描述,船在夜色中潜行,周围寂静无声,穿过高大的石拱桥和半倒在水面的大树,真有点恐怖。待到早晨日出,青山在白雾中现身,倒映在披上早霞红光的闪闪发光的江面上,那景色真的不比桂林漓江差吧?撑船就像人的生活,经历惊险穿过激流黑浪,才能体会到世界的美好。

祝进步,健康,愉快!

弟 69年6月6日

小昊当年常以弟弟在农村有这样的精神面貌而骄傲，并会把这些信转寄给那些去农村插队的同学分享和探讨，他觉得弟弟在各种生活困苦和思想羁绊中披荆斩棘地在寻求自己的精神出路，值得自己借鉴。以他对弟弟性格的了解，他相信这些思想都是出于本心，没有要装扮自己达到出人头地的功利目的。以后的经历，让他慢慢体会到人们的思想，总要受到自己所处狭隘的社会环境的制约和政治宣传的浸染，它会过时，会褪色，会被检出荒谬，但唯有其中不以个人私利出发的真诚和对理想的追求是永远值得宝贵的。

30.

1969年9月中旬,小昊进厂工作刚满一年。

下午四点半快收工的时候,他师傅也就是车间组长告诉小昊说,领导通知叫他下了班到瓦房二楼支部办公室一趟。

他怀着忐忑不安的心情慢慢地踏上了那窄小的木楼梯,他不清楚领导有什么要紧事需要找他到办公室去谈。

这是一个阴天的傍晚,办公室内光线很暗却没有开灯,小昊好不容易看清了包括祝永正书记和造反队头头在内的五个革委会委员已经坐定围成一圈,而被接见的是小昊和另一位叫阿季的老工人。阿季本来是这个分厂的党员工会主席,但听说两个月前在车间的某个角落里和某个女工做苟且之事被抓了现行,于是被革职下放车间劳动听候处理。这个厂里的许多老工人老婆都在乡下,夫妻分居两地,所以在巨大的排风管道后面的阴暗角落,在浴室更衣间,在锅炉房,常常有男工女工越轨"乱搞不正当关系"的事件发生,但只要影响不大没有严重后果,一般都是由工会主席请去做内部谈话训诫一番了事,这次阿季作为干部自己被抓,当然人声鼎沸,非严肃处理不可。自己和阿季一起被领导接见，他确实不明白是怎么回事。

"你们两位同志，一贯工作表现很好，阿季同志，曾经为我们的工会做了很多工作，小昊同志，虽然家庭出身不好，但经过这次运动的学习和教育，也放下了思想包袱，觉悟不断提高，生产上也是一把好手……"

小昊看着躲在黑暗里的祝书记，不知道他接下来要说什么。他记得"上一次运动"结束时，祝书记也在全厂大会上讲过类似的话，看来像自己这类"黑五类子女"身上的"思想包袱"，就是为了配合一次又一次运动显示成果的道具，这次运动后放下了又背上，等下次运动再放下的。坐在祝书记身边的是管总务的革委会委员阿德，他目前暂时接替了阿季担任工会主席，不停地抽着烟，从暗处放出一朵朵白色的圈圈。

祝书记先厄嗬厄嗬地清了两下嗓子，然后说道："毛主席教导我们，三线建设要抓紧，大家知道，总厂的内迁已经正式启动几个月了，陕西渭原县山脚下已经建立了新厂筹建处，这次轮到我们烤漆分厂有两个支内名额，是光荣的第一批，所以，我们厂领导嘛，经过慎重的研究，决定挑选你们两位表现优秀的同志，参加首批内迁，月内就要动身……"

小昊只觉得一下子头脑一片空白，完全听不到祝书记下面在讲什么，悬在头上的剑终于落下了！他对支内是有足够的思想准备的，知道自己最终不可能避开内迁的命运，但是一旦它来得这样早这样快时，他还是很惶恐，要贸然离开这个从小生活的大城市，要离开那些熟悉的同学，要马上和心中的那个"她"分手，都是他完全没有预料到的。

阿季首先跳了起来，大叫："我是不同意的！我老婆在乡下，身体一直有毛病，两个小孩也还小，都是靠我两三个礼拜乘火车回去一趟照顾的！你们不要以为我刚出了点啥格作风问题就可以抓住我的小辫子强迫我去，其实这种事情我晓得还有木老老多格，都被包下来没有揭发，为啥只拿我一个人开刀？！"

小昊一面听着阿季的咆哮，自己的眼光则转向办公室墙上的一张全国地图，经过一番搜索眼睛死死地钉在了陕西省"渭原"那两个黑字上，似乎要通过地图看懂这个远在天涯的地方，看懂自己今后人生的落脚地到底会是怎么回事，但是，地图回答他的，仅仅是那两个黑字和背后行政区划的粉红底色而已，一切都是茫然未知。

祝书记胸有成竹，一点也不恼："阿季，意见可以有，态度要端正哦，别生气别生气！你呢，小昊？"他把视线转向小昊。

拒绝内迁是摆不上桌面的，厂里有一多半职工将要内迁，他肯定逃脱不了，他只能希望这件事晚一点到来，尽力争取在自己的城市多待两年，给自己一个缓冲，于是他说："我觉得我现在去，发挥不了什么作用，那里刚开始搞基建，需要的是管理方面的干部和技术人员，我只是一个喷漆学徒，学徒期是两年半，现在进厂只一年，还是学技术的时间啊，等我学好了技术"——其实他明知自己进厂一个星期后就顶岗做和师傅同样的活直到现在——"一定高高兴兴去渭原当喷漆工人，那时新厂车间也造好了对吧？希望各位领导再考虑一下"。

祝书记觉得一个前工会主席跳起来顶撞自己还可以接受，一个"出身不好"的小青工也给自己碰软钉子有点过分，他习惯性地扭了扭那发亮的下巴，开始蛮不讲理："学技术哪里不好学？筹建处虽然现在只有十几个人，但工地上什么工种都有！学都学不完！你这个理由不是理由！"

新工会主席阿德吐着烟圈说："其实，不要把大西北想象得很荒凉啦，我出差去过那里，风景还是蛮不错滴，有可能哦，你这样的小青年正是考虑解决个人问题的年纪，担心到那里没有对象可谈，其实，新厂一两年就建成了，到时大批人都会过去，就是现在，筹建处里也有两个年轻的女同志呢……"

祝书记又接着讲："怎么样？我们领导上是希望你们今天就表态同意，因为毕竟月底就要出发了，当然你们今天回去可以和家里人再商量一下，但是，组织上的决定也是不会随便改变的，小昊你要好好考虑考虑……"

小昊说："我还是觉得我不应该现在就去渭原……"

祝书记紧接着说："我倒觉得……"

"你不要忘记你的父亲是什么东西！！"阿德突然从看不见脸的暗处没头没脑地冒出一句话，截断了祝书记的话头，拿出了他的撒手锏。

哦嗬嗬嗬，又来了！终于又来了！又是这一套！总是这一套！没道理了就来这一套！我已经遇到过很多次了！——他的内心充满了愤懑：我父亲是什么东西？我都不知道他是什么东西！！你们有哪怕一次告诉过我他是什么东西吗？从小就被教育要和父母划清界限，但是除了一顶帽子的名称，我对父亲的历史和现行几乎一无所知！再说，我父亲是什么东西，关我什么事！你们没有道理讲了，就用老一套的撒手锏来压服我，因为你们知道我对这个事情没办法解释，没办法反对！你们也很可怜！我是新社会长大的人，但是整个社会凭什么一直把我当成半个敌人！想拉拢利用就说几句好听的话拉一下，不想拉就把我归到敌人一边推我下悬崖！

约谈通知在两人都拒不接受的火药味中不了了之，但小昊和阿季都明白争议归争议，最终胳膊还是扭不过大腿，祝书记最后已经宣布，明天开始你们就不用上班了，你们若强行上班会让其他同事为难。

他顶着夜色回家把这个坏消息告诉了父母，他们只是叹气："这样太不应该了，太不应该了！"——当然是指领导拣软柿子捏把没有后台背景的小学徒送去充当首批支内职工不应该，至于阿德说"你父亲是什么东西"这样的话更不应该，他却没办法告诉父母。他又匆匆赶去久悦邨把这个消息告诉了晓枫的父母，她父母也觉得惊愕，劝慰了小昊一番，还建议小昊去找上一级的领导反映反映，看看有没有挽回的余地。

第二天下午小昊找到滨江附近一座大楼里的轻工局革委会去反映自己的问题，一个看上去比小昊自己还年轻的军代表穿着"一颗红星头上戴，革命的红旗挂两边"的崭新军服坐在宽大的办公桌后接待了小昊，一口苏北口音的普通话："哎，据我们了解，烤漆厂的领导班子还是不错滴，祝书记我也认识，绝不会搞私人打击报复的哎，这个你放心，支内嘛，还是很光荣的任务，假如你不去，他也不去，那叫谁去？毛主席的伟大战略部署怎么落实？对吧？你放心，不要把个人问题想得太多，听说那里年轻小姑娘还是很多滴……"小昊忍不住内心暗骂起来，他妈的我跟你说起女人的事搞对象的事了吗？你怎么这么积极主动呢，是不是你自己一天到晚在想小姑娘想搞对象？走出大楼时，小昊只觉得头顶上阳光灸人，但眼前却是一片灰暗，他心里想通了，一个无权无势的小百姓又是黑五类子女，去闯这样的上级政府机关进行申诉纯粹是满足一下"我已尽力了"的自我安慰心理，老百姓和军代表们干部们之间不可能有真正的申述和对话，也不会有任何实际效果。

生活的航船要转舵从沿海城市开到大西北的山里去了。

31.

一周后厂里开大会正式宣布了阿季和小昊光荣参加首批支内的消息,给两人一人发了一张"学习毛泽东著作积极分子"的奖状和一朵绢制的大红花,在中国开始有"学习毛选积极分子"这个荣誉以来,小昊还是第一次获得这样的称号,至于那朵花他始终不愿意在众人面前戴到胸前,哪怕阿季在耳朵边悄声劝他说戴上戴上,否则领导要不高兴的,他还是不予理会,他觉得戴上了这朵花自己更显得像个任人捉弄的傻瓜了,他只是把花拿在手里,管你祝书记什么脸色什么眼神扭不扭下巴,反正你今后也管不到我了。

几天后他开始整理自己的行装,因为总厂内迁组通知目前住集体宿舍暂时无须自己带被褥,所以行李最后只有一个军绿色的帆布旅行箱,一个手提帆布旅行袋和一只红白相间的网线袋。帆布箱里除了衣物,有一小半空间是十几本书,有《马克思的青年时代》《回忆马克思恩格斯》《法兰西内战》《叶尔绍夫兄弟》《六十年的变迁》《读报手册》等等。自己少年时的大堆画作,集邮册,自己装订的几大本文革剪报和美术摄影作品剪贴等等,都扔在家里无法带走,但他把晓枫的十几封信装进一个大信封放进帆布箱盖内的贴袋里准备随身带上，他既珍惜这个女孩子字迹娟秀的来信，又隐约地预感到将来什么时候他需要把所有的信完整地退还给她，所以不能留在家里以免丢失。他去久悦邨和晓枫的父母道别，他们送了他一双崭新的蓝色棉手套和一盒玻璃纸还未拆封的吉列剃须刀和刀片，他暗想自己只是上唇有点绒毛，还没有老到需要用那玩意每天刮脸的地步，而且旧社会遗留下来的洋货，和新社会青年的精神风貌总有点不合，于是他只留下了手套，乘谈话间晓枫的父母不注意悄悄地把那盒剃须刀放回茶几抽屉里去了。

走出晓枫家他感到了内心的空空荡荡，他觉得在动身去大西北前应该抽空到北郊大岛的农场去一次，看看那些下到农场已近一年的老同学们，看看那位即将天各一方的"她"。

挑了一个星期天，乘船到了北郊大岛的码头，然后雇了一辆作为岛上主要交通工具的自行车（当地叫二等车，即车主等乘客，乘客等车主的意思），坐在自行车后面到了晓枫落户的生产队农民家。

乍一见面，小昊明显地感到原来那个意气风发红卫兵模样的晓枫不见了，虽然还穿着城里学生的服装，但她却像农村妇女一般地安静沉稳，说话声音都低低的。两人都觉得见面的气氛应该热烈一点，应该说点什么，但确实又没什么好说的，面面相觑，最后禁不住都尴尬地笑起来。她带他到两三百米外帮他另外安排了一户独立的农家屋作为晚上的住宿，然后帮他指点了去农场原来自己的生产队的路线，那个队是小昊熟悉的初中高中同学最集中的一个队。

那些同学对小昊的到访格外高兴，拉着他说长道短，留他吃午饭晚饭，主菜是从江堤上采的野生白蘑菇加咸菜肉丝煮的汤，那蘑菇汤鲜美的味道多年后一直令小昊念念不忘。不少人还热心地问他有关"九大"的"内部消息"，最近中央的斗争形势如何，他们把自己比作被甩在天涯海角的消息闭塞的乡下人，而把即将被甩到更远的大西北去的小昊当作是从大城市来的消息灵通人士，却不知道小昊已经对这些"中央的斗争形势"不太感兴趣了。

　　晚上回到晓枫为他安排的房子，端一把小凳坐在门口，隔着一条小河呆呆地凝望着两三百米外晓枫住的农家屋子，那屋子昏黄的灯光从木窗棂里透出来投在窗下的池塘里，周围是一片蛙鸣和秋虫唧唧窃窃的私语。他设想晓枫会像早上说的那样"晚上有空我就过来坐坐"，和他聊一个晚上；也设想她过来了还是和早上一样无话可说，或者根本不过来。他明白，大家都在人生的岔道口上，而且是在农村的环境下，无论她怎样做都有她的理由，他都可以理解。多年来两人在心底深处互相珍视，却不是世俗眼光中的恋爱关系，彼此间没有特殊义务，也无可要求无可责难，只能让这份友情随风而去。终于，他没有等到她，自己睡下了。第二天早上，当他醒来时，晓枫已经悄悄地来过一次又下地出工了，桌上咸菜碗下压了一张字条："小昊，我已出工了，挂在梁上的竹篮里有饭，自己用热水瓶里的开水泡饭吃吧，不能送你到码头了，一路多保重！等你到了那里我再给你写信。"

　　小昊曾希望把出发去大西北的日子推到国庆后，这样可以和他的同学们在假日里再多聚聚，但祝书记坚决不允许。出发的日子被定在了9月26日，正是中秋节本该团圆的日子。那天早上，二三十个同学，不论是工厂的还是农场的，还有那些仍在等待分配的，以及晓枫姐妹，都设法赶到火车站来送别小昊。前来主持"首批光荣支内职工出发仪式"的祝书记看到平时在厂里闷声不响的小昊突然冒出了这么多"战友"，意外地抽了两下下巴。

　　火车开动了，他和阿季都急急地将身子探出车窗向月台上的人挥手告别。再见了，生我养我的城市！再见了，各奔前程的同学们！今后几十年，我们就这样各自奔向未知的远方了！他刹那间激动起来,只感到胸腔壅塞,鼻尖发酸,但很快又恢复了平静,列车驶离月台,他回到车厢的座位上,惊异地发现一向容易动感情的自己眼眶里竟然没有半滴泪水。

32.

　　火车到达渭原站，筹建处派了将与小昊住同一间工棚的两位年轻人小庄和小霍来接站，接站的交通牌卡车的驾驶室是宽敞的两排座，连驾驶员可以坐五六个人。

　　卡车从站台驶出火车站，就陷入了车站边赶集的老乡密密麻麻的地摊中，正是秋高气爽的季节，农村老大娘们摆在地上的竹篮里大多是正在收获季节的大石榴，在明媚阳光的照射下发出诱人的色彩，卡车司机不得不一面鸣号，一面伸出头观察两边，缓缓地行驶。

　　经过了国营车站旅社和带有一片三角形院墙的车站邮政所，卡车终于上了大道，往南开了两公里左右，来到县城的北门十字路口，然后再往东拐，又开了约五公里尘土飞扬的土路。经过路边一处不知哪朝皇帝的陵墓封土堆后，卡车开始减速拐进一个毛竹搭建的牌楼，小昊瞪大了眼睛，他终于看到了自己将要安身立命的筹建处和工地。

　　筹建处就是建在工地北端的两排临时工棚，大半住人小半办公，砖墙用黄土代砂浆砌筑，屋内地面是夯实的泥土，屋顶的橡子上盖的是油毛毡有待铺瓦,每个房间之间是用木板加芦苇席间隔的,所以不论是住人还是办公,都能听到隔壁房间里的声音。

小庄和小霍帮小昊卸下了行李搬进他们三人住的一间房就去忙自己的事了。他把自己的帆布箱放在了木头床底下用两块砖垫起的木板上,然后又找了块小木板用铁丝挂在床边的苇席墙上充当搁板。打开还带着新鲜松木味的窗户往南眺望,远处隔着阳光下的一层蓝色烟雾后面就是终南山,像是一群奔腾的野马起伏的马背,当地百姓通称南山。眼前的工地是一大片长满了一人高的荒草,铺满了大大小小岩石块的乱石滩,属于秦岭以北支脉的一片冲积滩,按计划三年后在这片南高北低的坡地上将建起一家占地500多亩容纳三千工人和三千家属的工厂。

傍晚小庄和小霍下班后回宿舍,大家一起去对面食堂打饭,主食是苞米糊和馒头,唯一的菜是炒莲花白(卷心菜),今后很长一段时间他必须使自己的肠胃慢慢地适应西北地区的饮食习惯。

天黑了,三个年轻人展开了床上的铺盖(大家的被褥暂时都是筹建处向县城里的招待所借的),躺在自己的床上胡乱聊天。他们两人都是来自总厂的青工,已经在工地上干了几个月,当然对来自分厂的新人有点好奇,问长问短,慢慢地,困了,两边隔着苇席的其他房间的人也需要休息,声音也就沉寂下去。

他透过窗户看到了终南山上的星空,不知往南越过这座山的千里之外,自己的同学,朋友和家里人现在在做什么,而自己的一生将要在这个山脚下度过了。多少年来一直想逃离那个灰色的,没有希望的家,今天终于变成了现实,而眼下睡在南山脚下的工棚里,却想起了临离开家时的情景:父亲照例要一清早起来赶往郊区的学校去上班,临走时伫立在半开的门边犹豫了一下又回过头,对小昊只说了一句话"到了那里要好好工作,唉?"他的回答更是只有一声"嗯",就这么算告别了。多年来他和父亲很少有交流,文革之前父亲还会批评他"怎么没一点青年人的朝气?遇点不顺就长吁短叹的!",他则不服气地在内心嘲讽父亲"你以为现在和你们年轻时搞抗日救亡运动一样?真是搞错时代!有做右派的体验没有做右派子女的体验!";文革之后,父亲就变得更加纳口少言了。有几次小昊隐约感到父亲在学校里受到了殴打虐待(直到文革后才证明确有其事),但父亲不说,子女们也不便主动问。多年后小昊猜想父亲当时对那些以围殴一个中老年人为乐的劣等红卫兵既有恐惧也有鄙视,他在这些红卫兵的年纪已经作为战地记者采访或接触过许多国共两党的风云人物了,属于见过大世面经历过大历史的人,而这些在封闭社会里长大的红卫兵脑子里只有"无限忠于毛主席""念念不忘阶级斗争"这几根筋,拿着支红笔在抄家得来的文稿日记中胡乱圈点,企图搜出点线索再加刑讯逼供挖出个什么特务内奸立个大功,实在有点可怜。父母自文革以来的沉默寡言,子女当然最有体会,也许在父母的潜意识里,觉得以他们的身份,已经没有资格教育自己的子女,更不用说把自己积累的什么"社会经验"传授给子女了,社会环境已经大不一样了。但是父亲临别前这一声简单的关照,背后又包含着多少期望多少无奈,多少言不由衷,小昊是感觉得到的。

　　夜深了,他把出发前花了将近一个月的学徒工资买来的新闹钟上好发条校好时间放在芦席墙上的木搁板上,闹钟开始滴答滴答地工作,新生活的时间就这样开始了。

33.

　　虽然还没有正式分配工作岗位，但小昊绝没有让自己闲着，他到处见缝插针地扎到人堆里去找活干，事实上工地上也确实有干不完的活，哪里都欢迎额外的帮手。

　　工地上正式的基建还没有开始，处在三通一平阶段（通电通水通路，平整土地），工地以北四公里的低地上，已经打好了三眼深水机井，正在盖井泵房和铺设上水管道，未来整个工厂的生产生活用水就是靠这三眼机井的水引到工地上方的蓄水池提供的。给水工程还需要一两个月的时间才能完工，眼下则急需从临近工地的村子把土井水用水泵引到工地上，免得天天雇马车从县城把自来水灌到汽油桶里拉到工地来解决几十号人的生活用水。小昊找到的第一份差事就是帮基建科水道班的师傅给一堆长短不一的四分水管用绞扳套丝，然后用架子车拉到工地东北边的杨家村去安装引水管道。在这里小昊第一次看到了黄土高原上的土井是这么一副样子：先从地面挖一个大约八米直径十米深的柱形大圆孔，再在圆孔底部的中心继续往下挖直径约一米多深十几米的井，才能取到地下水。过去是用手摇轱辘提水，通电以后则是在大圆孔底部安装了电泵通过水管把水抽到地面的水龙头和蓄水池里来。在大圆孔的旁边另外挖有一个竖直维修孔，从地面挖到大圆孔底部再横向打通，维修孔直径约半米仅容一个人通过，孔的侧壁上刨了很多脚窝，这样就代替了梯子供人下到底部去调试维修水泵。经过两天的紧张劳动，一节节镀锌水管通过一个个内丝接头终于延伸到了工地的蓄水池上，看到水龙头里飙出白花花的井水，他心里十分快乐，充满了成就感，觉得这样的生活很有意义。

几天后，他又去帮基建科电工班的师傅安装筹建处两排工房之间的临时杉木电杆，第一次戴上了脚扣爬上电杆去安装镀锌横担上的瓷瓶，他觉得一切都很新鲜，一切都很值得学习，一切都令他自豪，自己是一个实实在在的建设者，正在创造一片新的天地。

之后的某一天，属于基建科水道班的小霍请他帮忙用一辆自行车载一箱窗玻璃到工地北面四公里远的井泵房去，因为今天要给井泵房的窗户安装玻璃，他不假思索地答应了，但是出发后他才发现这桩任务没那么轻松，因为通向井泵房的只有一条农田间的泥土小路，坑坑洼洼，几乎不可能在车后座绑了一箱沉重的玻璃的情况下把稳龙头骑行，他只能下车慢慢地推行，即使推行，在起起伏伏的土路上也不容易把稳龙头。这时头顶的烈日又开始发威，他感到燥热，嗓子里好像要冒火，汗水流到眼睛里令眼睛疼得睁不开，不断地扳正车把让他两臂酸痛，好不容易快到中午，才把物资送到搬进井泵房，小霍却满脸不高兴嫌他来晚了，没一声谢谢还甩出一句："看来你这人还需要好好锻炼锻炼"，小昊心里有些气愤，大家都是年轻人，凭什么你要摆出高人一等的架势来教训别人？他不想去猜测小霍是否已经知道了他的黑色"家庭出身"，因为经历类似的情景太多，要是每次都这样去联想，那才是自寻烦恼没完没了。走出泵房，他觉得嘴里发咸，朝地上一吐竟然全是鲜血，开始有点惊恐，后来又释然,总不见得是被小霍"气得吐血"吧?自己又没什么大病,可能就是天气燥热,虚火上升造成的咽喉咯血而已,出门在外全靠自己当心啦,他这样在心中安慰自己,骑着车沿小路上坡慢慢地回到了工地。

在工地上当临时装卸工,更是经常的差使。木材,螺纹钢,盘圆,水泥,石灰,预制板……有什么卸什么,来干装卸的农民工都是按时计件付酬的,远不能满足随时到货的各种物资装卸的需要,于是工地上临时到了什么货都得靠筹建处员工自己装卸,最常见的是水泥。经常在傍晚时工地广播里通知有水泥到火车站了,要所有能参加的人都去火车站去突击装卸,以腾出火车皮或防止水泥在露天站台上淋雨。搬运水泥是个苦差事,50公斤的沉重水泥包压在肩上倒并不算事,关键是水泥粉尘呛入呼吸道难受(没有人用口罩),碱性的水泥沾了汗水钻入毛孔形成一个个黑点,蜇得皮肤发红生疼。筹建处的干部们也有和工人"同劳动"的,但往往只是"带头"而已,象征性地干了半个小时就因为"另有要事"撤退了,只有小昊和小庄小霍这样的年轻人才是当仁不让的主力,会一直干到凌晨完成全部任务。灰头土脑地回到宿舍也没有洗澡的地方,自己用热水擦把身就睡下。

最令小庄小霍和小昊这帮年轻人兴奋的工作就是傍晚在工地上进行爆破。工地的荒滩上堆满了大大小小的岩石,小的直接送到破碎机前碾成碎渣当混凝土建材,大的有一两米立方就需要预先爆破。那天下午供应科的采购员老朱通知小昊跟他一起坐筹建处借来的一辆嘎斯69吉普车去提货,到了蓝田县庆华电器厂小昊才知货物是一箱纸雷管。回来的路上,老朱为了防震防爆,抓住木箱两边的把手,把一大箱雷管放在自己膝盖上紧紧地抱在身边,一副大义凛然随时准备牺牲的严肃神情,小昊觉得有点好笑但也很佩服老朱的认真,但他更高兴的是接下来几天他们又有爆破的活可干了。雷管到工地后,由有经验的爆破工把雷管装进一管一管油纸包的炸药里备用，到了爆破时就是小昊小霍小庄他们最喜欢的时刻，先把装了雷管的炸药塞进岩石上用钢钎凿出的炮眼中，然后把一条条截成半米左右长短外端削成斜面的导火索插进雷管，最后分配好谁负责引爆哪几块岩石，设计好各自的行进和撤退路线，再每人发一根约一米长切出许多切口的导火索做引火线，一声令下，大家手中的引火线一起点燃，然后哪个切口喷火就用哪个切口对准岩石上的导火索引燃，直到那根导火索也嘶嘶地开始喷火为止，先点近处较长的导火索，后点远处较短的，这样一连点五六次，便不可恋战急忙撤退躲到就近的大石头后面贴身蹲下，等半分多钟后听一个又一个爆点炸响，有时候会有饭碗大的碎石从头顶飞过，这是最令人兴奋的时刻。等最后的确实不再有爆炸了，再由有经验的爆破工去检查是否有哑炮需要排除。那个时代的青年都有尚武情结，似乎战争马上可能打响，工厂内迁，抓紧三线建设都是备战的需要，所以他们喜欢这种带有危险刺激的作业，爆破的隆隆声在年轻人的心中仿佛就是一种激动人心的战争前奏曲。

34.

在落户陕西一个月后,小昊收到了原红联会头头宋立和其他两位"常委"(他们都留在城里的工厂工作)联名的回信:

亲密的战友小昊,你好!

你的来信传遍了红联会战友,大家都祝贺你在新的战斗岗位上继承和发扬革命传统,取得了新的更大成绩,你的来信也使我们了解到了许多有关内地的新鲜认识,大家清楚地看到虽然经过三年文化大革命的冲击,一些地方的旧的习惯势力还是根深蒂固的,正如列宁所说的:"千百万人的习惯势力是最可怕的势力",封建社会几千年,资本主义几百年,我们社会主义才二十年,旧社会遗留下来的传统,习惯和偏见是我们建设社会主义新世界最危险的敌人,我们更加认识到了这场无产阶级文化大革命的重要性和必要性,看来一次文化大革命是不够的,必须进行多次。我们要做与旧势力不断斗争的闯将,但也要注意斗争策略,否则会碰壁受挫折,在这方面我们要虚心学习工人阶级的长处,接受再教育,才能真正把自己培养成无产阶级革命事业接班人。

"忆往昔峥嵘岁月稠"，三年文化大革命造反风雨同舟的战斗历程怎能忘却！毛主席说过"从现在起五十年内外到一百年内外，是世界上社会制度彻底变化的伟大时代，是一个翻天覆地的变化"，我们将做好一切战斗准备，一旦帝修反发动侵略战争，就拿起枪杆奔赴炮火纷飞的战场，经历第三次世界大战的考验，亲手把帝修反送进坟墓，解放全人类。你这次响应毛主席的号召奔赴祖国内地三线建设第一线，就是以实际行动捍卫毛主席的革命路线，虽然我们现在相隔万水千山，但是我们的心是连在一起的！

今年国庆口号二十二条传达了伟大领袖毛主席的最新号令，号召"全世界人民从现在起就要有所准备，防止帝修反发动侵略战争"，苏修为了挽救内外交困的政治经济危机，正在不断扩军备战准备对中国发动突然袭击，另一方面又派柯西金到中国北京机场，和周总理进行了十六分钟的会谈，内容有：1. 中苏边境问题；2. 要求增加中苏贸易；3. 关于两国关系，要求恢复互派大使。接下来中苏谈判 20 日在北京举行，苏修这样做的目的完全是为了：1. 来摸中国军事备战情况的底牌；2. 缓和它自己与东欧国家的矛盾分歧；3. 做出中苏关系缓和的姿态给美国增加压力（美苏最近在举行战略核武器谈判，苏方故意拖延到 17 日举行，并在报纸上大登库兹涅佐夫在颐和园游山玩水的消息和照片）。中苏谈判期间，苏修不但没有从中苏边境撤兵反而增加了兵力，还派大批飞机侦察挑衅。所以中方严正指出，中苏谈判一开始就是针锋相对，没有什么关系缓和，目前陷于僵局，完全是苏修玩弄阴谋的结果。总而言之，我们要做好战斗准备，防止苏修这个疯子发动战争。最近林彪副主席向三军发布了战斗动员令（第一号），号召三军做好一切准备随时歼灭入侵之敌，真是大快人心。你们地处西北是反修前哨，战备动员演习一定比我们这里更紧张。

"海内存知己，天涯若比邻"，我们之间的革命战斗友谊是经得起疾风暴雨考验的，让我们在不同的地区和岗位上为共同的革命目标并肩作战！

此致

无产阶级文化大革命的战斗敬礼！

宋立，史又权，黎成军
1969 年 11 月

小昊知道宋立是干部子弟，他信中的有些消息和分析可能是从父亲的党内文件中看来的。至于到1969年的年中，伟大领袖和周总理已经开始筹划"联美抗苏"，必须避免给美国造成"中苏缓和"的印象，而"林副统帅一号命令"的名称犯了伟大领袖的大忌，被伟大领袖下令点火"烧掉"，这些都是后来才知道的了。

王晓枫也写来了她的信：

你好！上次回家就收到你去渭原后的第一封信，因为忙着回乡下一直没有回信，很觉内疚，现在正三秋大忙，每天干十几个小时，很累很累，但是还是决定提笔写封回信，迟复为歉！

我想谈谈我最近关心的事，时间少写得简单，希谅！

我们岛上也在行动，干部们自上而下一级级地开会，检查落实各级领导班子是否能担负起战时指挥，广播里也经常在讲防空知识，讲得很具体，各村各户都在挖防空洞，我们生产队还没有开始，但是去临近的五大队试点村进行了参观和防空演习，民兵的训练加强了，听说城里我家附近的街道里弄都在挖防空洞和水井，街面商店底下的防空洞都挖通了连成一条隧道了。

真的要干起来了？

"战争"！这个既熟悉又陌生的名词，我们曾多少次在小说电影里体验过它，热烈地讨论过它，如今真的要迫近了。心情是激动不安的，打起来会怎么样？我们又该怎么办？是等待还是迎接还是逃避？以我的本性，我觉得自己还是慷慨激昂的，与其碌碌无为地度过漫长的岁月，不如以短暂而充满斗争精神牺牲精神的一生告终！我愿意面对严峻的考验，我不知我是否能挺住，现在只是自信！

　　现在这个时候我是多么愿意和你们，所有的战友们聚在一起畅谈一番啊，我希望你们春节就能回来，我已经给周蔚如去了信，说不定这次聚会就是一次告别！

　　你们那里还有更多的消息吗，来信谈谈，有空你还画画吗？

　　致以我们最崇高的"前进"礼！

1969.11.2

　　1969年下半年，全国上下确实是一片"要准备打仗"的备战的气氛。而工地上唯一的备战行动，是小霍和另一个青年电工，在各自宿舍边窗下开始挖防空洞。按大家的常识，挖防空洞绝不是一个人单枪匹马说干就干能成功的，必须要有领导有计划地组织人力和机械，但是小霍不听众人的闲言碎语，像个莽夫用洋镐在砂石地上奋力挖了几天，结果只在窗下刨出一个浅浅的坑，连单兵掩体都算不上，更不要说充当地下防空洞，但事后却受到了筹建处领导干部在会上的表扬，说是自觉响应毛主席的号召，战备意识强等等等等。总之，和众人以往的社会经验一样，一个人挖防空洞是否实际可行有没有成效是认识问题，而挖不挖是政治立场问题态度问题革命热情问题，在政治挂帅的年代，只要大方向正确永远是受到鼓励的。

　　年轻人都带着各种议论各种心态准备投入到一场战争中去，但是小昊的心里有很多的保留：真的会打吗？这真的是"我们的"战争吗？自己父母的青少年时代都是在战乱中度过的，在他们的回忆中，先有民国早年的军阀混战：带双层帆布翅膀的飞机在县城上空乱扔集束手榴弹，炸得树上挂满血淋淋的残肢肉酱；后来有日本大举侵华，抗战中一路颠沛流离从沿海撤退到大后方，在恐怖的重庆大轰炸中差点在防空隧道中窒息而死，所以即便57年后受到政治上的贬压，他们还是会感叹说"现在不打仗了真好"，同时也常为自己在抗日战争中不避艰险坚持抗日和反法西斯新闻宣传工作感到自豪，不认同那些在抗战期间跑到"满洲国"去读医学院，后来却成了解放军高级军医的同辈。但是眼下我们将面临的战争，真的是一场有着至高无上的正义目标，值得我们全身心地投入的民族生存保卫战吗？他觉得大家都有点盲目，晓枫也有点盲目，但是对他而言，晓枫的盲目是一种多么令人怜惜的情感啊！

35.

　　到工地上几个月了,虽然没有正式分配工作岗位,小昊却一天也没有让自己闲着,他像是天马行空般地自由自在,想干什么就干什么。终于听到了一点内部消息,说自己将被分配到供应科和其他两位老师傅一起管理两排芦席棚的工具材料仓库,配合即将开始的基建工程,他有点怏怏不乐,因为好不容易来到西北,此时此地他的理想第一是要当一个真正的工人,第二是最好能当一个有技术的工人,能学一门技术积累一技之长作为安身立命之本,而管理仓库这个职位,不但不能满足他的两个期望,而且守在一个地方进料发料不能走动,太不自由。小霍听了以后也说:"管仓库?那不成了钱守维了吗?不好不好!"谁都知道钱守维是样板戏《海港》里的反面人物仓库管理员,响当当的工人阶级才有资格当正面人物,反面角色阶级敌人就只能让阴暗猥琐的仓库管理员担当了,这也是那时大多数青年人脑子里的观念。

　　他带着忐忑不安的心情敲开一扇办公室的门去找负责的领导,希望能不去仓库,最好能去基建科电工班或者水道班,如果不能去技术岗位，那就到工地上任意其他位置，只要能"干活"就行（管仓库是不算"干活"的，不似体力劳动那么光荣）。领导脸色很不耐烦，皱着眉说："先干先干！以后再说！"。在小昊的经验里，自己从来不曾具有半点说话的技巧能够让领导和颜悦色以平等的地位和自己对话，领导们大多居高临下，没有商量的余地，他也不会自寻烦恼去猜度领导是否因他的"家庭出身"对他低看一等态度冷淡，所以他只能默默地退出办公室，等候消息。

一周后，小庄传话给小昊，领导讲了，要当工人干活只有去供应科运输队当装卸工，他咬咬牙一口同意了，反正几个月来他其实已有一半时间是在当装卸工，他不怕苦。小庄本来就来属于供应科，过去领导们经常在众人前散布对小庄"上面自有安排"的说法，意思是要作为干部苗子培养，这次明确了先放在运输队当调度员。小昊知道按照"众所周知的原因"和自己的性格，当干部自己这辈子想都别想，小庄虽然当"官"了，但他一向脾气谦和，待人平等，自己能和小庄分在一个部门有个关照也不错。

他分到了一套新的工作服和雨衣雨裤，开始每天跟着一群农民工站在解放牌或跃进牌卡车后面的露天车斗里风里来雨里去，装卸各种各样的物资器材。

农民工们开始以为他是派来监督他们的"公家人"，内心还惴惴不安有点怕他，后来看看这个青年人既无头衔又无高人一等的架子，遂逐渐开始放肆，不但不太服从他转达的运输队领导安排，而且开始在他眼皮底下偷懒耍滑。记得某次去省城南郊的仓库装运水泥，一共五辆拖挂车十个车斗，除了在仓库里帮助上肩和在车斗里负责整理的几个装卸工，有七八个装卸工负责往返仓库和车辆之间几十米距离的肩驮搬运，小昊慢慢注意到这些人在空肩往回走时都走得特别慢，故意磨蹭时间，他下了个狠心自己默默计数，结果到装卸结束发现自己一人驮了

黑与红——断层年代的白描叙事

三百多包，竟然占了这七八个人驮的水泥包的一小半，他知道自己没有名分、也没有气势去批评谁偷懒，只能隐忍。这些时时自称"下苦人"的农民工平时对工地上的干部毕恭毕敬唯唯诺诺，却不怕冒犯小昊，个别顽劣的甚至以欺负这个大城市来的"洋学生"为新鲜娱乐，休息时假借解说摔跤姿势将他打翻在地，在一片哄笑中获得快感。这些人既有很深的官尊民卑的等级观念，又会抓住反常的机会欺负弱者来张扬自己，两者并行不悖。小昊是不属他们圈子的"异类"，既然无法摆出官威来慑服他们，就很容易被他们蔑视，很难以平等的心态与他们交流和他们融为一体。平时宣传中所说的干部和群众亲如一家，知识青年和工农打成一片等等，在真实生活中并不容易实现。

他不能计较周围的人（从筹建处干部到农民工）如何看待自己，每天出工在车上风里来雨里去，他只觉得自己是一个动荡复杂的大时代的一分子，他要迎着风雨努力前行，要做好本职为国家有所贡献，也要在在艰苦的劳动中锻炼自己，走稳人生最初的步子。

36.

到工地好几个月了,各种"三线建设要抓紧","大干快上,气死帝修反","边基建,边生产"的口号一直叫得山响,五月份成立的基建会战指挥部甚至提出过就在当年(1970年)国庆节前完成主要车间主体基建的设想,但是这种大跃进式的口号根本无法实现,正式的基建好像还是拖拖沓沓,一直没有启动。

基建指挥部的成员来自四面八方,总指挥是省城派来的刚被"解放"的陕北老干部,下面有省轻工局调来的干部,有刚从基建工程兵部队转业的干部,有为了解决夫妻分居从南方新调到此地的干部,还有从老厂调过来但明显准备混日子不愿管事的老干部……每个人都怀抱着一份新厂建设的宏伟蓝图,也怀抱着自己在新厂未来领导班子里的地位前景的小算盘。除此之外,指挥部里还有上级派驻的军代表,有省基建公司施工队代表,有项目设计方省轻工设计院的代表两位知识分子。

那是文革初期大动荡刚结束后恢复建设的时代,各种基建原材料钢铁水泥砖瓦都十分紧缺,那又是一个"斗,批,改"的时代,批判经济建设中的"大,洋,全",提倡"因陋就简"是当时的潮流。要解决基建材料的庞大缺口，批判"旧知识分子"墨守成规的设计方案是一个现成的突破口。很多个晚上，小昊他们都能隔着芦席墙听到远处办公室干部们开会讨论的声音，模模糊糊地知道他们争吵的内容。最早的争执是选址的变动：省军区作战处，省基建指挥部根据"不占农田少占农田"的原则，要求原来选定的厂区版图整体上移，让出北面下端约 80 米宽的一片农田，向上靠南山荒石滩再拓展 120 米。农田固然要紧，但版图一移动就需要根据不同的地质情况重新修改各车间的地下基础设计，其中的延误和投资增加估计上面某些人不一定能想到。然后是 1970 年初工宣队进驻老厂，高举批判"大洋全"的旗帜审改设计方案，为了节约投资，加快实现内迁，砍掉了约 8000 平方米的生产生活建筑面积，方案一改，伤筋动骨，已经平整好场地开挖好基槽的一些车间，不得不重填重挖，至少增加了一万五千的土方量。原先三方签字的建筑设计方案，在干部们的新要求下一改再改，代表设计方的那个中年女设计师几乎无所适从，还要在建设方和本单位领导之间受夹板气，在讨论会上哭了几次。还有的争论是关于"干打垒"的，对于机制砖供不应求的问题，主要的解决办法是无论生产建筑还是生活建筑，能用土坯砖的墙体尽可能用土坯砖代替，恰好从陕北到关中，用土坯砌墙盖房盘炕本来就有几千年的历史，筹建处刚从农村招收了五十名本省插队落户的知青到厂，没有其他活可干就先安排他们打土坯，并自行设计制造了专做土坯的机器分日夜两班开工。但是在这个问题上大约分歧较大，干部会有时一开就是一个通宵，吵得热火朝天，争论的中心好像是土坯砖的应用范围到底有多大，土坯砖里到底可以掺多少黄土（其余的成分有炉渣，石灰和少量水泥）。设计院代表和干过基建的老干部通常态度比较保守，而有两个没有接触过基建的新干部嗓音很响调门很高："到底要不要坚持大庆的干打垒精神？要不要响应毛主席工业学大庆号召？这是态度问题原则问题！"听起来好像他们的意思是土坯砖里黄土掺得越多就越"革命"。清早起来，小昊看到干部们刚刚结束了通宵会议带着疲乏的眼神走出会议室，有的人脸上哭笑不得，有的人紧皱眉头若有所思，有的人带着胜利的暧昧微笑……真是人生百态，表情各异！平时和这些人的接触言谈中，小昊既能体会到老一辈规划设计人员和基建干部严谨认真，兢兢业业的工作作风，也看到一些新干部"政治领先"的浮夸表演，如果这些新干部多增加一点实事求是，少掺和一点政治表演，哪会有那么多那么激烈的无谓的争吵？

省建公司基建队和指挥部之间的沟通和协调似乎也有问题，大批建筑工人已经入住工地，但是很少上工，不是在开会进行"一打三反"运动，就是窝在工棚里喝酒打牌，几个车间的建筑基槽的开挖，铺设钢筋，搭混凝土护板，都是农民工的活。多台混凝土搅拌机在工地的各个角落躺了几个月不见动静，像一个个睡着了的怪兽。

七月初的一场大暴雨带来了转机，大风挟着大雨呼啸了一夜，掀翻了水泥库的房顶，大批水泥有进水报废的危险，经过电工抢修，被刮倒的电杆重新竖起，工地恢复了生产生活用电，指挥部下达了强硬的命令，不能浪费一包水泥！施工队终于投入了搅拌混凝土浇筑基槽的施工，混凝土搅拌机开始隆隆转动，工地的基建就这样在老天爷的催逼下正式开工上马了！

37.

"小昊，要吃我的锅盔么？"

"切，谁要吃你的锅盔？我吃过早饭的！"实心眼的他有点不屑。

"切，我关心你呀，我是你哥哥呀！"

"哈哈哈哈哈……骚轻！"周围的女装卸工们大笑。

发话的人是一个身材轻盈的俏丽女孩，穿一身米黄色的女军装，军帽下露出两条短辫和一双明亮的大眼睛，她站在翻下车栏板的卡车车斗上，左手拿着砖卡子叉在腰间，右手拿着一角锅盔以夸张的姿势大口嚼着，摆出胜利者的姿势骄傲地抖着一条腿，眼光热辣辣地盯着车下的小昊。

这就是柳苹，和她一起的有吕秀英，周金芝，曹师，董爱，小英，小巧，黑妞，刘疯子，蝴蝶迷，小老虎……这群人是临时拉起来的一支居民装卸队，从十几岁的待分配学生到已经做了外婆的中年女人，除了偶尔有谁家的男孩替班加盟，平时是清一色的娘子军。每天从火车站附近的县砖瓦厂到筹建处工地来回装卸红砖，小昊跟车装卸并负责统计每天从县城砖瓦厂发往工地的运砖数量，渐渐地和这伙"女将"们熟悉起来。

渭原县虽然有自己的砖瓦厂，但产量远远不能满足县里几个同时开建的大工厂基建的需要，筹建处的供应科眼睛盯着周边地区的几个砖瓦厂，哪里有货就到哪里去拉，为此小昊还去过省城南郊的新生砖瓦厂，第一次见到吃杂粮馍喝白菜汤的劳改窑犯人冒着酷暑装窑烧砖的景象，还见过劳改犯们写的"感谢政府关怀，大热天下令少烧一把火"的黑板报。劳改窑的砖质量最好，但是供不应求，且路途远运输成本高。后来小庄奉领导指示去县砖瓦厂蹲点摸情况，小庄给砖瓦厂厂长送了礼又陪他喝小酒，了解到厂长是刚被"解放"的老干部，就和他聊自己的父亲的经历（大城市名牌大商店的公方经理，也是文革中被斗刚刚解放），双方慢慢有了共鸣和私人感情，砖瓦厂厂长决定把"计划外"多烧的数量全部划给小庄他们的筹建处工地，终于解决了大问题。这就有了小昊每天跟这帮临时拉起的居民装卸队女将们接触的经历。

这是一个令小昊感到新奇的群体：

柳苹：南山脚下渭华中学69届初中生，这所中学49年前名为"中正中学"，文革前属省重点中学，文革中改名为"抗大战校"，根据这个校名可知66年小学毕业的柳苹在文革那几年根本没读过什么书，却被这帮女将称为"洋学生"。另外她父母独家经管着公家的火车站邮电所，家境较好，本来不需要她出来打工挣钱，所以柳苹又得了个外号叫"小财迷"；

吕秀英，周金芝，曹师：这三位是四十左右的家庭妇女，吕秀英和火车站居委会有关系，牵头拉起这支队伍，十多个人一个月总共能赚六百元上下的劳务费，每月底由小昊负责去财务科结算把计件工资的钱交到吕秀英手里；

董爱：待业在家的十几岁的女孩，原来靠守寡的老母亲在车站边摆摊卖茶水食品过活，说起她在北京当兵服役的哥哥一脸骄傲也充满向往，说一有机会自己也要去当兵；

小英：西安铁路局机务段子女，铁路中学68届初中生待业在家，说话慢条斯理，完全不像柳苹那样张狂；

　　黑妞：一头短发，戴解放帽，二十几岁的她已是两个孩子的妈妈，有时会看到她解开蓝布上装露出下垂的乳房为孩子喂奶，但平时却不脱文学青年的本性，一有空闲就从干粮袋里摸出《艳阳天》之类的小说看得如醉如痴；

　　刘疯子：十五六岁，平时穿件花袄，不修边幅，甚至常常拖着两行鼻涕，说话大大咧咧，据说年初她母亲和她大姐差不多同时生了娃，为了不影响大女儿上班挣钱她母亲竟然可以同时喂两代婴儿的奶，让大城市来的小庄小昊叹为观止；

　　蝴蝶迷：也是十五六岁，脸色白净，显出颧骨上有些雀斑，因为平时爱在短辫上扎两个大花蝴蝶结，又爱掏出个带镜子的小粉盒眯缝着眼睛抹脸臭美，被移花接木地封了个小说《林海雪原》里土匪婆的外号；

　　……

　　小昊就和这伙人在一起装砖厮混了将近半年，平生首次接触到了小县城另类居民群落的生活状态。

　　整个火车站附近的居民区，基本上都是一个个土墙围起的破陋小院，周围的土路街道上，经常只见这伙女将们在风风火火咋咋呼呼，因为男人都去工厂或铁路上班了，居民区成了女将们的天下。这帮人除了柳苹，大多是一口河南口音，被她们自己称作"铁路普通话"，证明了在陇海铁路沿线讨生活的居民大多是从河南逃荒而来，他们的存在，背后隐藏着历史上一次又一次的黄河洪灾（包括1938年那次花园口决堤）造成的悲惨故事。这帮女人既古道热肠又自私狭隘，既淳朴善良又尖酸泼辣，一个个放荡不羁，自在自我，一副过了今天不管明天的豪爽劲，是天造地设的一群女汉子。

　　六月份气候多变，早上还有太阳来回跑了三趟车装砖，中午突然就下起了倾盆暴雨，大家只能暂时躲进周金芝家的院子里去避雨，小昊凝望着南山山腰上的一圈灰白色云雾和墨绿色的山顶，好像是老汉戴了一顶斗笠，他自言自语地说，这天气真怪！说下就下！柳苹在一旁接过话头说：哈，每年这个时候，南山老母要派她的女儿下凡来洗山的呢，你咋不知道？小昊听她一本正经说得那么有童趣，不禁多问了一句，这山顶上你去过么？柳苹说，额从小就爬涅，不知有多少次了，山顶上有老君殿老母殿，啥时候你愿意去爬，额肯定给你带路！大雨下个不停，这伙女将索性涌进了光线黯淡的屋子坐上土炕上谝闲传（聊天），黑妞则又从她的干粮袋里摸出了一本王汶石的《黑凤》坐在门坎上开始看书。这时来了一个淋得像落汤鸡一样的五六岁男孩，一面收着一把破伞一面把头探进屋问，周姨，你见了额大（我爸爸）没有？周金芝用嘲弄的眼神往西面斜撇了一眼说，刚见了！就趴在俺家西屋炕上，正被你妈夹得嗷嗷叫拔不出来哩！一屋子女人不论大姑娘老婆姨一起哈哈大笑，还朝小昊挤眉弄眼，倒是把那小男孩弄得一愣一愣地，不知这些大人在乐什么。小昊先是心里一震，马上又暗笑了，他不懂周金芝为何要嘲弄这个小男孩，但他知道这些"娘们"刚刚把自己的性意识叫醒了一回，你要说它粗鄙也好，丑陋也好，但这就是她们所处环境层次的'本真'，而'真'在一定程度上也是一种'美'，不能苛责。

　　后来发生的一次交通事故，又让小昊和这帮女将成了"生死之交"。

　　那天小昊和柳苹，吕秀英，周金芝等人在工地卸完了砖又跟着日野车空车返回县砖瓦厂做下一次装卸。临近砖瓦厂要穿过一个斜坡上的火车道口，这个道口的铁道两边都栽了两人多高的柏树，除了竖了个"小心火车"的三角形黄黑警示牌，没有拦木也无人值守，平时大伙都是随意观察一下就通过，没想到这天果绿色的日野轻卡加油爬坡到了道口中间时突然跳出来一个手执信号旗的扳道工堵在车头中间喊火车要来了快退下去，司机老古被惊到猛踩一脚刹车，车竟然熄火了，再打火居然一次，两次，三次总发动不着！本来前轮已在两根铁轨之间可以从容开过铁路的卡车，顿时陷入险境，车斗里站在驾驶室后面的众人眼睁睁地看火车鸣着汽笛从左方两百米开外继续驶来，小昊还在发懵，只听吕秀英大叫了一声：跳车！小昊只觉得后腰被柳苹猛一推，一帮人急速从车上翻下，又见周金芝已经绕到右边拉开驾驶室门（日野车是右舵车），发疯似地伸出双臂把神色茫然的司机老古往下拽，一帮人连滚带爬互相拉扯着退到路基的斜坡下，只听得头上轰隆一声，果绿色的日野车已经不见了踪影，黑压压的货运火车直到十几节车厢越过了道口才停下来。大伙从火车底下钻过铁轨，才见到日野车已经歪歪斜斜地落在几十米外轨道另一边下面的土坑里，不禁面面相觑。小昊看着身边的柳苹，喘着粗气，汗津津的脸上蒙着一层土，颜色一阵红一阵白，他想起了耶稣教中关键时刻上帝会派女人来救男人的说法，觉得今天要不是这帮女将提醒，自己慢半拍的后果真的不堪设想。到了中午，小庄赶来，运输队借了铁路边内燃机大修厂的坦克吊车将日野车起出土坑，小昊和这几个手里还握着装砖抃子惊魂未定的女将道别，坐在失去动力的日野车副驾位置上，前面用交通牌卡车拖拽，跟车回了工地。

  自从发生那次生死险情之后，柳苹似乎性格变沉稳了些，但暗中对小昊更多了一份亲切，动不动把手伸到他面前"给！吃糖！"，或者在中午休息时叫"小昊，走！上俺家喝茶去！"，她家就是三岔路口的火车站邮政营业所，就在周金芝家院子隔了一条街的斜对门，但是不知出于什么心理，小昊一次也没有跟她走进过她家那个有大杏树遮阴的院子。小庄有几次提醒小昊说，这个"小财迷"好像对你有意思啊，你要好好考虑考虑，人家人长得漂亮，家里的经济条件也不错。其实小昊并非没有一点联想力，他能从这个女孩的热辣辣的眼神中读出一点东西，但他知道自己只是个月挣二十几元的学徒工装卸工，生活在社会底层，前途莫测，不敢去迈出这一步。他十分珍视柳苹的这份关爱,觉得柳苹是上帝在他面前创造的一个美好形象,天真无邪,热情奔放,他会幻想和她在一起,像小男孩小女孩一样挽着手走在蓝天下一望无际的草原上,但不会想得更多。寻找终身伴侣在他而言简直是在寻找信仰,他需要一个能读懂他心底的志同道合的知音,这样的人可遇不可求,周围几乎没有,而柳苹好像不属于这样的人。以后的生活经历让小昊懂得自己把婚姻关系看得太理想化了,太神圣了,很多生活背景大不相同的男女,也能结为夫妻天长地久,但那时他还不想妥协,不想接受这种世俗观念。

在以后直到1973年初的日子里,小昊还不时会见到柳苹,有时是看到她仍在工地上卸砖,有时是偶然遇上她在火车站或县城大街闲逛,两人都会停下脚步打招呼笑着稍微聊几句,他的内心还是很珍视这份友情,那种心照不宣的互相牵挂的感觉真好,再后两年他就见不到她了。

直到1975年春天,小昊在县城街上见到一个女子,挺着肚子,穿着脏兮兮的蓝布衫,脸色土灰,眼神呆滞迟钝,像柳苹又不像柳苹,他不敢上去相认,回来和小庄说起,小庄叹了一口气说,那就是她,你还不知道?她后来去渭北插队了,结果在农村被一个男知青"弄背胡了,弄日塌了",小庄在这里生硬地搬弄当地土话,其实就是被糟蹋了的意思——小昊和小庄都认识那个又矮又丑的男知青,因为这男孩也曾客串过装砖队的活——她家里为了躲避闲话,很快给她找了个婆家结婚了。小昊听到这个意外的消息简直不敢相信自己的耳朵,上帝创造的如此天真美丽阳光的形象,他甚至在做无稽的性幻想时都从来没有把她代入过,现在却被人轻易地粗暴地毁掉了。小庄看他茫然发呆的样子,禁不住突兀地冒出一句:"想当初要是你……唉,算了不说了不说了。"他知道小庄原本想说什么——他也许是唯一可以帮柳苹避开如此悲惨命运的人。但他无法为这种自责找到确实的逻辑依据,别人也无法证实这个逻辑,社会是如此复杂,生活本身是如此强大，他自己去年刚从一场隐秘的情感风波中落败脱身（对此小庄一无所知），深感自己的苍白无力，这些都是后话。

《西域的天使，Angles of West Land》
亚麻布面油画 122x177cm

　　作者70岁时为纪念少年时的美术爱好重新拾起画笔创作的油画，取材于南疆旅游时在喀什老城高台民居拍摄的照片资料。追求艺术中的真善美和追求生活中的真善美一样，过程艰苦而又令人身心愉悦。

38.

　　1970年年末,省城东北郊的石家街金属材料仓库。

　　小昊他们在这里装货很多次了:钢板,螺纹钢,盘圆,卷板,三角钢,槽钢……,今天装的是大型工字钢,一共8根重四吨多,最长一根有13米,费了好一番功夫终于把它们用钢丝绳和麻绳稳妥地绑在卡车里的木炮台架上,再和车身绑成一体,充分显示了装卸工的技巧,要知道从这里到工地有几十公里路,中途散架了滑跌到路上可不是开玩笑的。

　　司机到办公室去办手续开出门证,小昊在门口值班室小坐,值班室里的炕上和凳子上坐着一堆人,大多是来自各处的装卸工,围着中间的铁皮火炉取暖"谝闲传"(聊天),他慢慢地注意到人堆中有两个穿着米黄色四个口袋军装的女孩说话声音越来越大,成了聊天的中心,而且"出口不凡":

　　"你知道陕北农民有多穷?!你知道延安农民有多穷?!"

　　"盐都买不起!吃点盐都要到生产队里去透支!"。

　　"每年一到春荒就断粮,饿啊,饿啊,成群结队去要饭,咱们男知青也只能挂根打狗棍跟着去!"

"能下地干活,能跟着去要饭都算是好青年了,很多人就是不干活,成天打架斗殴,在各个生产队游逛偷鸡摸狗!啥坏事都干!"

"啥再教育啊,谁教育谁涅?知青里没几个好东西,社员也没几个正经像样的!"

小昊忽然对这种"高谈阔论"感到了亲切,他自己也曾收到在安徽插队落户同学的来信,报告一天的工分仅值 8 分钱,辛苦了一年刨去口粮反而欠了队里一笔钱的生存状况。自从离开学校后,他已经很少听到这种对社会抱有批判态度的"学生腔",他判断这两个女孩是省城到陕北农村去插队落户的知青,且很可能是军干子弟,现在接近年底了回省城家休息,只是不知何种原因她们会在这里闲坐。

一个年轻装卸工不以为然地挠着头皮说:"胡喺(胡说)啥咧,延安那可是革命老区,咋会像你说的那样?"旁边一位戴眼镜看上去蛮有文化的老司机笑着说"哎呀,你们这些学生娃儿是把社会上的阴暗面看得太多了吧?还是要多看到光明面啊,毛主席说过……"

"什么阴暗面光明面?你根本不知道!你们又没去过没看到,你们根本不会懂!"这两个女孩愤愤地说道。

小昊后来在石家街仓库门卫室又见过这两个眉清目秀的女孩两次,他很想结识这样的女孩,筹建处工地上的那几个女青工太市民化,和自己缺乏共同语言,只有这两个对社会有独立见解的女孩才像是他的同类,令他联想起晓枫,联想起学校文革中那些思想活跃的同学们。但他却不好意思开口和她们搭讪,他现在只是一个卑微的装卸工,这两个女孩虽是下乡知青,但实际很可能比他这个"工人阶级"高一个阶层。

而在同一个时期,小昊在江西农村插队的弟弟,仍然在来信中保持着乐观向上的精神:

毛主席万岁，万万岁！

哥哥，你好！

　　两封信和汇来的十元钱都收到了，当个学徒工的收入是很拮据的，但你还支援我，多谢你的兄弟情谊，以后不要汇了。

　　今年和往年不同，农业要争取大跃进，所以自春节后回到江西后，一天假也没有放过，任老天下多大的雨也坚持出工。今天大雨，看上去要发大水，晚上在大堤上守夜，趁这时候给你写封信。

　　今年的早稻长得特别好，可能会出现历史上从未有过的高产，单季稻就亩产600斤以上。今年开始上面推广许多新事物新技术，农民累了就骂人发牢骚，回想起来，我们也曾经受农民情绪的影响，对此有过不正确的态度。上面单纯追求早种，新品种"珍珠矮"生长期比原品种长40天，早种没有成功，成千上万斤稻种播下去烂在地里，晚稻则要等早稻收割而不能按时下种，棉花也是，三番五次重播重种，重翻耙地，人累得要死，种得还比往年差，上级对不推行新稻种，不采用水稻划行器的干部社员就撤职，批斗，当时我们想，就让你们在上面瞎指挥吧，反正今年会比去年糟。现在看来，情况不对了，这个教训说明，即使我们青年人，也可能受农村保守思想的影响，农业既要跃进要有革命性的新措施，就免不了有各种缺点和失败，如果像小资产阶级对待革命运动的态度那样，站在保守群众的一边指指点点，就会滑到右倾的机会主义立场去。

　　我们现在是天天劳动，今年半年多了一次会也没有开过，全部精力搞农业跃进。劳动是艰苦的，但也是有意义的，它冲刷着我们身上怯懦无用的书生气，锻炼出刚强的性格和气魄。大多数的贫下中农是勤劳勇敢，爱憎分明，待人真诚，乐于助人的，我要认真地学习他们的革命精神，知青中那种时时想着鼻尖下的个人利益，遇事偷懒，贪图轻快享受的势利鬼，绝不是我的同类，什么都拿钱来衡量，那是大城市少爷小姐的派头。我们集体户大家一致决定，宁可不花两毛五分钱去买一担竹片子（近百斤）当柴火，也要用代价大得多的体力下工后去岭上剁柴，春天菜荒时也从不到街上去买一分钱菜，因为贫下中农是从来不去买菜的，如果我们去买，就和贫下中农有了距离。思想感情就会有变化。我们一定要用辩证唯物主义的眼光来分析自己，不把自己估计得太高，也不把自己看得太低，稳扎稳打地走好自己的步伐！

我最近重看了一遍柳青的《创业史》和一本《军队的女儿》，柳青写的是陕西农村，生活气息很浓，你若看了应该更有感触吧！

在继续革命的道路上奋勇前进！

弟 70.6.26

亲爱的哥哥，你好！

总算又收到了你的信，哪怕是只言片语，也非常高兴。寄来的奶粉收到（好像是支援越南的军用品），钱也收到，很不好意思。

大队造了一个养殖场，第一批就指定我们两个知青和两个农民调去，所以今年以来，我就在大队干活，每天从大队的一头赶往另一头，早出夜归。因为饲养场种了二三十亩田，所以我还是种田，其他人养猪，我们种稻，棉，薯，萝卜南瓜蔬菜，还种了许多桃，梨，桔子，杨树棕树。支配我去那里的，主要不是大队的决定也不是其他原因，而是自己内心的强烈改造欲——改造农村面貌，提高农民生活水平。这里由于肥料问题没有解决，农产量上不去，我们要采取苏南农村圈养积肥，改变这里放养造成粪肥流失的旧习惯，要大种青饲料和生料养猪，醅化养猪，解决猪饲料问题，还要大种棉花试验田提高棉产，要搞920农药试验……若不是为了这些，我是不愿意离开我们的知青集体的，哪怕是暂时的也很不好过，我还是坚持着要改造客观世界的同时也改造自己的主观世界，美好的理想给我不知疲倦的力量，精神上是开阔的，振作的。

在去年的基础上，我们采取小苗带土，薄膜育秧，第一次在谷雨前栽完了早稻秧，比历年提早一旬到半月，取得了完全的胜利。《人民日报》《江西日报》都多次地报道了我们县我们公社的消息。望着绿油油的早禾，听着社员欢天喜地的欢笑，心情特别舒畅，也为自己去年的惶乱，指手画脚发牢骚感到羞愧，去年的缺点，不顺利，转化为今年的完全成功，这是事物发展的必然规律，世界上没有完美无缺，一开始就正确的东西。去年冬天修水利盲目强调拼命大干不顾农民身体的倾向，今年也得到了改正。

我们这里砍柴特别困难，两年来我们正确地对待了这个问题，没有像别的知青那样去买柴火，去做小煤油炉，而是坚持和贫下中农一样去上山砍柴，通过艰苦的锻炼，体会到了贫下中农的甘苦，思想感情起了变化，决心革老式灶的命，造出新的省柴灶。去年冬天初步试了一下，今年三月又在去年的基础上打了一个新灶，经过反复试验，新灶确实比老灶省了60%的柴，贫下中农都来参观，围在灶边一大圈，纷纷称赞说好。这是我们第一次改变旧学校教给我们理论脱离实际的恶习，用自己微博的知识为贫下中农服务的成功尝试。开始的时候，也有很多挫折，很多思想斗争，第一次试烧，竟然比老灶还要多烧好多柴，气的我躺在床上一动也不想动，心想我何必要自找麻烦自讨苦吃呢，但是，回想起自己一路走来的经历，真心感到只有面对困难，迎着阻力上，于是坚持不断地试验，改进，终于取得了令人快乐的成功，迎来欢乐的新境界。

为了庆祝毛主席的"五七指示"发表五周年，公社表扬先进，我们集体被评为四个"四好班"之一，大队看来要把我们集体一分为二,大部分正式调往大队饲养场,大家都不愿意,感到难分难舍,谁也离不开谁,我们在共同接受再教育,一起吃苦,互相帮助中结成的友谊是多么深厚,全公社再也找不出我们这么团结的集体。

  夜深了,不多写了。

  祝进步,愉快,健康!

弟 71.4.27

  弟弟的信中依然是一如既往的纯真和勇往直前的探索,他知道弟弟绝不是那种为了将来出人头地而预先书写革命化日记书信的人。作为同一代知识青年,应该怎样面对生活,小昊脑子里有很多不同的观念在打架,弟弟的信至少给了他一种观察的角度。他们这一代学生,从文革前下乡劳动对农村的接触中,就觉得农村人性格淳朴心地单纯,城里的工人反而是心机颇深圆滑市侩,所以从这个角度来讲,"接受贫下中农再教育"也不难接受。现在,大批学生上山下乡插队落户了,有些平民小户人家的子弟在困苦中迷失了方向,热衷于钻营物质利益;有些红色后代从小生活优越,自信开朗,但接触到真实社会后就看破红尘情绪消极;而在农村艰苦的条件下保持朝气兢兢业业地探索着一条政治正确的道路的,反倒大多是像弟弟这样出身于"资产阶级知识分子"家庭甚至是"黑五类"家庭的子弟,这算怎么一回事呢?

39.

　　1971年初春的阳光下，省城东大街上熙熙攘攘，一个维族面孔的男子走在街上的人群中，头上晃荡着皮帽子的两板羊毛护耳，他一边走一边张开两臂在胸前不停地前后左右比画，口中念念有词："巴颜喀拉山有这么长，这么宽，巴颜喀拉山有这么长，这么宽……"旁边走过两个戴红袖章佩手枪的军人纠察，放慢脚步竖起耳朵听了一下这个显然有点精神不正常的路人在说什么，然后决定不予干涉目不斜视保持步伐继续向前巡逻。

　　基建时期，筹建处自己只有一辆交通牌，两辆老解放，一辆日野柴油轻卡，一辆罗马尼亚产的布切奇，运力完全不够需要，所以小昊常被派去西安渭南富平等地，跑西安市革委会交通局，西安运输公司，省木材公司汽车队，三桥西安造纸机械厂，渭南专区运输联合指挥部等等这样的单位，联系和协调各单位的支援车辆，因此常有机会看到省城大街上的人物风情。

　　省城的中心是建于明朝的钟楼（附近广济街上还有鼓楼）。钟楼的西北角是有名的西安饺子馆，但是眼下只卖机器包的三角形饺子，据说用手工包饺子伺候食客带有人剥削人的不平等观念，需要破除。小昊在这里坐等好久才被叫到号用竹筹码去窗口端回一碗绿白相间的汤饺：因为机器饺子一半是破的，韭菜馅浮在汤里就成了这个样子。钟楼的东北角邮政局大墙下面一直坐着一个疯子，据说是什么"长安画派"的画家，小昊记得在1956年的《人民画报》上见过他画的水墨埃及人物，不知现在为何疯了。钟楼的东南角有成排的大字报栏遮住了钟楼食品店的橱窗，为首的一大片是揭批西安美院院长的，小昊知道此人来自南方的行知艺校而一直蹲守陕北，号称"黄土画派"，画过大量伟大领袖在延安和陕北老农等水墨人物，但大字报中揭发的却仅仅是他黑暗的另外一面：抄家中获得的他年轻时的日记和书信，证明他和他的地主老子沆瀣一气对土改运动充满敌视，一副反革命的嘴脸⋯⋯

远在山脚下的筹建处工地尚无开展"一打三反"运动的迹象，而省城街上处处可见公检法军管会判决犯人的公告，上面画满一大片红勾，表示该名犯人已判死刑，反革命犯的罪状大都雷同没有新意，例如"对现实不满"，"刻骨仇恨党仇恨社会主义"，"与帝修反遥相呼应"，"恶毒攻击伟大领袖毛主席和以毛主席为首的无产阶级司令部，攻击无产阶级文化大革命"等等。但是，一面在镇压反对文化大革命的政治异己分子，一面也开始收拾那些搞"文化革命"搞过了头的极端分子，判决告示中出现的另一类的人犯，就是文革初期在"阶级斗争"和派性武斗中滥杀无辜的人。例如汉中某地山村中的"XXX，XXX，串通XXX，擅自成立所谓'贫下中农革命法庭'，将XXX，XXX等三人（均地富子弟）判决死刑，押至汉中县XX乡XX中学操场沙坑边，用马刀砍下三人头颅⋯⋯"，又如"统派成员XXX，XXX，在押送联派俘虏去公社总部过程中，行至山中某地，擅自将XXX，XXX枪杀⋯⋯"。判决告示中也有少量的刑事犯罪案件，大多属非法男女关系一类的"流氓罪"或"破坏军婚罪"，记得某告示中对一名罪犯的罪状一本正经地写道"该犯一贯流氓成性，连公社的老母猪都不放过……"，令人啼笑皆非。

"一打三反"运动，从1970年初开始就在全国如火如荼地开展，据说有大批人被逮捕判刑枪决，但筹建处工地上一直没有运动的迹象，直到1971年4月才由基建指挥部和军代表召开了"继续深入开展一打三反运动动员大会"，正式揭开了群众斗争的盖子。

工地上开动了每天白天上班搞生产，晚上开会搞阶级斗争的模式。从省城调来的运输队支部书记兼队长老窦鼓励大家放下包袱，检举揭发。如同以往的政治运动，总是万事开头难，大家都闷声不响不发言，好不容易被点名要求发言了，却只是一些鸡毛蒜皮的小事：司机老戴检举司机老路每天要喝一斤老白干，说老路大言不惭地宣称自己只有喝白酒开车脑子才清醒才不会出事故，不让他喝白酒要撞车死人；老路反过来检举老戴有流氓思想，说老戴说过女同志骑自行车时身体下面形状如何如何，其他人分别为两人帮腔，吵得不可开交，满脸胡子拉碴的老窦脸色阴沉，示意边上做会议记录的小庄不必有言必录。这时司机老鲁突然大吼一声，我来检举！修理班的段XX，每天偷听敌台！众人皆惊，真家伙来了！老窦嘴角露出了一丝微笑，努努嘴让老段回应。老段黑着脸慢吞吞地站起来，两只老鼠般的小眼睛一闪一闪左顾右盼，好像在期望有人站出来帮他辩白，他一开口就坚决否认有偷听敌台的行为，说我虽然有历史问题，抗战时在县里参加过国民党的什么青训班，但一直是热爱党热爱社会主义的，怎么可能去听敌台。第二天晚上开会继续穷追猛打，老鲁明确揭发：老段晚上睡在宿舍床上经常头戴耳机听敌台，有次我问他听什么，他说是苏联电台放的京剧，名叫《大报仇》，嫽滴太太（好得很）！有没有这回事？老实交代！你和苏修社会帝国主义是啥关系啥感情，你要向我们党报啥仇？于是老段终于败下阵来，承认自己听过三次敌台，一周后老段被从修理班贬到了装卸班，运输队的"一打三反"斗争取得了阶段性的重大胜利。小昊知道老鲁虽是家在农村的党员复员军人，但在多数同事眼中却是个犟驴二杆子货，工作一贯吊儿郎当，偷懒使坏，同事关系中又习惯指手画脚，自以为高人一等：比如派他去省城拉货他把车停到亲戚家去睡了三个小时，害一帮装卸工在那里空等傻等；比如在货场胡乱倒车撞坏一台还没开箱的进口日本铣床，反倒强词夺理怪小昊和另一个装卸工没有给他指挥好。几个月后，小庄告诉小昊，什么大报仇小报仇，根本没那回事，老段戴耳机听苏联电台播放的老京剧可能有，但说什么大报仇完全是老鲁耸人听闻的编造（那时没有互联网，一般人确实不知有《大报仇》又名《伐东吴》这样一出京剧），其实就是单身宿舍里平时相处不好关系紧张，乘机报复而已。而队长老窦故意放出老段的历史问题，弄出点运动声势，完成上级的布置，也是惯例。

回想当年的"一打三反"运动，真是名目既宏大严峻又有点不伦不类，把大规模处决犯人的"打击反革命破坏"和"反对贪污盗窃，投机倒把"的经济犯罪再加上"反对铺张浪费"的工作作风问题拼凑打包成为一个大运动，不知剑指何方。其实下面的领导都心有灵犀，知道"一打"才是关键，才是重点，纷纷向上报告称"突出一个打字，其他问题便迎刃而解"。文革后才知道开展"一打三反"的建议主要是"人民的好总理"在1970年初主动向毛林提出来的，提议的开场白是"苏修正在加紧勾结美帝，阴谋对我发动侵略战争；国内的反革命分子也乘机蠢动，遥相呼应"，看来这是针对头号敌人苏修而进行的备战措施和消除国内不稳定因素的预防性打击，然后伟大领袖批示"照办"，并称赞"一打三反搞得好！"于是各地大开杀戒。

1970年1月27日，包括文革思想者马正秀，王佩英在内的19人，在北京工人体育场十万人公判大会被公检法军管会宣布枪决；1970年2月12日，南京青年查全华因组织"马列主义小组"对现行政策提出一些质疑而被枪决，之后，1970年4月28

日，南京下乡知青陈卓然等人因张贴"我们要真正的马列主义"标语对查全华的遭遇表示不满和抗议被枪决；1970年3月，宁夏银川大中学校毕业生吴述森等三人因为组织"共产主义自修大学"进行学习探讨被定为"反革命集团"遭逮捕并枪决；1970年3月5日，用马克思主义的理论资源质疑"阶级路线"的《出身论》作者青年工人遇罗克，在北京工人体育场十万人公判大会上被枪决，同日被枪决的还有"北大才子"之称的前西语系学生顾文选等18人，1970年4月18日，另一有"北大才子"之称的青年史学家沈元等一批人在北京被枪决，1970年4月14日，甘肃女教师毛应星因69年入狱以来写下30万字的有关中国革命和文革的思考分析，被改判死刑枪决……。

在"一打"中被镇压处死的殉难者，大多数是青年知识分子中有独立思想的冷静的文革思考者。这些人目睹了文革头三年的社会动乱和上层权力斗争，对伟大领袖的文革路线和反修路线产生了怀疑和异议，有的试图从马列主义原著中去探究真理寻找答案，在全国各地组建了许多各种形式的马列主义研究小组，其中不乏过去受到苏联科技文化艺术熏陶对当时苏联模式的社会主义仍抱有好感和向往的知识分子。现在苏联老大哥变成了"苏修社会帝国主义"，这些人对统治者来说就变成了"与帝修反遥相呼应"的危险分子，必须先除之而后快。

"一打"中另一些被镇压者，却和上面的那些人相反，是文革中的极端分子，包括在派性武斗中滥杀无辜群众（黑五类子弟，对立派普通成员等）的造反派，估计当政者一方面需要处理这些文革早期的血案安定民心，另一方面也担心这些满脑"阶级斗争"的流氓勇敢分子将来会在战备紧张形势不稳时跳出来作乱，弊大于利，需要杀掉一批。

到了1970年底，镇压反革命的形势一片大好时，与以往热衷于制定杀人比例的习惯不同，伟大领袖突然又发出最高指示说"我们不是靠杀人来统治"，似乎把杀人太多的责任推到了别人头上，给了"人民的好总理"当头一棒。从此，大规模处决反革命的浪潮逐渐走低。后人估计此中也有伟大领袖要集中精力策划另一场针对林彪的战斗，不愿让"一打三反"干扰主攻方向的原因。但是，各地的"一打三反"仍以不同态势延续到1971年甚至跨越了林彪事件延续到1972年至1973年，总共令近两百万人蒙冤，近三十万人被捕入狱，几千至几万人（无法统计）被处决。

汽车修理班的老穆，上中农家庭出身的党员复员军人，曾参加过某县的公检法军管。私底下聊天说到"一打三反"，他说甘肃某地曾经一次就要枪决一百多号犯人，结果只好请部队拉出67式机关枪来解决，因为部队也正好有一批弹药快过期了需要处理，他的说法似乎印证了后来"一打三反"杀人众多的传闻。这个老穆平时老爱讲一些在报纸电台上从来不见踪影的事件，比方发生于某年的平顶山煤矿工人大罢工，最后派出了某某空降兵部队才如何如何镇压下去。这些消息乍一听耸人听闻，但他讲得慢条斯理，语气不瘟不火，有时间有地点有名有姓细节充分，让人不由得不信，也弄不清他是从什么渠道得来的消息。而运动中他居然没有因为传播这些消息遇到麻烦，不知是他的运气还是别的原因。

40.

大喇叭里播放着下班收工的军号声,人们三三两两从高处的生产区走向低处的生活区,这两个区都正在繁忙的建设中。

有人从背后拍了一下小昊的肩膀,"喂,下班了?累吗?"回头一看是小霍,本来这声招呼还有点暖心,不料接下来一句是"哎你爸爸最近情况怎么样?改造得好不好?"如此突兀如此别扭的话,真是出乎他的意料。在他的记忆里,只有高中时班主任请他去办公室谈话时这样问过。现在这是什么时候,什么地点,你小霍又是谁,可以这样问我?但他又不能发火,这类话题只要发火就是自己立场有问题,他只能憋着气说:"没怎么样,就那样吧!"心里想,两人同住一间宿舍,就算你要谈心开展思想政治工作也可以晚上在宿舍里谈啊,下班时走在大马路上谈什么谈。

大约两个月后某天,小昊又在下班时碰到了小霍,这次是在建设到一半的烤漆车间,这里有个在两堵车间外墙之间临时搭建的热水淋浴室,两个人都把衣服脱光挂到砖墙上的钉子上,朝浴室走去,这时小霍突然又发问了:"哎,你爸爸的问题怎样了,有啥新认识么?"小昊朝他瞟了一眼,觉得他的脸上是一脸愚蠢的诚恳又有点幸灾乐祸的表情,两个男人在脱得一丝不挂时你又问这样的问题,真够荒唐,难道你觉得这算是一种坦诚相见?但他一向反应迟钝,不善言辞,不知道该怎么快速编出一句婉转刁钻的话来反刺小霍一下,他只能再次淡淡地敷衍道:"没怎么样,死老虎么,就那样了。"

他这才联想起以往的事,觉得小霍是有点怪。刚到工地不久有次星期天他约小昊在宿舍前空地上打羽毛球,打球就打球呗,但他几乎每次跳起来挥拍击球时都要大喊:"打死你个老右派!""打死你个老右派!"不知那白色的塑料羽毛球是否就是令他仇恨的黑五类敌人靶子,还是他在借题发挥,小昊当时心里很不舒服:你是不是别有用心啊,你和哪个老右派有仇你找他去,阴阳怪气找我发泄干什么?我有惹过你么?从此他再也不和小霍打球了。

他与同宿舍的小庄聊起小霍的怪异表现,小庄直视着小昊的眼睛,笑了笑说,我也搞不懂他为啥这样,不过我可以告诉你,我知道他爹在他七岁时就去世了,他妈含辛茹苦把三个小孩拉扯大,他从小没爹,大概受过很多欺负,可能心里有疙瘩吧,你不要在他面前提起我说过这些哦,他要发火的。小昊似乎明白了小庄话背后的意思,但在那个时代,精神世界是否正常完全是以是否忠于毛泽东思想,政治思想好不好作为唯一尺度来衡量检测的,心理学被贬为"资产阶级的伪科学",什么心理扭曲,潜在性意识等等的观念,完全不在人们的语境中,是无法摆上桌面讨论的。

是的,小霍从小没有父亲,自己却是有父亲却无法在外人面前提及,从小被教育要和父母划清界限,和父亲之间少有交流,也相当于一种没有父亲的状态,所以可以被小霍用来嘲笑戏弄取得心理平衡。知道了这一点,他似乎自己也得到了一点反向心理平衡,有点释怀了。

但是，小霍提的问题也是他自己内心的问题——自己的父亲什么时候才能改造好，才能摘掉帽子？这个问题谁也回答不了。父亲从 57 年开始，每月都要按时写一份"思想汇报"（文革时改称认罪书或忏悔书）上交组织，交代自己的改造心得思想动态，每次三四页或七八页，父亲都用方格文稿纸规规矩矩地誊写，并用蓝色复写纸给自己留一份底稿，十多年下来这些底稿积累到了一尺多高，但摘帽仍是遥遥无期，文革抄家时甚至还把这些底稿当作企图翻案的"变天账"抄走。其实小昊知道那些思想汇报认罪书基本上是千篇一律的东西，比如难得出门旅行一次参观了新建成的南京长江大桥就写自己如何如何感动啦，党的领导和祖国的发展是如何如何伟大啦，对比之下自己经历的旧社会是多么落后破败啦，然后自己竟然替国民党反动派统治的旧社会辩护敌视共产党敌视社会主义是多么罪大恶极啦……只能这样写。一个在底层劳动改造的政治贱民，接触外界社会接触新事物十分有限，要在"思想汇报"中写出什么新东西来确实也难。父亲当然是渴望有机会摘掉帽子的，渴望减轻自己和所有家庭成员的政治压力和精神负担，但是，这似乎完全不取决于自己的工作表现好坏或者"思想汇报"写得如何诚恳如何深刻，而只是取决于上层的政治意愿。小昊知道有个同学的父亲是留法的水利专家，57 年因为入不了党发了几句牢骚，结果被单位领导定成右派，后来是 61 年写信托了副总理级别的留法老同学代为转圜，才勉强摘掉了帽子，可见其事大不易。当上层仍把"阶级斗争"当作首要任务需要保留这样一大批政治贱民来威慑知识分子时，对多数右派而言，摘帽几乎是遥不可及的梦想。曾经有两次，大概是在 1962 年和 1964 年，似乎从领导那里听到一些有关摘帽的风声，但最后都很快不了了之，仍旧维持"认罪服罪态度很差，不予摘帽"的结论。唯一的一次风声很大的倒是在文革中的 1971 年年初，小昊回家探亲时，听到父亲和母亲在议论学校里正在填表调查，据说要给一大批右派摘帽，父亲从来没有这样激动过，连说话的声音都有点颤抖："这次看上去是真的！这次是真的！领导说是上面军管会直接捅下来的，不会像过去一样受到其他方面插一杠子的干扰……"。小昊听了心里也燃起一线希望，但是等了一两个月，最后这次最接近实现的梦想还是无声无息地破灭了，留下了几个美丽的肥皂泡，没有任何解释。

多年以后小昊回想起来，仍对这次流产的"摘帽行动"颇感疑惑。1971年，表面上还是全国军管极左横行的年代，那时亲密战友接班人在军队的势力依旧牢固，全国上下各种单位都驻有军代表，在"全国学习解放军"的口号下，复员转业到地方的军人一个个都觉得自己是特殊人物到了地方单位就是当然的领导干部候选人。与此同时，伟大领袖已经开始和来自军方的亲密战友接班人分道扬镳，林彪的手下已经在"571工程纪要"里表达了对文革倒行逆施的诸多不满，这些不满大多已是全国各阶层心底的共识，只不过没人敢表达出来而已。这次摘帽会不会是林彪集团企图在一定程度上背着伟大领袖，通过为右派分子摘帽解压，来赢得知识分子的支持，赢得民心的一次尝试？为什么这次摘帽尝试在任何中央文件里都找不到踪影？假如这样的猜想是真的，这个注定要石沉大海的历史细节倒是蛮耐人寻味的。

41.

　　1971年10月8日晚间,工地上空一片漆黑没有月光,只有生活区的路灯和宿舍窗内亮着昏黄的灯光,工地上的大喇叭正在广播"外交部批斗五一六反革命分子姚登山实况报告"。

　　"五一六"是什么,作为"红色外交战士"和外交部造反派领袖的姚登山怎么又变成了反革命,大概谁也搞不清。文革从1966年开始后的第二年就变得混乱诡异,先是1967年下半年宣布打倒文革"左派"的领军人物"王关戚",说是他们的罪行是"揪军内一小撮"(后来有人猜测他们的倒台的直接原因是引发武汉720事件,让伟大领袖陷入窘境,以及煽动外交部夺权导致外交极左乱局),但一面说不准"乱军",1968年八月又宣布打倒军队将领"杨余傅",接下来一拨又一拨的"革命左派"掉进反革命深渊,文革逐渐成为疯狂失控的大碾盘,不断吞噬卷入潮流的各种人。文革结束后,有人分析这个所谓的"五一六运动"是文革发动一周年之际全国"抓叛徒"风潮迭起时,某些人接受顶层的暗示和怂恿利用所谓"伍豪启事"进行的"倒周火力侦察"。1967年9月倒周宣告流产后,又引发了逆向的"清查五一六"运动，按理来说"清查五一六"本应该清查一小撮企图炮打"人民的好总理"的激进分子，结果后来又叠加上"一打三反"成了全面迫害文革思想者、文革造反者和无辜群众的一场混战，比如江苏南京就在军队的支持下将二十七万对立派群众统统打成"五一六分子"，十几万人被注销城市户口没收住房赶到苏北农村从事农业劳动，蒙冤受害者不计其数。

工地上的群众在晚上听大喇叭广播文革动态，有过多次，记得1970年的某个晚上工地上就广播过中央专案组有关揭露叛徒内奸工贼刘少奇反革命罪证的报告，包括伟大领袖的夫人1968年9月任打刘专案组组长时的讲话，当时大家对江青那装腔作势自我表功的夸张语句留下了很深的印象，都知道刘某人早在68年10月的八届十二中全会上就已被"永远开除出党"，却不知他已在1969年11月死在了开封。如今大家正在收听广播知道了要打倒五一六分子姚登山，却完全不知道，就在二十多天前的九月十三日，中国又发生了惊天动地的大事件，比打倒姚登山重要一百倍——协助伟大领袖打倒前国家主席刘少奇的副统帅，伟大领袖的好学生亲密战友接班人，也被打倒了而且已经死掉了。

11月中旬，一批小昊原来烤漆分厂的同事内迁新到工地，他们带来了工地上闻所未闻的惊人消息：据说今年十一国庆节天安门没有游行阅兵，是因为中国的二号人物已经化作青烟，好像和一架飞机有关；有的人说，二号人物犯了重大错误；有的人说，他的"问题"主要是反对江青同志（顺便捧了伟大领袖夫人一把）……。小昊家里的来信中也有隐晦的文字暗示同样的信息，同时再三警告小昊对最近的小道消息听到即可，千万不要去传播和议论以免惹祸上身。

12月18日，工地上分车间部门传达了中共中央1971（67）号文件《关于向全国群众传达林彪叛党叛国事件的通知》和1971（77）号文件《粉碎林陈反党集团反革命政变的斗争（材料之一）》。后来，在 1972 年年初又传达了（材料之二），主要是林彪集团林立果于新野等人起草的那份《"571 工程"纪要》，1972 年年中又传达了（材料之三），主要是《毛主席 1966 年 7 月给江青同志的一封信》。至此，最高领导层不得不向最底层群众透露的那部分真相大白于天下。

石破天惊，地动山摇。

小昊的第一反应是在内心哈哈大笑：啊呀呀你不是英明伟大明察秋毫的领袖么？你不是一直在社会所有的上升入口设立关卡执行最最严苛的"阶级路线"审查一切人的家庭出身本人成分社会关系历史背景么？怎么你自己亲自挑选接班人时也把不好关选了一个反过来要杀你的坏蛋呢？真是太可笑了！你把刘少奇当作头号走资派往死里整，把林彪提上来，现在看来刘少奇还是比林彪好一点咯，人家和你只是路线有分歧，还没有到要杀你的程度啊，至于什么叛徒内奸工贼之类，你早点干嘛去了？他不是也是你选定的前一个接班人吗？这点历史档案你前几十年会查不出？还不是根据权力斗争的需要，想拉时就拉，想打时就打？这么看来，很可能是你先要打掉林彪人家才造反的咯，人家接班人做得好好的党章都规定了何必要"抢班夺权"？难道真的是相信了 1966 年那个"北京医学界宣布毛主席可以活到 150 岁"的"特大喜讯"觉得自己身体不会"永远健康"接班无望所以等不及了？林彪一完蛋，整个文化革命不是变成笑话了么？

后来传达的《"571 工程"纪要》，影印的政变构想手稿中的文字更是句句令人触目惊心：什么"他们的社会主义是社会法西斯主义"，"把中国的国家机器变成一种互相残杀，互相倾轧的绞肉机，把党内和国家政治生活变成封建专制独裁式的家长制统治"，"党内长期斗争和文化大革命中被排斥和打击的高级干部敢怒不敢言"，"农民生活缺吃少穿"，"青年知识分子上山下乡，等于变相劳改"，"机关干部被精简，上五七干校等于变相失业"，"红卫兵初期受骗被利用，充当炮灰，后期被压制变成替罪羔羊"，"工人（特别是青年工人）工资冻结，等于变相受剥削"……等等。小昊内心暗自觉得，林彪和林立果这些人对文革的内政外交路线的"污蔑"和许多百姓心底里的想法是有共鸣的，只不过老百姓不但不敢说连想都不敢想而已；但是反过来看，其中也可能有这帮人为了夺取最高权力，尽力搜罗人民对文革的怀疑和不满来争取人心的动机。但是再怎么反文革，你就不能用别的侧翼迂回路线么？你要直接谋杀伟大领袖，恐怕不会得到老百姓的支持，因为伟大领袖在老百姓眼中是红太阳，是神，你自己也说"群众对 B52 的个人迷信很深"，杀他会有大麻烦，估计很难成功，即使成功了也很难隐瞒，很难收场。

再后来传达了伟大领袖 66 年文革之初写给江青的信，在听传达的当时，小昊就感觉这封信肯定 9.13 事件后伪造的或变造加工过的，无非是不得不用隐晦含糊的字句暗示伟大领袖对阴谋家野心家大右派林彪早有警觉，给自己找个下台阶，让自己脸面上过得去一点而已。虽然找了"人民的好总理"来背书证明当时确实见过这封信，是真的，但仍是漏洞百出，难以叫人相信。就算这封信是真的，也不过是你写给你老婆的私信，现在隔了六年拿出来，能证明什么？再说，信中还说什么"经他这么一吹，全国都吹起来了"，把文革中自己默许林彪鼓吹极端个人崇拜的板子打到了全国八亿党政军民的身上，真是有点无赖：文革中但凡敢质疑林彪的人，统统得杀头，现在你伟大领袖倒是"早有预见"了，那些已经冤死的人怎么办？你会帮他们平反昭雪么？不会吧？反对林彪就是反对你啊，你们两人能分得开么？

1971 年 12 月 18 日第一次传达后的那天夜里，小昊小庄小霍都躺在各自的被窝里聊天，那天是周六，家在省城的员工傍晚都已回西安度假，隔着芦席墙左右两侧宿舍空无一人，三个人都有点睡不着，越聊越兴奋，全国人民的榜样亲密战友接班人竟敢谋害伟大领袖毛主席，最后想逃到苏联却摔死在蒙古大沙漠，国家大事如此诡异多变，像一部惊天动地跌宕起伏的悬疑大戏，真是想也想不到。聊着聊着，话慢慢少了，声音轻了，似乎进入了半睡半醒状态。小霍突然又唧唧哝哝地讲起了梦话，但那梦话越听越像是在模仿女声的呻吟，小庄侧过脸一看他人还在被窝里扭来扭去把木头单人床整得吱吱作响，忍不住叫了两声喂喂喂，小霍醒了一半，说，干啥？小庄在黑暗中哂笑道，做这种事要在只有一个人的时候，不要让别人听到。小霍怒道，关你屁事！但终于不出声了。他结婚半年多了，老婆还没有调过来，大概欲火附身时很难克制。

静默了大约一分多钟，小霍突然又莫名其妙地咕哝了一句："他妈的，江青也要生小孩的！"

然后大家终于都安静了，慢慢地进入梦乡。小昊暗暗好笑，他猜小霍内心的不平大概是觉得即使是伟大领袖也是普通人也会有性事也会有不雅的形态，但哪怕睡意朦胧小霍也不敢冒天下之大不韪直接说毛主席，只好气哼哼地借助江青同志，这样比较安全。

伟大领袖是人不是神，好像大家都开始明白了。

42.

  时间到了 1971 年的年底,工地的基建工程正在加紧进行,主干道最高处的铸造车间完成了墙体但还未结顶,西北侧最低处的烤漆车间土建已经基本完成,正开始设备安装,其余分布在两条干道两侧的锻压,机壳,装配,电镀,热处理等车间,也大体完成了墙体正在吊装预制板屋顶,下方生活区也有好几幢宿舍楼接近完工。筹建处在两年中招收的两批本省下乡知青都已从青工连分配到各个车间部门,虽然这些车间都还未开工生产,但是可以让青工们从正在进行的基建和设备安装中熟悉自己未来的车间。原来老厂的职工也开始陆续告别大城市里的老家,或单身或举家携带妻儿老小,一批又一批地迁到了这个山脚下的新工厂。

  小昊自己,结束了两年的装卸工生活,被领导从运输队装卸班调到修理班,又告别了和小庄小霍合住了两年的工棚,搬进了新建的干打垒三层宿舍楼。新房子的地面是水泥砂浆抹过的预制楼板,隔墙是土坯砖,所有的内墙面是用黄土加碎麦秸抹灰外面刷白石灰。每户宿舍有一个小隔间做厨房,但水龙头和厕所都是在门外走廊上公用的。住宿安排不按车间部门分配，小昊住的两室户里间住的是小昊自己和原来烤漆分厂的青工小黄和小邓，外间住着烤漆分厂的两个不准备让家属随迁的单身老师傅，一共五个人。大批内迁的工人给工地带来了新的生活方式，他们不再完全依赖食堂的粗劣伙食，而是从南方带来或从周边农民处用面粉换来大米，用煤油炉煮饭做菜，家属户还带来了煤饼炉，用自制的模具将煤粉和黄泥混合打制蜂窝煤。小昊也设法托人去外省买到了一个煤油炉，有空可以自己改善伙食，原先已经基本适应了北方麦面玉米粉的肠胃，又开始返祖慢慢回到了南方人的状态。

　　还在当装卸工时，小昊就经常去修理班帮忙当下手，现在正式调入修理班，也算实现了他想当一名技术工人的愿望，当然是高兴的。他从不同途径买到借到好几本《汽车构造和修理教材》《汽车故障的诊断和修理》《解放牌卡车构造图册》一类参考书，一本一本地仔细攻读。修理班一共有十几个人，大半是本地人其中又以家在农村的复员军人原先的汽车兵居多，剩下几个是原来总厂机修车间的老工人，内迁过来后自愿到运输队修车，其中被小昊内心认作师傅（那时已经没有人管正经拜师的事）的是老韩，身材短小，一脸络腮胡须，两眼炯炯有神，曾经是抗美援朝的坦克兵，因为家庭出身是地主而始终没能入党提干，至今仍是普通工人一个。

　　调入修理班接到的第一件活，是配合两位师傅一起拆解和修复那辆和火车亲过嘴被撞得七歪八倒的日野（HINO）牌柴油轻卡。整个过程让小昊第一次体验到汽车这个神秘的大机电设备是如何组装和工作的，十分有趣。最后这辆苹果绿色的车被拆成几大堆部件：货厢，大梁，前桥后桥，发动机，驾驶室，一大堆管子和一大堆电缆加插件。大梁送到火车站附近的西铁汽车大修厂去校正，驾驶室则由本厂的钣金工整修焊接校正再送外厂喷漆，其余的修理和总装则由两位师傅和小昊负责。比如左前钢板总成完全灭失了，没有备件，就用尺寸类似的国产钢板一片片按右前钢板的模样拼成组件，加上自制的骑马螺栓，还设法修复了损毁的制动加压泵。整个修复过程中，小昊常常禁不住为日本的工艺赞叹，一切部件都做得那么精巧美丽，比如那块晶亮的后视镜，比如那个雨刷喷水机的微型电动水泵。工地刚刚买进的苏联玛斯（MAZ）汽车吊和日野车一比，那真是傻大黑粗，虽然总的功能发挥还算正常，但是七七八八的小故障是层出不穷，不懂技术的人单看吊车控制室里的内饰板就足够错愕，固定螺丝拧得七歪八倒，板上还有许多打错了打偏了的孔，也不算疵点就一并卖给中国了，真是将就得可以。再联想到那辆东欧罗马尼亚的布切奇（BUCEGI）也是一样，成天故障不断，尤其是那个制动增压泵，备件倒是有，换上了照样球事不顶，你把那个泵分解开来一看，会感觉这家厂造的几乎不是汽车部件，而是汽车部件模型，仅是样子相像而已，里面的许多零件都功能不正常或寿命不正常，真不愧是农业国造的汽车。

　　那个年代修理工的日常工作，更多的是要修复大大小小的各种易损零件而不是动不动更换备件总成。发动机从头保二保到中修大修，除了镗缸换缸套要送专业汽修厂，其余都自己完成，所以铰气门座磨气门，刮大小瓦（曲轴瓦连杆瓦活塞销瓦）是最常见的任务，还有轮毂保养，铆制动蹄离合器摩擦片也是常见的任务。另外还会有很多额外的作业，例如自己造轮胎螺丝电动拆装机，自己做土造乙炔发生器用于烧气焊，在卡车栏板上加装可拆卸的铁管栏杆或折叠式座位（因为卡车不仅用来装货，周末还要用来载人送家在省城的职工回家）。

　　那时做得最多的是解放牌和跃进牌两种卡车的发动机维修保养，以致到后来小昊觉得自己闭着眼睛都可以把一台解放或跃进的发动机的全部零部件拼装起来（当然要正常发动是另一回事）。这两种卡车都有启动马达，但冷车发动经常力量不够，要靠一人在驾驶座上控制油门而另一人在车前用摇把插入发动机前端的启动爪用手摇启动，不当心就会让发动机回火反转砸伤手。那时都知道长春一汽生产的解放牌四吨卡车原型是苏联的吉斯150（ЗИС 150），南京生产的跃进牌两吨半卡车原型是苏联的嘎斯 51（GAZ 51），这两款车在中国各省的儿孙辈则有青海湖啦，井冈山啦，延河啦等等品牌，一看地域名称便知是哪个省的产品，至于这两款卡车更早的原型都是美国在二战中援助苏联的军用卡车，那就是改革开放和有了互联网之后才知道的事了。

就这样，小昊在修理班的地沟里爬上爬下一干就是好几年。

43.

到工地头两年最艰苦的日子过去了，生活和工作趋于安定，小昊把业余时间的兴趣转向了工地周围的大自然，作为在大城市长大的他，始终对这里的地形地貌感到好奇和不解，有时明明觉得是在乡间平地上骑自行车，突然就发现车轮已经跨上一道仅一两米宽的山脊悬崖，两边都是十几丈的深沟，若不是保持镇定继续前行，摔下去真不是开玩笑的，好在这山脊只有十几米，穿过险情又是一马平川，这大概就是老乡们嘴中的"塬"和"墚"吧。工地之南的群山，常年躲在阳光下的一片蓝色薄雾之后，他一直想把工地后山的几个山口一个一个去走一趟，探寻一下山沟里面究竟是怎样的情景。这天上午乘着艳阳高照，他约了师傅老韩和好几个烤漆车间的老少同事一起去爬正对着厂区的杨家沟。

  整个工地是长方形的，从北端的生活区往南向上走，穿过整个生产区，走出了工地围墙东南端的角门，就是一大片荒石滩，这是工地开发以前的本来面目，荒滩的中间挖有一条开着喇叭口的沟渠，让杨家沟拐了个弯导引到厂区东边围墙外的防洪沟内，防洪沟有三四米深，沟底有十米宽，两边是石块堆砌水泥砂浆勾缝的护坡，用来预防可能爆发的山洪。

　　工厂已经开建两年多了了，但平时很少有厂里的工人会走到这里来，当他们这群人来到山口时，其中几位男女的日常生活穿着——裤缝笔挺的灰色西裤，半透明的粉色的确良衬衫，锃亮的黑皮鞋，甚至还有人戴着墨镜——遭遇到了一群衣衫破旧的山村小孩诧异和敌视的眼光，待大家走出十几米远，身后这群碎娃终于忍不住内心的鄙视集体发出了的吼叫："流——氓！流——氓！"，来自大城市的两个女工诧异地问小昊，他们为啥要骂我们？小昊解释道，这些乡下孩子除了黑白电影《平原游击队》就从没见过自家山村以外的世界，在他们的脑子里，只有穿农民服装的八路军游击队和穿工作服的工人是好人，你们这群人男女混杂，又穿着"奇装异服"，当然不像是好人，不过他们骂坏人的词汇也非常有限，骂"蛤怂"怕你们听不懂，又不好骂你们是鬼子汉奸，只好骂你们"流氓"，大家听了都笑了。

　　进了山口沿着沟底的潺潺溪水不断向上攀登，翻过了几道丈把高的瀑布岩，到了前方无路三面陡坡形似瓮底的位置，于是只能沿着陡峭的山坡向上爬行，坡度有时很陡，只能抓住野草或山土中突出的石块稍微借一把力来保持身体的平衡和向上的力量，手下还不敢用猛劲完全借力，生怕野草或石块会松脱令身体失衡摔下山坡。终于来到山顶，从这里可以看到远处东西走向的两道山梁上有两条平行的公路，在太阳底下闪着光，听说山里有一个重要的军事工程叫微波中继站，这公路就是为建设微波站修的战备公路。既然脚下的山脉和山下从工地通到县城的公路是平行的，大家商量后决意沿着山腰上的小路一直往西走，看看能否走到县城。

　　在一人多宽的蜿蜒山路上，韩师傅和小昊一路挨着走，一边聊他的当兵经历。当初他的部队从苏北解放区出发着便装奔赴混乱的东北（日伪军留守部队，苏军，国共两党的军队和土匪在那里犬牙交错各行其是）从苏军手中抢到日伪的坦克修理厂，他接受过日本坦克维修技师的培训，参加了辽沈战役，最后又开赴朝鲜，其中的鲜活的故事令小昊大开眼界。讲到国共两党在东北开打，老韩说，其实他们都是一个苏联老师傅教出来的两个徒弟啊，我们当兵的在下面打得你死我活，他们上面当官的却是黄埔军校的老同学老朋友，抓到了不但不会枪毙，说不定还要一阵寒暄请他喝酒呢。讲到自己的地主家庭出身，老韩发牢骚说，家里有多余的土地自己种不过来谁不出租啊，既然出租当然要收地租啦，都是一个村的，别人家都收租你不收叫人家怎么做人……，这些看问题的角度对于没有经过这段历史的年轻小昊真是闻所未闻，他知道这些说法都是"政治错误"的，不符合党的意识形态，但又觉得比自己小学中学课本中读到的抽象文字更具体真实，更让人信服。

终于到了可以俯览县城的山口，开始下山，快到山脚时，一个烤漆车间的老师傅提议说，有个从青工连刚分配到烤漆车间的知青小夏就住在山脚下的干休所，可以顺便去她家坐坐，歇口气喝口水，大家一致同意，一干人浩浩荡荡开进干休所院子。这个女知青没想到有这么多认识和不认识的工厂同事来自己家，惊喜得两眼发光，硬要留大家吃饭，众人推辞不过就一起动手从屋后菜地摘了一些新鲜瓜菜炒菜做饭，吃完又坐在屋前的树荫下喝茶聊天。这个家有五六间平房，环境清幽，她的父母住在远处的一间屋子，也不过来招呼，任由女儿自便。聊天中小夏讲了她插队生活中的各种趣事，讲到如何千方百计托人从北京买到一把小提琴苦练三个月混进公社毛泽东思想宣传队去"锯木头"滥竽充数；又讲到在农村中的阶级教育"忆苦思甜"，那个木讷的贫农老婆婆在生产队长一再催促"挑旧社会最苦的事情讲"之下突然咧开嘴痛哭流涕说"最苦最苦的就是那个1960年啊……"，大家听到这里都笑了，这个"忆苦思甜"的经历和小昊在中学里某次下乡劳动时遇到的场景简直一模一样，他不由得多瞄了一眼这个长着一双丹凤眼的陕西女孩。

  人们的话语系统里有两种语言，一种是政治的语言，报纸宣传和开会用的语言；另一种是生活的语言，是由个人的经历感受产生的语言。前一种是出于需要的功利性语言，它可以鼓动和组织人们去实现重大的目标，但是背后往往隐藏着虚假的东西，比如"以林副统帅为榜样永远忠于伟大的毛主席"，就已经被证实是虚假错误的政治语言。青工小夏说到的插队经历和老韩师傅说到的个人历史，应该属于生活的语言，其中包含的是他们个人的真实经历和独立思考。但是我们周围有很多人脑子只要稍微涉及一点"政治"就完全没有自己的观察和分析，完全被宣传的语言灌满，说出话来就显得干巴巴的十分空洞可笑可怜。看来小夏不属于这种人，她看上去阳光自信，热爱生活，但她不回避生活中真实存在的阴暗面。

  在回工地的路上，小昊听众人讲起这个青工名字叫夏芷英，但车间里有人背地里给她取了个外号叫"县长的女儿"，因为她的父亲和母亲曾在抗战期间和 49 年前后当过附近地区的地下县委书记和县长。

44.

1972年上半年。

小昊的记事本里记载着:"2月21日,尼克松到达中国","2月28日,中美签署联合公报",两国的关系进入了一种新时期,但这对中国国内的老百姓似乎没有什么影响。就在尼克松访华前不久,工地和周围生产队的春节联欢活动上,还有一对农村老婆老汉在土台子上表演着一种类似东北二人转的节目,那个老汉佝偻着背握着一杆旱烟枪挽着老婆姨一步三摇地在台上踱步并一字一板地用秦腔唱道:"额叫个,尼开松,当今滴美国大总统,俺和勃列日涅夫是呀么是朋友,哦哎欧欧哎哎哎……",看来陕西山村和美国华盛顿之间,除了遥远的地理距离,还有不可名状的观念差异。但是到了五月间,就有一个五十多人的美国旅行团作为"民间大使"来到渭原县旅游,开始弥合这种差异。这种旅游和后来的商业旅游团完全是两码事,游客要在中国官员的陪同下参观工厂和农村人民公社,进行"人民的交流",游览风景名胜和古迹只是附带的次要项目。旅游团来的前一天,县上就抽调县里各单位600人(小昊他们工厂出了

100人）召开大会进行学习培训，然后第二天被派到县城周围的景区去假装游客，叫作"陪游"，如果遇到蓝眼睛高鼻子应该如何回答他们的问话，培训会上已经列举实例有详细的交代。小昊他们厂虽然还没有完全建成，却被安排作为旅游团中午的休息点，要在刚建成的办公楼里午餐，食材烹调由省城派厨师来操办。厂里为了这次接待也是忙得不亦乐乎，包括把职工食堂的窗户都用铁皮钉死，以免美国佬从办公楼上俯视看到这个大食堂里没有桌椅工人们都习惯蹲在地上吃饭的奇怪场面。前一天晚上似乎一切布置就绪了，却有人提出办公楼里的厕所都是蹲坑，而听说洋人是用坐式抽水马桶的，但是在那个时代即便是在白天省城里的大百货商场也是没有坐便器这种商品供应的，况且现在已经到了晚上。有人急中生智想出了妙招：做几个凳子一般高的大木盒底上挖个屁股大的圆洞漆上白漆倒扣在蹲坑上，这一方案居然获得领导批准，叫木工连夜打造，在临时餐厅周围的厕所都装上这种大木盒，但是直到第二天中午木盒上的白漆好像还没有干透，美国人有没有用上不得而知。

　　上半年继续传达了有关林彪反党集团的材料之二之三，包括伟大领袖给夫人的一封信。六月初，小昊出差去省城在小旅馆住了一夜，那个和小昊面熟的柜台服务员除了要住店介绍信，没有像去年那样一本正经地查问他的"家庭出身本人成分"，他还告诉小昊，这两天居委会正在向居民回收"多余的"毛主席像章，说法是每个人只要保留一两枚像章够佩戴就好，小昊若有多的像章可以送给他不必上交。不但像章可以说成是"多余的"了，省城这几天还在大规模拆除"多余的"伟大领袖的塑像，这些从十几米到几十米高的大大小小的塑像大多是文革中各派群众组织为了表忠心竞相建立的，用的都是优质螺纹钢，高标号混凝土，一个比一个坚固，难以破拆，所以只能搭起高高的脚手架用四方形的竹篱笆围住，在夜间进行爆破作业。晚上，爆破伟人像的轰隆之声此起彼伏，城墙内外的老百姓都笼罩在一种惊恐和不祥的气氛中。就在半年前，老百姓不慎摔破一个主席石膏像还是弥天大罪要受到批斗甚至刑罚，现在竟然这样大规模炸毁伟大领袖红太阳的塑像，简直是反了天吓死人了，除了是毛主席亲自下令，谁敢？亲密战友接班人竟然叛逃死在境外荒漠，迫使伟大领袖用各种方法为自己找下台阶，连给老婆的信都端出来了，又到处批斥下面"上了刘少奇一类政治骗子的当"，其实还不是你伟大领袖自己上了当吗！此起彼伏轰隆隆的爆炸声，让老百姓真切地感受到了一种皇上恼羞成怒大发雷霆的气息。

　　京城里的政治风雨，和南山下工地上的老百姓毕竟没有直接关系，休息天小昊他们仍然经常去爬山，也常去逛县城，顺便到山脚下"县长的女儿"小夏家去聚会。6月底，最后一批内迁职工来到工地，其中有小昊的高中同学也是烤漆分厂同事小艾，她接到内迁调令后一直呆在家拖延，现在终于和大学毕业后分配到福建沿海的丈夫一起调到渭原山区来了，到了这里的烤漆车间她又被指定为小夏的师傅，因此小昊和小夏之间也就多了一层关系，接触更多了一些。

纽约，站在曼哈顿世贸中心双塔之间上仰望（Twin Tower of WTC, Manhattan, New York），1991年5月。

人类是一种奇妙的生物：在短短的几千年内，他们可以从弓矛狩猎发展到用火箭把自己送入距地球400公里外的太空，从用龟板占卜发展到可以进行纳米级（一根头发的万分之一）的电脑芯片精细加工；但是，在漫长的几千年后，他们仍然循守着于几千年前的古老宗教信仰，耽迷于各种宗教偏见和意识形态分歧，并因此互相对立争斗不止。

45.

1972年下半年。

县城山脚下干休所的小夏家，几乎成了厂里很多同事周末聚会的俱乐部，而东道主小夏居然是来者不拒，十分热情好客。去得比较多的除了小昊还有烤漆车间的几个师傅和青工，包括小夏自己的师傅——小昊原来的同学小艾，还有在厂里和小夏同一间宿舍的青工小邹，小夏和小邹文革前都在省城西安中学（干部子弟学校）上学，小夏是66届初中，而小邹是67届。

小昊愿意去小夏家，首先是他发现小夏的书箱里竟然藏着很多好看的书，有《斯巴达克思》《安娜·卡列尼娜》《约翰·克里斯多夫》《牛虻》《怎么办》《你到底要什么》《多雪的冬天》……等等，《斯巴达克思》等是文革前五六十年代的旧版本，有精美的插图，《牛虻》是文革前夕重印的半新版本，前言里附有伟大领袖嘉许的"小人物"李希凡写的评论，而《多雪的冬天》等等则是苏联新一代反思文学，是文革中出版的白皮封面的"内部参考"读物，用来研究苏联"变修"以后的社会动态的。自从小夏借给小昊的第一本书《斯巴达克思》被按时归还后，小昊就获得了不断借书的资格，一两个星期去换下一本，他好像是在沙漠中发现了一个宝藏，惊叹这些书都很合他的胃口。

小昊喜欢去小夏家的第二个原因是——应该说"竟然是"——他意外地在这里感受到了许多来自小夏的认同和共鸣。

人和人如果心灵相通，许多时候彼此的交流是不需要语言文字的，一个眼神，一个微笑，便把一切的一切，付诸不言之中，他和小夏就是在不经意间突然步入了这种境界的，那种隐秘的，不与外人分享的精神默契，令他觉得心情十分愉悦。

他和她谈到《牛虻》的前言里"小人物"李希凡如何批判亚瑟和琼玛的"资产阶级爱情观"，都觉得超越时代和环境给文艺作品中的"古人"当爱情裁判很可笑，谈到一个节点上两人忽然抢着要说出同一个成语，但话还没说出口就彼此看了一眼笑起来了，下面都不用说了。

有次聚会中，有个女孩小佟表情夸张地哇啦哇啦："我爸爸可关心我了，他经常一本正经地问我，小佟，你知不知道什么叫革命……"，小夏就笑着向小昊望了一眼，他俩都知道这个小佟的父亲不过是省城里市轻工局的一个科长，有点太以为自己是干部子女了，而且看来这孩子脑子里装满了"政治的语言"，没有什么自己的空间。

还有一次，小邹的哥哥休假顺道来渭原厂里探望妹妹，也在小夏家聚会。她哥哥是某炮兵部队的一个排长，当小昊说到自己的表弟在部队里也是个炮兵班长时，这位大脸盘的解放军排长不知为何扯起了革命接班人的重大话题，趾高气扬地说："出身不好的想当干部？没门！这国家将来还是只能靠我们这些人来接班！"小邹冲着她哥哥说，去去去，就你能！不看看自己那张脸长得跟国民党的邵壮一样！——邵壮是电影《战上海》里的反派角色，以名字影射敌军里狂妄自大的少壮派——小夏听到这里禁不住扑哧一声笑开了，并意味深长地瞄了小昊一眼。小昊知道，以当时社会对出身问题的敏感度，小夏多半知道自己的黑色家庭背景，小邹和她哥哥可能也知道，所以炮兵排长才会有感而发，但是小夏的表情明显地包含着对炮兵排长的不以为然。之前小夏告诉过小昊，小邹的父母是南方某省公安厅的高干，但却出身于大地主家庭，文革前兢兢业业地按苏联留下的老图纸督造了最新式最高级的省级监狱，不料文化革命一开始夫妻俩就变成了黑帮分子成了第一批被投进这个新监狱的犯人，历经多年磨难才获得"解放"。可以推断小夏的父母也会在文革中被打成黑帮历经过不少折磨，小夏才对所谓红色或黑色的家庭出身有了一种比较超脱的清醒认识，但不知为何炮兵排长却没有这种觉悟。

又一个周末在小夏家，众人在屋里聊天，小昊和小夏在树荫下的水池里洗菜为大家准备午饭，说到在省城看到破拆毛主席塑像的景象，小夏突然抬起头笑吟吟地说："其实啦，什么马克思主义毛泽东思想，讲穿了在中国也就是和宗教差不多的东西，就是要叫你们盲目地相信上面，你们自己觉得心安理得不再胡思乱想，人家也就容易控制你们领导你们啦！"小昊吃了一惊，怔怔地看着眼前站在树下斑驳光影中的这位红色后代——没想到这位厂团委委员和毛泽东思想文艺小分队的提琴手竟然这么"反动"！而小夏似乎发现了小昊的异样眼神，笑着说，你没事吧，我只不过私下随便说说而已，你可别帮我扩散哦。小昊松了一口气，自己多年来已经习惯了把各种尖锐的想法藏在心底，而小夏敢说，人家身份不同嘛，她能对自己说这些，也说明她把自己当作可信任的"圈内人"啊。

九月中旬，小夏计划带各位"周末俱乐部"的同事去游华山，大家小时候都看过《智取华山》这部电影，现在能够去实地体验，都很期待。为了组织这次活动，她特地让两个弟弟带小昊和其他几位一起先去爬了一次南山顶上的老君殿老母殿和烽火台遗址，测试一下大家的体力，结果这些大城市来的同事都很顺利地爬到了山顶。在和这两个憨厚的弟弟聊天中得知，小夏还有一个哥哥,毕业于西军电(西安军事电讯工程学院),在河北某雷达基地服役,是 1965 年击落 U2 高空侦察机的有功人员,有一个妹妹在汉中插队已上调,正活动准备调回本县或省城。这两个弟弟,大的属于插队知青但农闲时经常在自己家,小的还在初中快要毕业。

国庆假一早,小昊,小邹和一帮烤漆车间的同事一共六人骑三辆自行车从厂里下到火车站,与小夏和她的大弟汇合,坐七点的火车到了华山站,先逛了山下的玉泉院,十点开始进山,跋涉五公里经过青柯坪来到山脚下的迴心石,然后向上攀登,经千尺幢,百尺峡到北峰。这时天开始下起了毛毛细雨,众人从不到一米宽的陡峭山脊登上苍龙岭,再从中峰折回西峰,到西峰已是晚上六时,借宿在翠云宫道观改成的气象站内打地铺。晚间松涛怒吼,暴雨倾盆,第二天早起后男人们都觉得被子太薄冻了一夜,三个女孩却说睡得很暖和很香,原来昨晚那位来自上海的气象站站长挡不住小夏的能说会道除了出借薄被子外又额外给她们添了三件军大衣。大家吃了自带的干粮当早餐后,雨仍下个不停,小夏说她担心山洪暴发冲断下山的石阶路被困在山上,建议缩减行程马上下山返回,从开始进山到现在大家对小夏的野外经验和组织协调能力已经十分佩服,当然一致同意,结果返程路上刚回到苍龙岭,已是雨过天晴,天气转好,阳光穿过镶着金边的云层,照在众人身上,大家停在苍龙岭顶上带栏杆的平台上看风景,环顾四周,重峦叠嶂,苍松郁郁,西峰上烟云缭绕,瀑布直下三千尺,极为壮观。前方脚下是只容一人通过的陡峭山脊,两边是万丈深渊,右侧身后的石壁上刻有"韩退之投书处"几个大字,小夏给大家讲解说,相传当年唐代大文豪韩愈(字退之)下山到此时胆战心惊,他把背篓里的书都扔了,还是两腿发软根本挪不动脚步,古时候这山脊上哪有现在的台阶栏杆,只有一些石窝窝而已,大文豪思前想后不禁放声大哭,只好写了一封求救信绑在石头上扔下山去,幸亏山间采药者捡到书信报告华阴县令，县令派人上山救援，才把他背下山。讲完了故事，小夏从军装的下兜里取出小本子扯下几页，笑着说，难得和古人同路，我们也来"投书"一下，她把几页纸撕成碎片，朝空中撒去，一面痴痴地目送纸屑在山风中飞舞向着脚下的深渊越飘越远，一面唱道："看少年先锋队打从大街上走过，可谁也不知道他们前去做什么……"，好像这些纸片就是她心目中的少先队员，不知道要飘到哪里去。这首歌是只有小昊和小夏那一代少年才熟悉的苏联儿童歌曲《快乐的小队》，歌声深深地触动了他埋在意识深处的童心，是的，我们都曾经是戴红领巾的纯洁阳光的少先队员，都曾经虔诚地列队唱过"我们新中国的儿童，我们新少年的先锋……"(《少年先锋队队歌》，郭沫若词，马思聪曲)，现在我们成人了，都面对着一个复杂未知的世界，不知前面的路在何方。小昊从侧面看着小夏秀气的脸庞，看着她的鬓发在山风的吹拂下舞动，他忽然觉得自己喜欢上这个女孩子了。

46.

　　从华山回来的当天晚上，小昊在小艾家吃晚饭。小艾开玩笑似地说：你们一帮人上华山去玩了，我们山下的一帮人都在猜这八个人中有哪几个可以配成对呢，有你吗？小昊立刻联想到了自己在苍龙岭上那一刹那的感觉，但表面非常坦然回答说，怎么会？当然没有！可能一对都配不成！小艾在学校文革中基本上算是逍遥派，父亲是旧社会洋行的高级职员，分到烤漆分厂后和小昊比较谈得来，现在她成了小夏的师傅，所以小昊觉得在她面前讲话必须特别当心。小艾曾几次开口说要帮小昊介绍对象，都被小昊坚决地婉拒了，估计这次她也绝不会想到家庭出身红黑分明的两个人有谈对象的可能。

　　而事实上，小昊和小夏的接触越来越多，在1973年一年中，几乎成了小昊工余生活中除了读书之外的主要内容。晚上他会常去小夏小邹的宿舍聊天，小夏经常会派小昊去火车站接送自己的妹妹，小夏的一个表姐韦医生从外地调到本厂，小昊也会去帮忙搬家收拾房间，有时他会恍然觉得自己几乎成了小夏家的一员。他发觉小夏不论在什么场合每次见到他，眼睛就会因为欣喜突然亮起来，这让他暗中称奇，觉得这简直是"生理学上的奇迹"。但是，他却从来不想去界定自己和小夏是不是一种特殊的关系，一如他以往的秉性，他觉得能和小夏有这种亲切的彼此信任的关系，他已经很满足，他喜欢听其自然。而正是两人的家庭出身差别，给小昊提供了一层保护色，几乎没有人怀疑小昊会和小夏会有特殊的朋友关系。倒是小邹有点敏感，她告诉小昊，小夏插队时公社文艺小分队里曾有个男生拼命地追她，这个知青的父亲是省地质局的领导干部，祖父嘛也是个地主，后来小夏主动提出分手，这个男生恼羞成怒，就到处展示小夏给他的信和照片，甚至放出小夏身体某处有什么胎记之类的话，闹得沸沸扬扬，让小夏十分狼狈，不得不调到另一个公社去插队避开这个人。小昊知道小邹有点警告自己的意思，但却很感激小邹平时不动声色地为他提供掩护的那份善解人意。

1973年五月间，小夏把小昊请到宿舍，这位厂团委委员和文艺小分队的提琴手，仰着脸一本正经地请教小昊自己该不该去报名上大学。这是文革后第一次追加了考试形式来选拔招收大学工农兵学员，小昊虽然并不了解目前大学的状况，但是上大学读一门专业曾经是自己这代人的唯一理想和本能追求，现在自己已经没有这种机会，但小夏有，所以毫不犹豫地表示支持。至于这小夏为何要问自己，背后有没有别的意思，他有点想过，但却不敢确定。

当天晚上，他在自己的小记事本里写道：

"如果我真正爱自己的哥哥，我要做到：
我的一言一行都要对他负责任
我应该使自己在各方面都做得更好，不辜负他对我的信任
我应该尽自己微薄的力量使他有所发展，让更多的人了解他的美德和智慧，而不是陷于狭隘的私人感情让双方停滞不前。"

（在那个年代的男女大防面前，用人称为异性避讳是普遍的习惯）

小夏后来去参加了考试，回来笑着告诉小昊和小艾，物理考题大多是"穿三件衬衫暖和还是穿一件相当于三件厚的衬衫暖和，为什么？"这一类的。她后来没有去读那一届工农兵学员，小昊也没有问为什么，反正那时录取与否也不是只看笔试成绩的。

夏天，"周末俱乐部"的成员包括小夏的弟弟妹妹一起在小夏家后面山上的水库里游泳，这里是个偏僻的山谷，若没有小夏带路一般人根本找不到，除了他们也没有其他人涉足，小昊从车间里带来了两个报废的卡车内胎充作救生圈，让会水的和不会水的众人都游得十分尽兴。坐在岸边的树荫下休息聊天时，小昊问起了这个水库的方位，小夏说：哎，我原来插队就在这个公社啊，就我们脚下这块地，还跟《鸿门宴》这段历史有关系的呢。原来，据《史记·项羽本纪》的记载："当是时，项王军在鸿门下，沛公军在霸上，相去四十里"，刘邦从杀机四伏的新丰鸿门宴上偷偷溜出，放弃车轿，只身独骑，与樊哙等四人"持剑盾步走，从郦山下，道芷阳间行"，回到霸上，经过的就是这块土地。从大城市过来在高中语文里读过《鸿门宴》的几位，都感叹没想到中国古代的历史突然间离自己这么近。

聊天中，小夏还热心地向烤漆车间同事请教南方方言，也向他们解释陕西本地的方言俗语。小昊自认为本地话学得不错，说连老乡都夸他"额看你像个渭原人"，小夏揶揄他道，算你是个好学生，也只能拿八十分，你要能听出我念的顺口溜，才能得90分。她念的是：

活里有个蒜（二声） 　　（河里有个船）
蒜上有个朔子　　　　　（船上有个桌子）
朔子上有个欢（三声）　（桌子上有个砖）
欢上有个费督督　　　　（砖上有个水珠珠）

小昊除了知道当地有老乡把"水"念作"费"，一时确实听不明白，小夏带着胜利的微笑用陕西话说：听不出来吧？额山里的土话才是正宗的渭原本地话，以后要老老实实跟夏老师学哦，众人都笑了。

　　夕阳中，小昊帮小夏姐妹拍了几张水库山峦背景的泳装照，这还是他第一次看到小夏穿泳装（那种褶皱花布的材质）。他手上已经有了好几张小夏的照片：那张穿米黄色军装的报名照是小夏送给他的，照片中是她干部子女的本色，而另外几张的是小昊回老家帮她洗印时留下的，其中穿花罩衫那张像是淳朴的村姑，而穿冬大衣围上狐狸围脖那张半身照，简直就有点安娜卡列尼娜的贵妇人气质了。小昊学过美术，对容貌的美丽有一套自己的鉴赏标准，认为真正的美是外貌和内心互相统一的，他又有种经验，觉得凡是好看的女子都是仪态百变的，有着一双丹凤眼的小夏就是这样。

47.

    生活像一条长河在不断流淌,身边由近至远有各种各样的人,不论他是布衣小民还是伟人巨擘,都像浩瀚天空中的大小星球,生活在各自的固有轨迹和固有观念里。

    修理班里同事老雷,中农出身的党员复员军人,某次聊天时痛骂村里的地主妄想翻天老是在他家院墙外拉尿,小昊听出了其中诧异,问他这个地主多大年纪,老雷说:七岁!小昊说,那不对啊,地主的儿子没收过租就不应该算地主了,地主的孙子就更不是地主了!不承想老雷吃惊地睁大了眼睛说,那哪成?地主家就应该子子孙孙都是地主!要不然不是要把村里的阶级成分搞乱了!那还了得!听他这样讲小昊也吃惊地瞪大了眼睛,深刻地记住了某些农村人的固有观念。

    铸造车间的青工赵大炜是个孤儿,但在农村插队时已经成了原省轻工厅某处长的准女婿,在铸造车间设备安装和试运行的过程中,经常因为堆放在露天的镁粉发生火灾,而大炜每次都冲在救火的第一线,每次都满脸乌黑地晕倒在地,惹得其他救火群众惊叫:"大炜昏过去了!大炜昏过去了!",而大炜则微微睁开眼睛,嗫嚅着说:"同志们不要管我,救火要紧!"。但也有个别人认为大炜的昏迷有些做作,好像是在表演,为将来的升迁积累英雄形象的资本,所以再遇到类似情形,这些人就在惊呼中添了一个又字:"大炜又昏过去了!大炜又昏过去了!"有点把悲壮变成笑料的坏心眼。

1973年初,厂里又招收了一批在陕北插队的北京知青和在安康修建襄渝铁路的西安知青,其中有满脸严肃似乎时刻在思考国家大事的高干子弟,也有京油子胡同串子和西安街头小混混,更多不同背景不同观念的同代人,在南山下的工厂展示着形形色色的秉性和人生。

新来的青工中有个绰号"烂花"的女人,出身于富农单亲家庭,传说在农村插队时就有四处招蜂引蝶惹是生非的恶名,进到厂里后迅速傍上了某位大领导,更是飞扬跋扈,喜欢挑拨滋事,慢慢地形成了任何干部想办事想建言想升迁都要先到"烂花"那里去送礼摸底通关的惯例。这位领导的小舅子也在厂里上班,某次与一位青工发生冲突,推搡中小臂骨折,厂里的老师傅都知道这位小舅子的骨折是老伤,希望大事化小,县公安局来调查后也迟迟没有做出反应,但是后来听说"烂花"不知出于何种考虑单枪匹马跑到地区检察院找到一位老干部去哭诉,很快就让县公安发出了逮捕令。厂里开了公捕大会,台上两个背枪的战士像抓小鸡一样将那位青工五花大绑四脚腾空地提起来举过头顶,又往地下顿三顿表示绑得很紧,循惯例表演了一通吓唬老百姓的花式功夫,而"烂花"就在绑人的一瞬间出现在台下的观众席的后方,带着得意的眼神看完台上的表演,冷笑了一声就匆匆离开,周围的好几个女人用艳羡讨好的眼神迎接她来又目送她去,还在背后啧啧称赞这女子"能滴很"有本事会做人。

小昊自己,当然也是各种社会人群中的一种,在许多人眼中他是一个"怪人":不合群,不懂礼数,不会说话,不会做人,时有怪论。小昊倒是愿意承认由于长期的"家庭出身歧视",自己的性格、心理和行事方式会和一般人有差异,会有一些自己意识不太到的扭曲(虽然这个社会的语境中并没有"性格","心理"这样的概念,没有"素质"这样的词汇,而只有"思想好,思想不好"之类的评语);但另一方面他也知道,自己那种"众人皆醉,唯我独醒"的内心意识,无非是环境迫使他常年观察思考一些平常人看不到想不到的问题的产物而已,为什么小夏就从不认为他是"怪人"反而愿意和他接近?那就是"物以类聚,人以群分"么,他从这里找到了精神的认同和支持,暗自宽慰。

反过来,小昊也会看不起那些在背后过度唠叨他是"怪人"的人,难道在单一的舆论高压环境下造成的那些思想僵化的芸芸众生,他们性格和心理就算正常的么?他看过罗曼·罗兰的《约翰·克里斯多夫》,主人公在风起云涌的社会动荡和政治斗争中苦苦地寻求自己的精神出路,痛感"有力的谎言比贫血的真理更容易争取群众",这句话对他印象很深。周围大多数人的思想观念精神状态,只是土改,肃反,反右等一系列运动的威慑加上"舆论一律"的反复宣导造成的,把1949年这个时间节点用政治术语"解放"来冠名让老百姓广泛使用更是无比强大的潜移默化:49年"解放"之前五千年都是剥削阶级统治一片黑暗,而49年"解放"之后有共产党毛主席领导则是一片光明不容批评,从小接受的这种简单化绝对化的洗脑教育,其实也就是一种"有力的谎言"。新的政治教条政治标签输入了人们的头脑,但却包容了中国老百姓从旧社会遗传下来的劣根性:趋炎附势,明哲保身,贪图小利,苟且钻营,不分是非,只有面子观没有道德观,缺乏国民意识……,他渴望一种真诚的健康的精神生活,渴望能坦率地和周围的人讨论生活中的一切是非,但是他做不到,整个社会弥漫着一种令人压抑的混沌。他不敢在人前人后议论社会,议论领导甚或议论某位同事,但内心却总是在愤世嫉俗。

小昊觉得，无论他自己还是周围的人，其精神面貌都是主观追求和客观环境相制约的产物。像小夏那样出身于红色家庭的子女，容易获得精神上和心理上的自信，因而显得性格比较阳光，但她又能够正视生活中的阴暗面，因此有比较健全的思想人格。相反的那些出身于黑色家庭的子女，从小生活在"出身不好"的阴影中，前途黯淡，他们没有一个自信开朗快乐的精神面貌，你能怪他们自己么？就好比一个自小容貌丑陋身体残疾的孩子，性格心理必定难以正常发育，无法和自小健康漂亮讨人喜欢的孩子相比，那种所谓"心灵美"的说法在很大程度上是自欺欺人。他曾参观过邻县的地主庄园陈列馆，看到过"结束语"展区挂在墙上一大堆作为"反面教员"的黑五类子女犯罪分子的头像，对社会中的这个群体感到既痛心又同情。他能理解这些青年人本来就被束缚在农村土地上，再加上家庭出身的歧视打压，个人前途和精神世界毫无希望，很容易走向心理晦暗。其中有的丧失自信和才智，沦为真正的贱民，有的铤而走险以求一逞，飞蛾扑火走上绝路，湮没在时代风尘中，这大半责任是社会的而不是他们自己的。他以为，不论家庭出身是红是黑，都要尽力突破自己一方环境和眼界的局限，用大眼光去看世界，才能获得对社会的清醒认识和平衡的人格，避免走极端，当然他知道自己说说容易，这些人的处境遭遇和他不同，他无法代替他们思考和行动，他自己有时也会走到对抗情绪的边缘，知道一旦越过就万劫不复。

　　多少年来，他都在自己周围寻找书本上说"胸怀远大，严守纪律"的工人阶级的形象，那个"从自在到自为"的革命领导阶级，但却很少发现有令自己信服的榜样。文革初被说成是"自发"起来革命造反的工人，数年后在他看来，不过是在皇上恩准"造反"的大保护伞下，在奉旨点火的首都红卫兵撺掇怂恿下盲动起来的乌合之众，为高层内讧充当工具而已。虽然整个造反运动中也包含了一些有思想的，反官僚主义的积极因素，但是看不到工人阶级作为自觉的主体推动社会进步的担当,其中许多人在文革动荡中的所作所为,反倒总是让他眼前浮现出三十多年前"迎接北伐三次工人武装起义"的一张照片:那里面的工人纠察队出旗亮相时的形象——头戴瓜皮帽手持盒子炮獐头鼠目满脸横肉,更像城市地痞流氓而不像革命者,十分令人不舒服。迄今为止,小昊在自己的生活圈里见到的革命干部大都是地主家庭出身的知识分子,中国的革命,几乎就是靠这些人充当教师和骨干带动目不识丁的农民完成的,所以只能是"农村包围城市"的武装革命,与马克思恩格斯设想的革命和列宁的苏维埃理想大相径庭。伟大领袖在山寨内讧林彪爆炸的失意当中,曾一度尝试回归马列基本教义,想把文革造反中涌现出来的"工人阶级优秀代表"王洪文培养为接班人,先是在1972年9月将王调进中央让"人民的好总理"当师傅传帮带,后又在"十大"上将王提拔为仅次于周的党中央副主席,但最终还是觉得此人非我族类难当大任,把眼光转向了邓小平并在1975年初将王送回地方。文革后人们知道,王到中央后不久,毛就让他去读线装书《后汉书/刘盆子传》,刘盆子是西汉末年农民起义军推举的有皇族血统的傀儡皇帝,不学无术,最后被俘成为阶下囚。可以说毛是要告诫王,你虽有正宗工人阶级血统但地位资历能力都不够,需要努力学习提高,否则会成为刘盆子;但是,也可以说伟大领袖既然已经在无意中以农民起义军自居,把"先进工人阶级"的王洪文当成刘盆子了,你如何能让一个刘盆子不当刘盆子呢?

伟大领袖自己就是地主家庭出身知识分子投身革命造反的典型人物,他一朝掌权后就立即自外于知识分子,给一般知识分子贴上资产阶级的坏蛋标签,为的是不准这些懂历史懂政治的人说三道四议论朝纲,以便自己稳坐江山,成为工农无产阶级永远的代言人,而在这个自称工人阶级是领导阶级的社会里,实在看不到工人阶级作为主体的独立作为,所以到了改革开放年代，他们的地位又落到"打工仔打工妹"的境地，成了国企变私企浪潮中怨声载道无可奈何的"下岗工人"，"代表"他们"领导"他们的仍然主要是地主家庭出身的"老一辈无产阶级革命家"和他们的后代——新一代权贵官僚资产阶级，这是后话。

1973年的八月，中国共产党召开了林彪事件平息之后的"十大"，包括邓小平在内的一大批被"九大"排斥的老干部重新进入中央委员会并回到领导岗位，大会号召全党"坚持无产阶级专政下的继续革命"，坚持"无产阶级文化大革命"，并预言"党内两条路线斗争将长期存在"。

到了1973年底，工地上大多数车间的基建已基本完工验收，进入了试生产阶段。

小昊的弟弟从农村写来的信，开始谈到一些消极的现象。他说整个公社除了两个大队的知青来源于原来的重点中学现在还比较勤勉振作外，其余很多知青都开始酗烟酗酒，无所事事，这些知青不再指望靠出工挣工分养活自己，他们已习惯靠父母的收入过日子，在农村和城市之间来回穿梭。"当我们还是赤脚敞着破烂的褂子在农田中干活时，见到那些穿着五光十色的新衣服到处乱窜游玩的同学时，真有点保尔见冬妮娅的味道了。"原来知青集体中大家境遇相同思想还比较稳定，现在有了招工升学的可能，虽然多数是空心汤团，但是却引起了很大的波动，尤其是1973年年中首次采用推荐与考试相结合招收工农兵学员。"成绩，水平，劳动表现，其实都不重要，家庭出身比较重要，但也不是问题的全部，你想想看，整个公社被推荐去考的共15人，竟然13个都是女的，而且绝大多数是初中生，这都是背后'众所周知'的社会怪相所决定的，我们这里的一个生产队长嘴上说'听说有个生产队长讲了，只要陪我睡一觉，就可以送出去读，我可没讲过那样的话哦！'你以为他是在表白自己么？其实大家都知道此人一向心术不正，他是在用暧昧的反话暗示女知青，他当然不敢正面这样说！"。到 1973 年底，弟弟经过当地外交部五七干校的培训被调到大队学校去做老师，他在来信中说："当沉湎于工作时，我可以忘掉一切，而当静下心来时，则会对前途感到恐慌。我最近看了狄更斯的《雾都孤儿》和《大卫·科波菲尔》，书中人物的高尚品质思想情操，令我们今天的人不甘落俗，书中有句话'在婚姻中，没有比思想和宗旨不合更大的差异'，我设身处地为自己一想，在这样的环境中要解决个人终身大事，对我几乎完全没有吸引力，完全是绝路。周围的女生都在心思活泛地谋求各种出路，你能想象左近已经有许多大城市的女青年与本地农民结婚的情景吗？她们已经完全放弃'旨趣投合'这个婚姻的基本要求了。我在这方面真的很绝望，不过你不要受我的影响，你和我环境不同，还可以在志同道合上争取一下。"

弟弟的信中说："现在插队知青都逐渐感受到了环境封闭和前景不明的精神困扰，有的在钻营招工上学的门路，有的企图通过婚嫁改变处境，而我们自己仍只能通过阅读西方经典文学来获得精神慰藉，有时用一具自己组装的电子管单管机收听来自 A 国的广播，了解世界大事，这些都算是打破封闭改善生活环境的努力。"

而小昊他们这个山脚下的工厂里的大多数职工居民并不太意识到自己生活在一个封闭的社会中，偶尔能在露天广场上看到八个样板戏之外的朝鲜电影《南江村的妇女》《摘苹果的时候》，已经很令他们满足。

芬兰赫尔辛基艾斯堡（Espoo, Helsinki, Finland），2015年7月。

友人家附近的湖，和平宁静的世界是世上多数人的向往。

48.

转眼到了 1974 年的春节,薄雪覆盖着整个工地,四处响起爆竹的声音,一派祥和喜庆的气氛。

工厂孤悬在南山脚下,生活区围墙内的居民除了到厂门口的小集市上去买点蔬菜,换点大米,和周围的农业社会几乎没有交集。内迁职工们最常见的活动就是在家里鼓捣出一大桌子酒菜,邀请老同事新朋友们喝酒聊天,这种聚会平时通常是借有人回沿海老家探亲的名义送行或接风,而春节假期间聚会就更名正言顺了。

和小昊同一间宿舍的小邓,去年和小昊的另一位同学,烤漆分厂的同事小美结婚了,搬出了集体宿舍住进了自己的婚房,春节里请小昊和小艾夫妇等好几个同学同事一起吃饭。这位小邓不知为何平时就特别以工人家庭出身自傲(其实小昊知道他和小美都不属于正宗产业工人家庭出身),爱谈家庭出身话题,这天酒酣耳热,他又开始从家庭出身角度分析婚姻嫁娶问题(小昊不认为他有谈论"恋爱"的品位):"轧朋友寻对象,顶顶要紧的就是成分!红对红!黑对黑!否则就是热昏!"小昊不清楚小邓仅是在为他自己的婚姻骄傲，还是在含沙射影，但却觉得小邓的话伤不到他，因为他自信自己的眼界和观念比小邓们高一个层次。他心里暗暗地想，哼，我就试试给你们看，就算失败了，我也会输得干干净净清清白白！

第二天，轮到小夏请小昊去表姐韦医生家聚餐，席上除了韦医生夫妇，还有小夏的妹妹和未婚妹夫，还有两个弟弟，大家喝酒聊天，一派团聚气氛，小昊觉得自己和小夏的整个家庭越来越熟络，反而产生了一点不自在。他知道席上的各位都是把他作为小夏的好朋友来接纳的，但是，以当下的社会习俗，这个"好朋友"的身份能一直维持下去么？不能的，要么进，要么退，联想到昨天小邓的话，他觉得形势已经在逼自己做出选择了。

在以往的交往中，小昊都是十分谨慎敏感的，好像是小夏进一步，他才进半步；小夏要是退一步，他就要退两步了，他不想伤害自己的自尊，也不想给小夏添麻烦，不料就在这样进进退退的攻防中，他和小夏的关系居然越来越亲密，但关系越近，彼此的张力也就越大，越敏感。当小昊试探着要把这种关系变成世俗承认的公开关系时，问题就浮上水面了。

自从春节在韦医生家聚会以后，情况就有点反常，来自小夏的邀约越来越少。以往都是在下班路上碰到了，一句"晚上来吗，到我那里"，小昊就可以去小夏宿舍随便聊一晚上，有时是托小邹带口信或字条，有时有不方便口头说的内容要讨论，小夏会写一封简短的信投在厂区门口的邮箱里，让这封信到县邮局去转一个圈再回到厂里的小昊手中。现在这一切都好像停顿了，路上碰到小夏，她只是像普通熟人一样地点点头，一笑，没有其他表示。他不想主动去挑破这个局面，但已经感到厄运临头。听小邹说，春节后小夏的母亲和哥哥都分别到厂里来过，但不见小夏向自己提起。

他在寂寞中不停地胡思乱想有关恋爱的种种观念，这三年来和小夏逐渐相熟相知的关系算不算一种"恋爱关系"？他觉得也算也不算。他历来无法接受那种"经人介绍开始处对象"的恋爱关系，两个互不熟悉的人一开始就抱着"我将要和你结婚组建家庭"的目的来相处，真是太令人尴尬了，在此阶段中如果一方还想考虑结识第三者，就被视作"脚踏两头船道德败坏"，而相处的结果如果有一方看不上对方，对另一方来说就意味着自尊心的极大伤害，他觉得这种方式真是愚不可及太违反人类相处的本性了，即使最后双方能够真正地了解对方，又产生了性爱，单是这种过程对他来说也是不可接受的。还有一个观念差异就是人们经常众口一词地反对"一见钟情"，认为这是只重外貌忽视思想品德的轻率不负责任，但他却认为，能够通过不多的接触一见钟情，是几十年的生活经验积累起来的一种深刻的洞察力，有这种洞察力的人不可能单凭漂亮外貌就随随便便对别人"一见钟情"，只有遇到知音才会激发这种洞察力，而世界上能够成为知音的人本来是极少极少的，是可遇不可求的。他和小夏，虽然已经交往三年，但其实一开始就是暗中的"一见钟情"，也是上天赐给他的一种幸运。现在他面临着失去小夏的痛苦，更念着小夏的种种的好，又不知如何去打开天窗说亮话，苦苦地纠结了近一个月，他决定用"反证法"去明确彼此的关系。

　　四月初的一天，他借着同宿舍的各位师傅上中班的机会约小夏来到自己的房间。她敲门进来了，脸上漾着笑容坐下，他控制着自己紧张的情绪，把手头有关小夏的所有东西：她的照片，各种短信纸片片，一本还没看完的《你到底要什么》，统统包在一起，塞到了小夏手中：

　　"诺，这些都还给你。"

　　"啥？这是什么意思？"她翻开来一看，吃惊地瞪大了眼睛。

　　"没啥意思，应该还给你的。"

"怎么了呀，你到底在想什么？有谁对你说什么了？"她好像一脸无辜，又好像在试探。

"没有啊，是我自己觉得应该还给你才对。"

双方都不愿意主动破题。

"我觉得吧，你可能想得太多了"这句话有点主动破题的意思。

"我就是没想太多，所以才把它们还给你啊！"他开始反击。

"你别绕圈子好不好？我知道你很聪明，但是这次你肯定是聪明过头了，"这句话有点凶，而且语意双关，好像是故意扮演恶人让小昊远离她的意思。

小昊觉得心里在流血，不想再说话，他拿起小刀开始削水果，那是下午他特意从小卖部买来准备招待小夏的，他将两个雅梨切成两半放在盘子里，对小夏说，哎，吃水果吧。没想到小夏的脸上突然掠过了一阵惊恐迷离的表情，连连抗拒说："我不吃，我不吃！"她看了一眼桌上的那个白纸包，迟疑了一下，终于把它拿到手里，站起身来像逃一般地匆匆地走出了小昊的宿舍。

几天后小艾找到小昊问，哎，你和小夏是怎么回事？她到我这里来一副很伤心的样子！小昊心想小艾这次可能会猜到他们两人之间"有事"，不过小夏应该不会在小艾面前说穿，于是回答说，没啥事啊，怎么了？小艾说，那你怎么请她吃梨还要切成两半，知道这是什么意思吗？小昊这才联想起那天小夏的惊恐眼神，他自己是个"彻底的唯物主义者"，从没想到女人们会有这么多迷信和忌讳，心里想这也好啊，嘴里不好意思讲的话碰巧让那个分梨的动作传达了，真是天意！

接下来的日子他就跌入了锥心的痛苦中，好像第一次体会到"伤心"这个词是怎么造出来的。他知道自己是失败了，也许失败的原因就是自己一向性格淡泊，没有主动性，没有好胜心？隐约地知道在动物世界的两性关系里，雄性总是主动进攻的一方，雌性甚至会因为被征服而感到愉悦，人不管如何聪明，也是动物的一种，应该也有这样的本性吧？如果他也像有些人那样，利用女性优柔寡断三心二意的心理弱点玩弄一套进攻方案，也许他早就成功了？但是小夏是一个聪明人，恐怕不会受这些小手腕的迷惑，他也不会丢掉本性对自己尊重的女孩那样做，但是，在支配和被支配的这一对矛盾中，哪里有正好适中的平衡点啊？你不去支配别人，若别人完全弃守任你占领你又觉得无趣，是不是这样？也许自己又犯了理想化的毛病？他就在这样的胡思乱想中一天一天地挨日子，有时他非常恨小夏的绝情，但是，隔几天又会在记事本上写下一行自我安慰的字："我还是爱自己的哥哥的，无论如何"。

他终于下决心要结束自己的惶乱颓丧，就此向过去告别。他在自己的记事本里写下了"不做恋爱梦，我们要自重"几个大字，这是三十年代的电影《新女性》插曲中的歌词，表达了那个时代女性开始觉醒，追求"无分男女，世界大同"的独立地位的呼声。母亲过去常爱唱这首歌来追忆她的青年时代，所以他对这句歌词印象很深。男人也应该独立自重，不要觉得没有女人就活不下去，追求事业，追求真理，才是人生在世主要的生活目标。

49.

　　大约十天以后的一天下午，小昊正坐在车间里解放牌卡车的翼子板上为端掉缸盖的发动机研磨气门，小艾跑过来一脸神秘地说，你晚上到我家来一趟。小昊带着忐忑的心情应约登门，小艾夫妇俩给小昊讲了昨天晚上的故事。

　　原来昨天晚上小夏跑到小艾家，说起了自己和小昊的事，说着说着就哭了。她承认自己和小昊之间有那种不用挑明的精神联系，但是，自春节以后父母发现了她和小昊有这种亲密的关系后，立即和小夏的哥哥一起对她施压，要她断绝和小昊的往来，原因当然只是那个罪恶滔天的黑色"家庭出身"，她不得不听命于父母，开始疏远小昊，但是，一面疏远，一面又从心底生出一百个不愿意，她觉得周围没有其他和自己相通的人。小夏甚至说，她知道小昊是一个极端重精神轻物质的人，但前不久小昊竟然费尽心力从老家城市买了一整套家具，赶最后一班内迁货运列车托运到了渭原，若不是考虑到她，小昊不会不顾旁人讥笑"对象也没有，买家具干什么"，厚着脸皮去做这样的举动，因此她觉得自己很对不起小昊。在小艾夫妇的劝慰下，小夏说她愿意和小昊再谈下去，一面尽力做父母和兄长的工作，争取他们的关系能够公开化得到大家的承认……。

小昊当时听到这些简直惊呆了，不停地搓着手叹气：这个小夏！这个小夏！原来就有点猜到小夏的疏远是来自父母的反对，现在终于真相大白了！而最后把两人的秘密摊开的主动者是小夏，自己作为男人在这过程中却少了一份勇气和担当，他觉得心有愧疚，觉得有点对不起她。

小艾夫妇语重心长地对小昊说，小夏也很不容易，因为有过一次挫折和伤害，所以她对发展恋爱关系也是有恐惧心的，不管今后成不成，你都要对她好一点，能和她做普通朋友也很不错啊……小昊当然唯唯诺诺。

那天晚上，他立即给小夏写了一封信，投到厂门口的邮政信箱里。

哥哥，

事至如今，我也不想多责备你，但有些事情应该要讲清一下。

那天在我宿舍你的态度是错的，你没有说真心话，却全部否定了两年多来我们相互了解的过程，你不感到自相矛盾吗？这两年的经历，应该是你比我心里更明白，因为一直是你的主动性大于我的主动性，而我总是尽力在减小影响，所以会这样无非是：1）因为我的家庭出身产生的自卑感（你说我有，我不承认，但应该算有的吧），2）我尊重小夏的意见，让她有充分的考虑和选择余地，3）我不忍心让她在这种事上再受伤害，若谈不成就悄悄熄火，尽可能减少影响。直至今天，我还是准备这样做的，但当时你竟然否定彼此关系的存在，为自己做下台阶，不能不使我感到痛心。

我相信小夏是一个有主见的女孩，尽管外界压力很大，最终是不会做违背自己原则的牺牲品的。关于在家庭出身问题上，我从来没有指望轻易地得到你父母的赞同，但我相信他们根据自己参加革命的经历，应该比我们年轻一代更加懂得，一个人在世界上要走的路，绝不是他的父母所能限定的。我所以不顾一切障碍，排弃一切庸俗议论来选择小夏，不是因为她的光荣出身，而是她的优秀品德，但我同时也对小夏父母的经历是很尊重的。我想，撇开意识形态上的分析争论不谈，我远离了自己的父母跑到三千里路以外的山区参加一个新厂的建设，并且将会同你一起尽心尽力地照顾你的父母，这本身不也是一种"背叛"吗？说到底还要我们做什么呢？该做的我们都做了，但仍得不到信任，一个人的思想意识是他的主观愿望和客观环境相互制约的产物，我只能做到这一步了。

下面我从自己的小日记（平时每天只有寥寥数字的流水账）摘出几条，向你表达我在这几年的过程中的一些想法：

"1971年8月15日

和邓，黄，韩师傅等去爬杨家沟，翻过三道山沟走上公路，向县城方向，从空军疗养院下。到陕西青工夏芷英家小坐，十分有意义的聊天，给人一种对美好精神生活的向往。"

"1973年5月8日

如果我真正爱自己的哥哥，我要做到：

1) 我的一言一行都要对他负责任
2) 我应该使自己在各方面都做得更好，不辜负他对我的选择
3) 应该尽自己微薄的力量使他有所发展，让更多的人看到他的美德和智慧，而不是陷于狭隘的私人感情让双方停滞不前。"

"1974年1月25日

晚上到小邓家聚餐，还有小艾夫妇等人。庸俗的议论滚到一边去吧，我宁可失败，也要清白，绝不做旧习惯势力的俘虏！

（写这段是因为自以为'工人出身'的小邓得意扬扬地在

饭桌上宣称'轧朋友寻对象最重要的是成分：红对红，黑对黑，否则就是热昏')"

"1974年1月26日

到表姐韦医生家去聚餐，还有小夏的两个弟弟和未来的妹夫，我在进一步熟悉小夏的整个家庭"

"1974年2月28日

为什么只从消极方面去考虑问题？我爱我的姐姐，我要使自己使她都变得更完美，我要拿出我的全部身心去爱，我一定要做到！"

我要写的就是这些，我的意思相信你都能理解。爱情这种感情就是我中有你，你中有我的，当我看到你眼中欣喜的光芒时，我觉得站在我眼前的就是一个女的小昊，是我的另一半，我们是如此的不相同，又是如此的相同，当彼此的思想感情互相渗透融为一体时，当我感到我透彻地了解小夏的一切可贵品质，以及她的缺点弱点时，我不相信小夏会出于本心对我说"不，我不了解你，我不要你"。我自己的缺点和教训就是消极性，被动性太强，看上去是出于好心，实际上是对自己，对小夏都不负责任。我现在真的不想放弃对自己在三年的共同劳动生活中结识的好同志，好朋友的要求，我想继续按自己的愿望向前走，让事实来给我们做最后的结论吧！

脑子很乱，写得也乱，看后请毁掉。

依旧忠实于你的弟弟

五月初的第一次新约会定好是星期天一早去后山杨家沟，但结果接头地点理解有误差互相走丢了，于是又托小艾带口信重新约定：晚间七点半到厂区门口，两人保持距离分别向上走，在厂区最高处的铸造车间碰头。

晚间的厂区大道上一般是没有行人的，但两人一前一后地在大道上往上走时，突然发现远处有人走下来，只好马上躲进路边的石榴树丛里，那帮人打着手电哇啦哇啦地讲着话走过，两人都有点紧张，小昊感到小夏发烧的脸庞在靠近自己，听到了她的耳语："完了，这下子团委委员当不成了，"所幸，那些人没有注意到他们，慢慢走远了，两人这才松了一口气，小昊回味起刚才小夏戏谑的耳语，感到有点血脉偾张。

终于到了没有一丝灯光的铸造车间，高大的车间里的南边一跨流水线已经投产，北边一跨还搭着脚手架正在安装型砂输送管道，两个人一脚深一脚浅地踩着黑色的型砂，头顶上和身边是影影绰绰像黑暗中的怪物一般的机器设备，就在这样的环境里开始面对面谈话。

两个年轻人谈"恋爱"的内容，竟然是从父辈在风云激荡的1938年的经历开始的。

那一年，小夏的大伯和小夏的父亲——地主家的大少爷和三少爷，都在西北农学院读书，国难当头，毕业即失业，校园里没有一张平静的书桌。国民党和共产党两方的人员，都在校园里积极地拉拢年轻的知识分子投奔自己一方。"每天各个教室都有慷慨激昂的讲座和扎堆的小组讨论，这个说三民主义好，那个说共产主义好，我爸和我大伯今天去听听觉得这个好，明天去听听又觉得那个好，最后我爸选择了去延安，在中央党校培训了一年多就被派回老家附近担任地下县委书记，而我大伯后来在重庆和南京当了国民党政府的大官，开始想的都是抗日救国，后来走的道路就完全不一样了，一红一黑，你死我活，其实在最初可能只不过是一念之差哎⋯⋯"小夏这样坦率地告白。

而小昊的父亲，那年已是一个在大学毕业前后工作了近两年的战地记者，十月下旬日军逼近战时首都武汉，他好不容易在八路军办事处和新华日报包租的小火轮上定到一个铺位（实际上就是底仓堆放的印刷机和白报纸卷上面的一个空隙）从武汉撤退，当轮船开到长江边嘉鱼县一个小村停船躲警报时遭日军飞机低空轰炸扫射，船上七十多人遇难，船沉入长江。小昊的父亲因为和两个同行下船躲警报后稍晚一步登船，趴在岸边的菜地里一丝不动装死，侥幸躲过了敌机的轰炸扫射，也算九死一生，之后一路颠沛流离，先到长沙，最后到了重庆。

"那你爸为啥后来要反对'我们'，结果让你倒霉受那么多委屈？"小夏用开玩笑的口吻审问道，小昊知道小夏多少懂得反右是怎么回事，并不介意她的玩笑。

小昊告诉小夏，反右时自己只是一个小学四年级学生，怎么也弄不懂这个不久前还带他去看电影《沙家店粮站》《铁道游击队》的父亲竟然是和日本鬼子，国民党匪军一样的"坏人"。直到文革，小昊才知道了父亲最关键的反党罪证右派言论就是在领导再三号召整风催促向党委提意见时说出的一句："肃反运动时对知识分子的审查方式太过火了，伤害了知识分子的自尊心"。当然，除此之外，小昊自己猜测，作为一个在二战期间和49年前有过一番作为的记者编辑出版人，对49年后密不透风的"舆论一律"感到憋屈和反感，也是很可能的。记得小时候听到父母忧心忡忡地谈论，说连胡风这样的左翼文人都成了反革命，那旧社会过来的知识分子还有几个能保证自己的安全？没想到隔了两年他们的担心就成为现实，轮到他们自己遭殃了。他把这些都讲给小夏听，说明父母和党确实不在一条船上，不是一条心。但是他又说，这世界上真的有唯一的真理和一致公认的事实真相么？说到底还不是各方都有各方的立场，各方都有各方的说法。共产党要巩固新政权，担心出匈牙利事件，要"先发制人"地整肃知识分子，对"你们"——他指着小夏说——来说是正确的；而以父亲这种类型的知识分子的立场，"我们"这些罪人哪有"你们"的报纸上宣传的"刻骨仇恨共产党"那么凶恶可怕？父亲49年前在共产党方面也有不少熟人和朋友的，因为发表了较多来自八路军新四军方面的抗战新闻图片，还会受到来自国民党方面的骚扰和威胁，甚至还莫名其妙地在重庆坐过半年牢。知识分子本来在国民党和共产党的夹缝中已经很难维持独立的观察思考了,现在连刘少奇林彪这些几十年的老革命都成了反革命,你让下面的老百姓怎么判断是非黑白?老百姓所能做的,只是在思想上顺从胜利的一方掌权的一方而已。各种舆论,都是根据某一派别某一时期的立场和需要出发的,掌握最高权力的人,自然代表了最高的唯一的真理,如果反过来像你上次讲的不去"盲信"的话,真理就很难是唯一的了。

小夏说,她父母亲在文化革命中和延安审干中,也遭遇过很多令人难堪的肉体和精神折磨,但这些磨难都无法动摇父母这辈人对共产党的信仰,她自己也认为,从共产党成立以来这么大一场革命之所以最后能胜利,肯定是因为顺应了历史的潮流,有它的合理性,肯定包含了无数人的理想,信仰和献身精神,单靠少数人的野心和权术阴谋肯定是不会成功的,对此小昊说他也有完全同样的想法。小夏接着又说,不过经过文革,我们这代年轻人真的已经不再单纯不再盲信了,从"三年自然灾害"到现在的一系列运动,可以隐约感到上面领导们的"党内路线斗争",肯定是和"党内权力斗争"纠缠在一起的,就像刘少奇说的什么"几种矛盾的交叉",既然有权力斗争掺杂其中,那么路线斗争原本的是非黑白就可能不那么真实不那么纯粹了,也就没有什么绝对真理了,你说是不是这样……,小昊对小夏的想法不能赞同得更多,他对一个女孩有这样的思辨和逻辑推理真的十分钦佩。

就这样,不是在花前月下,而是在夜色笼罩的铸造车间里,两个心灵相通的人细声娓娓道来,聊到将近凌晨。谁能想到两个年轻人正式开始"谈恋爱",谈的内容竟是这些?正所谓"我不想关心政治,而政治一直在关心我",小昊在尝试寻找自己的终身伴侣时,不得不企盼对方能够在政治上理解他,否则就没有共同的基础。而他又不愿意在寻找伴侣时先入为主地"黑对黑",因为他深知长期的家庭出身歧视必定会在人的性格心理和思想上造成一些扭曲,他不愿意让"两个消极性"碰在一起。能够和性格阳光自信的小夏发生精神上的碰撞，让小夏理解他，他觉得这是他的一种人生抗争的胜利。随性的谈话没有一个明确的总结，也不能解决所有的迷思，但和一个能理解他的人对话，他觉得自己的思路变得清澈敏捷了，说话也不诘屈木讷了，这真是一种令人欣慰的感觉。

　　普通老百姓经过长期单方面舆论的熏陶，都把各级"革命领导干部"当作头上戴着红色光环的天生的圣人，而把"黑五类"地富反坏右当作天生的恶人，而小昊和小夏因为较多地了解父辈的真实经历和因缘际会的历史风云，破除了红与黑之间的壁垒，互相走进了对方的精神世界。

50.

    他们又开始频繁地约会，有时在小夏宿舍，有时在表姐韦医生家，有时是周末和其他人一起去县城小夏家，小夏父母可能是住到乡下亲戚家去了，始终不见人影。

    也有几次是小夏约小昊周末单独去县城她们家，在庭院里促膝长谈，然后傍晚时沿着山下农田中的小路慢慢地走四五公里回工厂。虽然仍没有公开的恋爱关系，但是在夕阳下周围无人的田野里，两人像孩子般的手挽着手，在炽热的手掌中里传递着彼此的信任和亲密，真的感觉到比一般人的恋爱还实在，那是他们最幸福最甜蜜的时光。

    经常在田野漫步，小昊再次领略了关中平原上的神奇地貌：一条黄土沟，隐藏在远离山脚宽阔的绿色原野中，两边的沟壁几近垂直，只有一人多深，两米多宽，却连续蜿蜒了几公里，这难道是什么年代地震产生的地裂缝，还是古代的隧道遗址？小夏带他走这条地沟，头顶上两边是长着麦苗的寂寥的农田，稍远处即使有人也完全看不到沟里的他们，两人就在这沟底下一面走，一边聊，直到靠近工厂那个无名帝陵封土堆才爬上地面。

还有一次，他们沿着山下的村路行走，不知不觉已经过了工厂后面的杨家沟口，进到另一条山沟里，试着往里走了几百米，突然被眼前的景象惊呆了，那完全是一个世外桃源般的仙境：清澈的溪水在石涧中潺潺流动，水面间或散布着几块苍翠的岩石或横倒的枯树，两边是布满绿色青苔的斜坡，两岸盛开的杏树向中间伸出枝干互相拥抱交织形成一条遮天蔽日的花巷，绿色的小溪就在这条的粉红色花巷下蜿蜒伸展通向远方，几只黑白相间的喜鹊在溪边跳来跳去地汲水，在平滑的青苔上留下了一串串爪印，似乎完全不理会两个生人的闯入。他们都看傻眼了：世上竟有这样童话般的美丽仙境，而且就在自己工厂的后面！两人会心地微笑着互相望了一眼，好像在寻求什么，等待什么，终于，第一次互相吻了一下，但只是轻轻地点一下就分开了，好像既觉得不能辜负这样的美景，又觉得彼此的关系还不到足够的深度，不足以和这样美妙的仙境相匹配。

也就是在这样频繁的交往中，小昊慢慢体会到了小夏的情绪波动，她心情好时兴高采烈大声叫嚷，心情低落时则一脸沉思闷闷不乐。因为有来自小夏家庭的阻力，两人都感受到把这种关系变为公开绝没有想象的那么容易，过去小昊是你进我也进，你退我也退，而现在的小夏是你进她就退，你退她又进，始终带着一分犹豫不决。小昊很体谅小夏的难处，他知道这个问题不是靠苦口婆心的说理就可以让人幡然觉悟的，不是那样的情况，小夏本来就是那么聪明的人，他只能耐心等待。

小夏的哥哥奉父母之命接二连三地给小夏来信劝阻小夏，小夏每封信都拿给小昊看，小昊一般是稍微瞄两眼就放下了，他知道这些信不会去触及这个道理：为什么小昊的父亲是坏人，为什么小昊是不可接触的贱民，它们只会说，接纳小昊，会损害我们家的名声和利益，尤其会损害我这当哥哥的大好前途。小昊看过小夏哥哥的最后一封信，末尾是这样写的："哥哥今天也不怕丢脸把话讲开，妹妹，你毕竟是女人，现在谈谈恋爱好像浪漫得很高雅得很,但将来你总是要结婚生孩子的,你是愿意你将来的孩子成为革命事业接班人呢,还是愿意你的孩子一生下来就是个可以教育好的子女呢?……"看到这样的文字,小昊内心的愤怒和嘲笑突然爆发,一下升到顶点:哦,你一个读过大学的军官,就这点见识!你是读大学读傻了,还是部队把你教傻了!对,我小昊是"可以教育好的子女",而且将来有孩子也仍是"可以教育好的子女",真是托您的福我们这些黑人黑户是"子子孙孙无穷匮也",那么,这个古怪称谓的发明人伟大领袖毛主席在1968年12月26日的生日发表这条关于"可以教育好的子女"的"最高指示"时,怎么没有想到他自己才是中国头号"可以教育好的子女"呢?当他1936年还是一个雄心勃勃的革命者时可以坦然对美国记者斯诺承认自己家是有好几十亩土地的"富农""小地主",为何坐了江山就变得如此虚伪如此封闭如此僵化可笑?自从他发表了这条指示,所有关于重要会议的新闻报道在罗列出席人员时都要说:"参加大会的,有工农兵代表,革命干部代表,革命知识分子代表,可以教育好的子女代表……",俨然中国已经在"黑五类"或"黑九类"之外又出现了一个新的坏蛋阶层贱民阶层,为永不消停的阶级斗争提供靶子,这些有原罪的人中只有一部分有可能被教育好,其他人可以老老实实争取被教育好,但眼下必须归属于好坏难分不可信任的可疑分子……何其荒唐!何其愚昧!小昊正怒火中烧地在心里发泄他那些尖酸刻薄的讥讽,回头却看到了小夏温润的目光:"你对我哥有意见可以直接写信给他,不用对我说哦……",他一下子心又软了,他知道小夏并不会赞同她哥哥,但人家毕竟是兄妹,怎么说好呢?

夏日里的某个星期天,他忍受不了好多天没见小夏的空虚,又自己跑到县城干休所去找她,记得前几次小夏的父母都是不在家的,但是这次小夏的父亲出现了。小昊正坐在树荫下的小板凳上等小夏在屋后煮茶,一个高个光头的男人走到了自己的跟前用沙哑的声音问道："请问你是谁，到这里来干什么？"小昊意识到这肯定是小夏的父亲，他以前在她家的照片册里见过，当时小夏告诉过他，父亲的大脑因坠马受过伤，病情时好时坏。小昊觉得不能和一个头脑不健全的人较真，便淡淡地回答道："我来找我同事小夏，"这个男人听后又愣头愣脑地开腔道："我看你没啥事就可以走了，我这里不欢迎你，"这时小夏听到声音端着茶杯赶过来朝小桌上乒地一顿，一脸愤怒地推着她爸说："回你屋去！这是我的同事！我的朋友！不用你招呼！"她父亲一面挣扎趔趄着后退，一面大声吼着说："交这样的朋友，怪不得年纪轻轻就不想入党了！"这句话小昊觉得明里是对小夏说的，但也是说给自己听的，此时此地的他忽然感到事情被点破了自己反而勇气大增，一点不觉得自己"这样"的人有何低贱，也不觉得自己有"妨碍小夏进步"的负罪感，他冷冷地坐在原地，纹丝不动。

等父亲退远了，小夏回到小昊身边坐下，沉默了半天，一脸哀怨地对小昊说："看见了吧，这就是我爸的态度，当然他不该对你这样，但你只碰到一天，我呢，几乎三天两头，或者说每时每刻都要看他们的脸色的，你让我怎么办？"小坐一会，两人就推起自行车回厂。

一路上两人都无话可说，小夏只说了一句："怎么样，我们还是不谈了吧？"小昊只是沉默不语。

两天后，小昊收到了小夏的信：

"小昊，

多少天来我彷徨得连我自己也感到厌烦，就别提你的心情了。当我看到你时，我是无法抑制自己的感情的，但要我做出最后的决定，这个决定是如此可怕，以至于我当着你的面是无论如何讲不出口的。小昊，我们不谈了吧，你能答应我的要求吗，要是你真心地爱我。我的力量太弱了，面对强大的习惯势力，我对我们的未来失去了信心。失去你对我来说是相当痛苦的，每当我想到这我心底总是冒出一个声音说：不啊，不能这样！简直像丢掉一生中最珍贵的宝贝，但是我们这样下去会有什么结果呢，我还是会摇摆不定的，一直这样下去，要折磨死人了。你看到这里，一定会骂我的，骂吧，责备吧，这样我才舒服些，是我不好，做了该骂的事，要是你取了相反的态度，我倒觉得这样的人没有血性了。对我这样的人是不能原谅的，你说过我是自作自受，谁种下仇恨他自己遭殃，我心里最明白在这件事中我应该承担的责任，我心里内疚到极点。我想到过我说过和做过的那些反复无常，但是主要还是因为你的为人，使我一直无法做出最后决定，但你不觉得我是多么勉强吗，我处的地位太憋屈了，我们的幸福太痛苦了，代价太高昂了，我是得不到这种享受的，人间的悲剧总是比喜剧多。

小昊，在我们的交往中，我从中——从你身上得到的是很大的教益，交往越深，越觉得你的为人是少有的，思想性和洞察分析事物的能力是不同世俗的，你让我看到了自己不足的一面，你给小邹的信中指责我的地方，我丝毫不想责怪你，我只觉得是很对很客观的。"大家都把朋友这个词滥用了，其实一个人一生只能有一个朋友，而且还是很少有人能有这种福气，这种幸福是太美满了，一朝得而复失，简直让人无法忍受……"但是人生会教会你做到你无法做到的事，历史会教你淡忘一切的。

我心里很明白我的这个决定无论对你对我都是非常非常不好的，我原来也憧憬过我们未来美好的生活：舒适简洁的环境布置，饶有兴味的交谈，充满艺术氛围的业余生活，但是这一切都是多么的幼稚，我不是活在真空中而是在现实中，我不会有好的命运的，任何时候都会因为违背了父母的意志而烦闷，因为做了负心人而内疚。现在我做出这样的决定，对我自己意味着什么，都不敢想象，这后半生只是为了"别人"而活着，为了年迈的"爱我"的他们活着……不要用我们恋爱中的话来勉强自己吧，为了我，把我忘掉，让我们去进行没有爱情的婚姻，去完成普通人的历史使命吧。我看透了我自己，我只配做殉葬品！

原谅我给你的第二次创伤（本来第一次就够受了），但我的思想不依我的意志为转移，当时它是那样想的，现在它又要这样想，别看你嘴里一直坚持不渝，我想你思想深处也一定有失败的准备的。

我现在对你的唯一要求，只是振作精神，努力上进，颓废是会毁了一个人的。我愿意继续做你忠诚的朋友，能答应我的要求吗？我知道这一点非常不易，尤其是对你，难道我们会像世俗之人那样反友为仇吗？那会使我最最痛苦的。

请提出你对我的要求。

尊敬你的爱你的朋友 英 74.6.6"

对于这样的信，小昊觉得无法回答。

在接下来的时间里，如果他感到小夏又在疏远他，他也会做出同样的反应，觉得只有这样才能维持自己的自尊，比如有次小邹约他去宿舍聊天，见到小夏回来了，他就起身离开，仅和小夏点一下头而已，倒好像他和小邹是朋友，小夏只是一个陌生人。事后他觉得自己很没风度很没气量，但又拿本性如此不会虚情假意来为自己开脱。

有时彼此分开超过一个多星期，小夏又会主动来约小昊，令小昊猜想是不是她父母方面的压力减轻了，或是她又从谁哪里得到开导和精神鼓励了，但是，他从没有正面去回答小夏的信。

两个人的关系就这样若即若离，时冷时热地维持着。

51.

到了七月份,小艾夫妇回老家探亲,把房子交给小昊照管,并开玩笑似的留了一句"让你们谈恋爱方便点",于是他和小夏有了一个可以长谈的约会地点。但尽管有时谈得很热烈,有时争得很尖锐,彼此的关系仍时近时远,扑朔迷离,不能到达确定可以公之于众的地步。

他有时会口不择言地怒斥小夏"水性杨花,反复无常",但是小夏只是默不作声听他讲,他骂完了又觉得于心不忍,心中泛起爱意,把小夏的手揽在怀里轻轻地抚摸,像是要用手掌的温度传达自己的歉疚。

想到小夏将来可能会离开他,去嫁给一个类似她哥哥那样的军人,会和一个那样的男人睡在一条被窝里,他会觉得妒火焚身难以容忍,他会胡思乱想,是否可以通过性的进占,去达到心灵的进占,把两人的关系确定下来,像世间俗人所说的那样,将生米做成熟饭……但是,这只是荒唐猥亵的一闪念,他不相信自己真的会那样做,他在学校时曾经认真分析自省过,这种令人羞愧的一闪念不能代表他的本质。

他一直本能地觉得,上帝在创造人类的胴体时,肯定是故意在与性有关的某些部位留下了更多的体毛，目的就是为了警醒人类不管其智慧和文明如何发展，在性这方面都免不了兽性的遗存。这些部位从美术观点（aesthetic perception）来说完全不具有人体美，而是令现代人感到丑恶猥亵和羞耻，所以现代人始终处于性困惑和性压抑的矛盾之中，一方面会有强烈的情欲性欲和性幻想，一方面又耻于启口谈性不会纵欲无度。只有双方的灵魂和精神之爱和情欲肉欲同时达到了最高峰进入天人合一灵肉合一境界的一瞬间，现代人才有资格忘记肉体交合的羞耻和猥琐。记得恩格斯好像在他的哪本书里说过一段话，大意是只有当英国的工人阶级（革命导师当年心目中最先进的人类）能够在酒吧里坦然地谈论昨晚的床事时，才能证明他们的思想已经完全地得到解放了，这大概就是人类抛弃性压抑性困惑彻底解放自己思想的共产主义理想境界吧，可惜恩格斯大约也低估了英国工人阶级和这个共产主义境界之间的距离，人类离这个境界还遥遥无期。

心灵在想着疏离，身体却有了靠近的环境。那天下班时约好晚上在小艾的房子见面，不料到时候忽然天色大变，乌云压顶狂风四起，霎时间就电闪雷鸣大雨倾盆，双方都疑心对方不会赴约了，结果却都打着伞来了，不知是觉得这样的天气约会别有意境，还是心有某种灵犀。他们没有开灯，也没有多说话，事到如今，一切话语已经显得多余，两人心中大概都在默忆这几年一路走来的苦与甜，静静地倾听一声声炸雷在闪电后爆响和狂乱的雨脚打在窗玻璃上的声音。终于，那种强大的亲密感笼罩了他，他把她抱起来放到床上，开始试着解开她胸前的纽扣，她用一只手紧紧地护住领口，低声抗拒道："不要，那是丑的，"他又用一条手臂从后面托住她的后颈和肩，另一只手伸到了她的裙子底下，轻轻地触摸腿上冰凉柔滑的肌肤，并一点一点地向上移动。两性的终极碰撞就在眼前，他开始觉得自己的呼吸变粗了，喉头发紧，胸腔淤塞，身体像着火一样的烫，也许，就这样再进一步，就可以从肉体的进占完成心灵的进占，让一切问题迎刃而解顺理成章？他不知道自己是否可以做到这点，但却知道自己已经走到了悬崖边上，面临人生道路的诘问。

一道雪亮的闪电令他看到了小夏苍白的脸色和迷茫的眼神，听到她用几乎听不到的一丝声音喃喃地说："唉，你就把它拿去吧……"，随后窗外响起了一声惊天炸雷，那雷声像是在警告小昊：那一丝异常的声音不属于小夏的本性，不管那是屈服、无奈、还是怜悯、矫情、或是放纵……，哪怕只是小夏本性中的千分之一，都是他不能接受也不应该接受的，仿佛就是这一声炸雷，触动了天地间神秘力量的开关，刹那间让他感到整个世界的大海都在他身后退潮……窗外哗哗的大雨声仿佛变成了长长的，安详的退潮声，退后，退后，退后……放松，放松，放松……奔涌的热血回到了身体原来的部位，两个可怜的人终于互相拉扯着在悬崖边止步了。

他扶起小夏，为她整好衣领，不知算是表达歉疚还是安慰或是鼓励，轻轻地拍了两下她的后背，没说半句话，然后，头也不回地，在过道里拿上伞，自顾自打开门走了。

小艾夫妇回来后半个月，小艾向小昊转达了小夏要求分手的最后决定，据小艾说，小夏是哭着把自己的决定告诉小艾的，她说她小弟最近参加了空军招收飞行员的考试，所有体检都通过了最后却被告知政审复查不合格，原因是小夏的一个大舅抗战时在学校集体加入过国民党，自1938年就参加革命的老干部母亲为此痛彻心扉，整天在家愁眉苦脸唉声叹气，下决心再也不能让家庭成分政治面貌问题破坏他们家庭成员的前途，所以直接命令小夏立即和小昊断交。小昊听了也很绝望，长时期的反复纠结终于走到了尽头，多少年来他第一次泪流满面了，但是他好像不是在哭失去了小夏，而是在哭这个世道。他哽咽着对小艾说："这个社会怎么会是这个样子的啊？好好的道理不去讲，一个劲地钻牛角尖，一个劲地自己折腾自己，自己糟蹋自己？！他们怎么就这么弄不明白，偏要把好端端的东西破坏掉？"他在这里说的好像是小夏的父母，又好像是那个用荒唐的"阶级路线"自我标榜自欺欺人的社会。

到八月底，两人又平静地办了一次分手交接，互相归还彼此的物品，小昊给小夏的哥哥写了一封信，封在白信封里托小夏寄出，他确实不知道她哥哥的通信地址，他也确信按小夏的性格她绝不会打开信去看他写了什么。十几天后，从小艾那里传来了小夏的信息，说是她哥哥看过信后气得发狂，把信撕得粉碎扔了满地，半天一言不发。

小昊听了心中暗自高兴：你也有无话可说的时候哦！小艾则埋怨道："你给他哥哥写了什么啦？既然分手了这又何必呢？"小昊没有回答小艾的问题。其实他只写了半页信纸的字，内容是先称赞他作为哥哥对妹妹的婚恋和前途的关心，然后告诉他，自己已经把一个完好的小夏还给他们家了——无论是精神还是身体都没有受到任何损伤，今后自己不会再去打扰小夏，请他放心，最后又补上一句："但是在此时此地，我不能不联想起夏芷英的第一个对象在分手时对她所作的一切，此人在家庭出身上是你们的同类（父辈是红的，祖父辈是黑的），与他相比，我不能不为自己的自尊感到骄傲。"——难道这样刺一下陶醉于红色出身的人不应该吗？

在以后的几个月里直到次年年初，小夏又有几次托小艾传话要求再见一面，但都被小昊坚定地拒绝了。他知道有些情况下人们在恋爱分手后仍旧可以做好朋友，而有些情况下不行，至少是暂时不行，对他而言这主要是因为他清楚地了解了小夏父母的态度和小夏自己易于波动反复的性格。他觉得自己的决绝，心底里是为小夏好，是一种对小夏的祝福。

1975年年中，团委委员夏芷英再次经推荐和考试进入省城一家大学去读工农兵学员，离开了南山脚下的这家内迁工厂，小昊从此再也没有见到过她，这是后话。

52.

　　他很早就看过恩格斯的《家庭，私有制和国家的起源》，书中浩瀚的史实，深奥的思辨，艰涩的译文，令他只能吸收其中零星的语句，但还是深深地渗进了他的性爱婚姻观：人是从蛮荒时代进化而来的动物，经历过群婚和对偶婚时代，"体态的美丽，亲密的交往，旨趣的融洽，是异性产生性关系欲望的基本条件"，而"现代的性爱，和古代人的单纯性要求（情欲），是根本不同的"，它应该是以双方互爱为基础，并达到"这样强烈和持久的程度，如果不能结合或彼此分离"，将是极大的不幸。但是现代的婚姻，即专偶婚，仍然是财产私有制的产物，"财富必须传给这一男子的子女"，因而造成了在性关系上的男女不平等，因而这种不完美的婚姻始终不能摆脱对性爱的压抑，始终离不开通奸和卖淫的补充。而只有当包括生产资料在内的绝大多数财富变为社会公有（就是到了共产主义理想境界吧），旧的以经济财产为基础的婚姻制度才会消亡，那时爱情将是婚姻的唯一因素，只有到那时，人们才可以实践"以爱情为基础的婚姻才是合乎道德的，那么也只有继续保持爱情的婚姻才合乎道德。"

我们现在的婚姻制度和婚姻观念仍然是"不道德"的，仍处在私有制财产观念的束缚中，但是我们自身应该有前瞻的超越的眼界。然而，大多数的群众看过革命导师恩格斯的书么？他们有这样的眼界么？应该是没有，他们都毫无醒悟地固守着代代相传的传统婚姻观念。来自老厂的城市小市民，一谈到介绍对象，毫无例外地首先发问："家庭出身怎么样？屋里厢经济条件怎么样？"家庭出身看上去是神圣的"政治条件"，但其实也是一种潜在的经济和财产，因为只有家庭出身好，将来才有可能提拔干部当个科长什么的，才有机会出差在微薄的死工资外捞点出差补贴之类的外快，当年一般小市民的眼界也就是这样。勾连一桩婚姻，就是在天平两头上放上双方的"家庭出身，经济条件"两个大砝码，然后再加上相貌、健康等等其他条件的小砝码，如果大体平衡，做媒就容易成功，背后的算计和做买卖一般无二，但是他们自己不大会意识到。那些来自本地农村的人群，一方面在触及男女关系问题时喜欢骂人下流不要脸以显示自己的道貌岸然，喜欢参与工厂宿舍里的各种捉奸行动以维护人伦风化，另一方面又喜欢在婚礼闹新房时参与各种丑陋淫邪的恶作剧，例如让新郎胯下绑一根擀面杖而让新娘胯下绑一个纸卷反复抽插，引得众人哈哈大笑，不知为什么这反倒不算下流，小昊搞不明白，这是否是在性压抑下寻找借口进行恶性发泄，还是人类性道德的返祖现象。

多亏家庭出身的颜色保护，小昊的短暂恋爱在厂里没有引起任何风波和议论，除了极个别人都无人知晓。但是，当和小昊同龄、以前和小昊同室的运输队调度员小庄结婚以后，许多人开始注意到小昊，要给他介绍对象。

"怎么样？我来给你介绍一个？"

小昊坐在解放车的翼子板上研磨气门，这辆车的女司机坐在对面的翼子板上向小昊发问，她昨晚刚参加了一场乌七八糟的闹洞房，正对别人的婚姻大事兴致勃勃。

小昊笑着摆摆手，表示不需要。

"为啥不要？人家可是工人出身，你嫌人家啥？"她当然不会先提示女方姓甚名谁，却逼问小昊嫌人家哪里不好。

小昊心里在想，这样随便介绍的对象，绝大多数可能，于他来说双方思想不合拍，精神没有相通之处，但是周围没有那样的语境，这些文绉绉的话他哪里说得出口，无法表达自己的意思，他只好无奈地举起右手食指对自己脑门画了个圈，暗示问题是在此处。

"啥？你嫌人家思想不好？人家可是评过两次先进的，你还能要求人家是个党员？哎！"

话不投机，女司机一脸不高兴地爬下了翼子板，介绍对象往往包含着这样的风险：拒绝介绍也就是不给介绍人面子，看不起介绍人。后来听说这个女司机在背后发牢骚，埋怨小昊"自己成分这么高，还想要挑三拣四"，小昊知道至少在中国北方农村地区，"成分高"这个说法很奇怪地不是指"成分好"，而是指地富反坏右和资产阶级这类黑暗低贱的家庭出身，对此他只好抱歉地苦笑。

过几天装卸工里的一个班长当地人老侯也跑来找小昊说媒，笑嘻嘻地把胡子拉碴的脸凑近他的耳朵：

"是这像况，人家女娃哩是咸阳纺织厂里的保全工，啥都不错，就是一条腿有点瘸，不影响走路哦，你看咋向？"

"不用了老侯，谢谢你……"

"哎，甭难为情，好事么，那额就去和人家说咧……"

"不不不，我的意思是你不要去说……"

"哎，甭难为情，甭难为情，额这就去说……"热心的老侯不管不顾地嘴里念叨着喜滋滋地跑开了。

几天之后的星期六，小昊正在钳工台上铆黄河车的离合器摩擦片，老侯凑到小昊跟前说，那个纺织厂的女工已经被约来了，明天到县城他家去见一面。

小昊真的是又惊又怒："这是咋咧？我不是明明白白告诉你我不要你去约人家么？"

"啥？你啥时候跟我讲过不要？你不就是难为情不好意思么？"

"啥不好意思？我根本就没同意你去约人家！"

"好好好，就算我听错了，现在人女娃娃家已经来了，你就给我个面子，去见一面好不好？又没让你一定要相中，没让你马上结婚！"

"不去！我没有让你去约人家，你硬把人找来，叫我咋办？"多年来的生活经历让他造成了说话直来直去不会圆滑迁就的脾气。

"你是嫌人家哪里不好？你倒给我说说，"又是这么一说，还不知道是谁，就反问你嫌人家有什么不好。

"我没有嫌人家哪里不好，我是根本就没有同意你去约她来！"

"胡说！你就是嫌人家腿瘸！是不是嘛！你真是给脸不要脸，也不看看你自己是啥货色！"老侯开始不讲道理，他跑到运输队的场院里乱吼，诉说他的一片好心碰到了驴肝肺，引来了一帮人围观。

话说到这份上，小昊又只能祭出他的传统法宝：关闭寨门，鸣金收兵，任凭对方叫骂，不再出战。

他听到围观者中有人在附和老侯，那是另一个装卸班长老鲍，老厂内迁的装卸工，曾经当过码头工人。有次小昊不经意说漏了嘴让领导知道了老鲍每次去农村给厂里拉西瓜都给自己家预留一堆不过称不开票，从此和老鲍暗中结下了梁子。

"就是就是，这家伙什嘛东西！老侯你不要和他这种人置气，日他妈妈的，老子祖上八辈子都比他这种人干净！"老鲍终于找到了一个报复的机会，带着一脸骄傲开心地说。

"就你这号人，把毬毛等白了都甭想娶上媳妇！！"老侯在场院里跺着脚对小昊大吼，宣布了他的最终结论。

别出心裁的恶浊诅咒让老侯觉得自己挽回了面子，成了最终胜利者，而小昊并不感到自己受了多大的羞辱，他习惯性地躲进自己的硬壳里，用"毕竟不是一个层次的人"来安慰自己同时也谅解别人。他只是感到，在这样的环境下，自己那种追求心灵伴侣的婚恋观确实是该去死了。

几天后，他把当年晓枫的十几封信整理出来打包寄还给她了。前一向从同学处传来消息，晓枫上调回城后在百货公司做营业员，交了一个在报社工作的男友，估计一两年内会结婚。虽然原信全部寄回，他还是忍不住抄了几封留作纪念。学生时代的这段缘分，在别人看来，也许根本不算"恋爱"，也许只是小昊内心的"单相思"，但他一直把它当作自己最宝贵的初恋珍藏在心底深处。现在，在经历了又一次挫折后，他觉得心如死灰，是该彻底忘却的时候了。

他对运输队的修理工生活已经感到厌倦，希望能换个环境调到前方车间去，借此接触结交一些新同事，并借此机会申请去读厂办的七二一大学，他向运输队领导提出了书面和口头申请，但他没有人情关系和契机，他的申请根本无人理睬。

台湾，宜兰，2014 年 11 月。

沿太平洋沿岸 2 号公路环台湾骑行，海阔天空，自由自在。

53.

经历了文革初期和中期的动荡，1974似乎是通过治理整顿后经济生活比较正常良好的年份，有如三年大饥荒后经过"调整巩固充实提高"经济得以恢复的1964，1965年。这一年是小昊经历了刻骨铭心的情感风波的一年，也是"批林批孔"运动从发端到退隐，文革好派屁派在林彪死后继续开展"路线斗争"进行政治角力的一年。1974年"两报一刊"元旦社论，提出"要继续开展对尊孔反法思想的批判，……批孔是批林的一个组成部分"。2月7日工地上传达了中共中央（74）1、2号文件，算是批林批孔运动的开始，但是当时的老百姓能看懂元旦社论中"大事不讨论，埋头于抓小事，这样很危险，势必要搞修正主义"实际上是在明目张胆地影射批判"人民的好总理"么？

林彪早就摔死在蒙古荒漠了，已经不构成现实危险，而且是以谋害伟大领袖红太阳的野心家阴谋家的身份死的，如此滔天大恶在老百姓眼中应该是罪不容诛根本不用批判的。小昊开始以为把"批林"不伦不类地拉扯上"批孔"，是因为单单批林没啥可批，因为批林要涉及武装政变的机密，伟大领袖和林彪的关系又是如此密切深厚,所以对老百姓不宜多讲无法多讲,只好把两千五百年前的坏老头拿出来陪绑,这样就可以找出很多历史故事加油添醋地发挥填充空白,又因为都是古代的事情不至于触动当代的敏感人事。但是后来批孔运动大讲特讲"儒法斗争","评法批儒"如火如荼,才知道这次又是另有所指。以中山大学某位历来坚持反孔的历史学教授为首,一批学者哲学家历史学家在全国到处巡回演讲"儒法斗争史",一时间大红大紫,全国各地的笔杆子理论家纷纷跟进,发表文章,演讲,影射党内斗争,把安排部分老干部复出指为"复旧""请隐士""举逸民",发动所谓批判"右倾回潮"运动。对此下面老百姓可能仍是懵里懵懂,而上面的人是心里很清楚的自己的靶子的,他们暂时也不需要像打倒刘少奇一样鼓动底层的老百姓参与。

中国人已经习惯了在政治权斗中使用假名缓冲术,批"中国的赫鲁晓夫"时谁都知道是指刘少奇;等刘少奇正式打倒后,批"刘少奇一类政治骗子",实际是剑指林彪陈伯达;而"批林批孔",实际上是在批"党内大儒"即"人民的好总理",但就是不对老百姓说穿。老百姓只知道"遵义会议确定了毛主席的正确领导","周总理一贯紧跟毛主席的革命路线",只有到互联网时代到来,历史上的"党内路线斗争"被层层剥茧后,人们才知道伟大领袖心目中曾经的接班人选只是"刘,林,邓",这三人虽然历史上也和毛有过分歧冲突,但却是在几次重大"路线斗争"的关键时刻站在毛一边的人,而老周有很深的共产国际背景,从四一二政变中共转入地下到遵义会议之后一段时间,前后有八年之久都曾经是老毛的顶头上司,曾在 1932 年 10 月的宁都会议上取代了老毛对红军的实际指挥权达两年之久,造成了伟大领袖对此人永久的猜忌和防范,即便周没有在 1972 年初查出癌症(当时是对周本人保密的),毛也从来没有考虑过把他列为接班人。

"路线斗争"就是党内权力斗争,在极权体制下,即便你是已公布的接班人，一旦真的成了最靠近权力顶端的老二，又不对老大百分之两百俯首听命的话，就自然会变成敌人，所以先是刘少奇倒台，然后是林彪倒台。九大前后，伟大领袖曾经向林彪试探是否愿意接受自己钟爱的"文革理论家"张春桥做林之后的接班人，又曾想提拔张春桥为第一副总理建立林张体制取得某种权力平衡，不料林彪对此毫无反应，毛林嫌隙就此产生并不断扩大，直至九·一三大戏上演。林彪死后，一直在党内位居第三其本人又绝无越位非分之想的周恩来，却被动地上升成二号人物，"人民的好总理"以其革命资历和在党内军内的深厚势力，以其对文革烂摊子实行整顿的明显成效，以其在1972年尼克松访华中赢得的高度国际声望，自然形成了众望所归的局面，也自然生成了年迈的伟大领袖的一块心病。伟大领袖竭其所能发动一次又一次内部批周运动，从1973年7月便批评周主持的外交部简报是"放屁一通"，又警告主持外交部的周恩来"大事不讨论，小事天天送，此调不改正，势必出修正"；到1973年11月又借口周与基辛格的一次临时会谈没有预先向他报告，召开政治局会议批判周恩来的"修正主义"和"右倾投降主义"，直到1974年的批林批孔批大儒。

江青和"文革理论家"张春桥等人在74年的政治局会议中捡起延安整风中毛打压周使用过的罪名"经验主义"，企图再次批周把他彻底逐出领导层取而代之，而伟大领袖采取的权力安排是大力提拔邓小平，"抬邓排周"，在延宕多年的四届人大筹备工作中放弃了先前提名张春桥为第一副总理的设想，于74年10月提名邓担任第一副总理，到1975年1月四届人大召开前夕又任命邓为中共中央副主席中央军委副主席和解放军总参谋长，尽管邓曾被批为刘少奇路线上的二号走资派，又在治理整顿文革后遗症的问题上和周理念相同。

上层路线斗争的焦点，就是林彪虽然死了，而文化大革命的金字招牌却不容半点否定，因为它是伟大领袖的命根子，一旦遭到质疑，势必牵连到倒刘以至倒彭的正当性，直至算到"三年自然灾害"的责任这个老账上。为了维护文革招牌，伟大领袖曾经想过培养文革造反起家的王洪文当接班人，不得已放弃王转用邓后，又痛感"人民的好总理"这块牌匾必须时时上去捅几个洞踩几脚，以杜绝隐患，这再次证明了"路线斗争"和权力斗争密不可分其实是一回事这个恒定真理。

不过高层"内阁"里的剑拔弩张，明枪暗箭，指桑骂槐，无赖耍泼，当时的普通老百姓难以感受得到。小昊仍旧在业余时间兢兢业业地自学《金属工艺学》《电工学》之类的技术书籍，以期提高自己的知识储备。为了重温英语，他还到县城邮电局去订了一份以宋庆龄基金名义会办的《中国建设》（China Reconstruction）杂志，这是当年中国为对外宣传出版的仅有的两份英文读物之一———另一份是《北京周报》（Peking Review）———运输队的装卸工们头次见到这份彩色封面的英文杂志都很稀罕，逼着小昊为他们念两段试试他是不是真的识洋文，多亏小昊当年的中学英语老师水平高超强调课外阅读训练，他居然没什么磕绊地把一条有关"乌兰牧骑"的报道念下来了，于是大家一阵惊叹，有的说："噫，你小子还有这个本事，那成天赶额们下苦人混在一搭干啥哩？"有的说："窝算啥本事？吃中国饭，放外国屁，毬不顶！"，众人大笑，小昊也只能尴尬地跟着笑，他知道这些一起"下苦"过两年的装卸工们虽然视他为"异类"，却并无什么恶意。

那年他还买了一个凯歌牌6管晶体管收音机，开始收听美国之音何立达主播的《英语九百句》课程，那本湖蓝色封面一寸厚的教材是父亲的学生从香港带进来的，成了他的宝贝，因为在当时仅仅一本英语教材的内容，已经大大地扩展了他的知识和眼界，他还试着收听 Special English，了解这个山脚下工地以外的各种消息。

收音机里当然还有别的东西，除了澳洲广播电台的中文广播，他能听到莫斯科"和平与进步广播电台"的消息，里面竟然有沪语广播，内容大多是"污蔑文化大革命"的，例如说"工农兵学员学制只有三年每年还要下厂下乡劳动，根本学不到什么知识"，"中国的工人们业余时间没有正当的文化娱乐，只能打打扑克牌消磨时间"……等等。电波里还经常钻出一些以"解放军之声"，"红旗广播电台"，"红军广播站"为呼号的奇怪电台，播音内容基本是批毛批林批文革，有的以《人民解放军进行曲》作开始曲，还介绍了《人民解放军进行曲》作者郑律成的生平和他在文革中受迫害的事实，小昊猜想那些可能是设在中苏或中缅边境那样的地方代表军内反文革派的一些地下电台。

封闭的环境被打开了一些缺口，让小昊知道了更多的东西，这些东西比报纸电台里那些"批林批孔"，"反右倾投降"貌似义正词严又不肯点破实质的暧昧争论有意思多了。

54.

　　1975年，上层的文革派和反文革派的拉锯战一直在进行中。
　　上半年由于邓大权在握全面主持中央工作，"批林批孔"名义上仍在进行，却已后继乏力，而"治理整顿"却大行其道，纠正极左思潮偏差的各种消息从"非正规渠道"不断传向百姓——毛主席在政治局会议上批评了江青和王洪文，两人做了检讨（文革结束后知道这是毛第一次点名"四人帮"）；江青煽风点火制造的"蜗牛事件"偃旗息鼓；毛主席说了"有人说知识分子是臭老九，我说老九不能走，"；作为"臭老九"代表人物的数学家陈景润的故事开始流传；还有毛主席对电影《创业》的批示："此片无大错，建议通过发行。不要求全责备，而且罪名有十条之多，太过分了，不利调整党的文艺政策"……然而到了九十月份主要风向又逆转，伟大领袖对邓的"全面整顿"开始忍无可忍，利用批转清华大学状告迟群谢静宜的信批评了邓，又发起了一个"评水浒"和"批投降派"的运动，"抬邓排周"变成了"批邓打周"，针对邓提出的"三项指示为纲"（指毛提出的"学习理论反修防修"，"还是安定团结为好"，"把国民经济搞上去"三项指示），伟大领袖斥责道："什么'三项指示为纲'，安定团结不是不要阶级斗争，阶级斗争是纲，其余都是目。文化大革命是干什么的？是阶级斗争嘛"，对邓的利用、观察和考验走到了最后关头。1975年11月，毛提出由邓召开主持会议作出一个肯定文化大革命的决议，至少要评为"三七开"，但被邓所婉拒，说是"由我主持写这个决议不适宜，我是桃花源中人，'不知有汉，无论魏晋'"。伟大领袖眼看靠邓来维护自己身后的文化革命招牌的希望已经落空，遂又定义邓小平"死不改悔"，决心把他拉下马。当然邓此次表态的信息老百姓是文革后才知道的。

1975年下半年，一批又一批经过培训的工作队被派到乡下，继续开展社会主义教育运动和"割资本主义尾巴"运动。"割资本主义尾巴"——压缩农民自留地和限制农民家庭副业，曾经在"批林整风"运动中被当作"刘少奇林彪一类政治骗子的极左路线"在报纸上受到过批判，现在又名正言顺地配合"农业学大寨"运动重新登堂入室了，反正在这个社会里"资本主义"和"资产阶级"是万恶之源，是万金油式的假想敌，任何事物只要被贴上资本主义资产阶级标签，对其批判斗争的大方向和语境是永远不会有错的。

那天早上一上班，就听到修理班长老巩大发牢骚："他妈的，把我家几棵树都砍了！自留地这不让种那不让种，还让不让农民活了！"老巩也是家在附近农村的党员复员军人，原来昨天公社社教工作队上门"割资本主义尾巴"，明令每家每户只能养一头猪两只羊三只鸡，每家院内只能种两棵果树，他曾在贴着自家院墙外的村道边栽了几棵枣树柿子树，等了几年刚有点树荫要挂果，因违反新规定被社教工作队当作"资本主义尾巴"毫不留情地砍掉了，这样的苛刻而充满敌意的措施，当然很不得人心。

整个社会经济也是一片萧肃，农村集市交易被严格限制，民兵和社教工作队的纠察穿便衣守候在车站，路口，桥头，集市，查处或收购从粮食到蔬菜到苇席的各种农副产品。鸡蛋、核桃这类重点产品一般都被强令收购，但纠察们一般都不直接向待价而沽的农民老汉老婆收购，而是待在一边冷眼观察，等工人或城镇居民刚和农民完成交易银货两讫时再一拥而上"抓现行"，从买家手中夺走农产品按"国家牌价"收购，因为民兵和纠察们自身都来自农村，一方面要打击"资本主义"，一方面要保护生活艰难的农村自家人的利益，而工人和城镇居民在他们眼里虽不是"资产阶级"却是"有钱阶级"，让他们折损一些钞票应属合情合理不算过分。

老百姓一般并看不到上层两派争论内容，但对两派角力造成的经济生活上的凋敝、紊乱和反复却是一直有切身体验的。

厂里的职工大都模糊地感觉到，报纸电台上"社会主义"对"资本主义"的进攻越是喊得响，经济形势就越糟糕，市场上的副食品供应就越差，职工食堂里的伙食就越来越清汤寡水。一般单身职工把自己每个月四两的食油定量上交到食堂购买菜票，而从食堂窗口打到自己碗里的菜几乎没有一点油星，既不能引起食欲也不能补充上班的体力消耗。除了职工上缴的食油定量，食堂应该是有额外的食油供应渠道的，但是同时又听说经常有食堂工作人员"贪污"将大灶上的食油灌进自家热水瓶里提回家，所以食堂菜寡淡无油是常年顽症。偶尔食堂会卖出"油炸小排"这样名字诱人的菜品，但是那只是用碎骨头裹了一层面糊在油锅里过了一道捞出来的东西，竭尽牙齿的全部功能也无法从这种排骨上啃下一点肉末啃出一点肉味来，以致有人愤怒地把一碟啃剩的骨头塞回食堂卖菜的小窗口对炊事员说，拿回去再裹一层面粉炸一下，你们又可以卖出来了，令窗口里面的炊事员面色尴尬不已。

有段时间，在大食堂的西侧开出了一个小食堂，据说是由几个原老厂的炊事员个人承包办的，从农贸市场单独采购材料烹制，有红烧猪蹄，酱爆里脊，土豆咖喱鸡块这样在大食堂不可能出现的菜式，虽然价格贵，但毕竟可以偶尔解馋，于是中午时小食堂的窗口前人群蜂拥，挤得不可开交，大家都想一尝为快。但是没多久，小食堂就关门了，传言说是上级批评是"资本主义道路"，不应提倡。过了两个月，小食堂又开次开张，再过一个月，又被迫关门，如此几上几下，充分地体现了上面的"两条路线斗争"拉锯战对工地日常生活上的影响。

食物供应问题似乎又成了生活的重心，大家都有点饥肠辘辘的感觉，也许老厂所在的大城市供应没有这样差，有的职工还能设法从南方老家弄到一些议价食油、咸肉之类的接济，但是在这个山脚下的工厂，大多数人都觉得又有点回到"三年自然灾害"的样子，只是没有当年那么严重而已。

55.

工厂周围的小集市几乎绝迹，买不到农副产品来补充低劣的食堂伙食。偶尔有一两个老大娘提着竹篮来卖鸡蛋，很可能被隐藏在人群中的便衣纠察发现，等你刚买下了就立即收购，钱飞蛋打一场空。

同宿舍的小黄正和女友热恋，而女友病后身体孱弱急需营养，于是小黄约小昊一起到周围村子里去收鸡蛋，小昊会讲本地话，容易和农民沟通。

走进工地北面约三公里外的一个村庄，两人背着农村罕见的帆布圆桶包，又提着一杆打麻雀的气枪作掩护，觉得自己很像从空中降落到陌生区域的特务。他们小心翼翼地问路边的老人或小孩有没有鸡蛋卖，很快就得到一个小孩的肯定答复，小孩带他们进入自家的院子，老婆婆从炕洞里摸出藏匿的鸡蛋，摊在炕席上五个一堆地点数，议价，最后成交。在老婆婆的吩咐下，孙儿把自己的小伙伴都找来通风报信，于是小孩子的悄声耳语"收鸡蛋的来咧，收鸡蛋的来咧"很快传遍四面八方，各家各户都有老婆婆颤颤巍巍地走出院门提着布袋或手帕包着的鸡蛋到这户农家卖出,悄声点数,议价,霎时间小昊和小黄又觉得自己像在日本鬼子眼皮底下活动得到老百姓支持的八路军地下游击队。

每个人都收了半书包四五十个鸡蛋,觉得可以撤了。

他们背着包朝村口走去,刚觉得要出村了,突然背后响起了一声大吼:

"站住!不许动!"

回头一望,两支老套筒步枪瞄准了自己,端起枪的是两个娃娃脸的民兵,两支枪中间站着一个穿黄色军大衣的中年男子。

"来这里干什么的?!"

"没啥啊,村里随便逛一下,打雀呢,"

"随便浪?打雀?背包里是啥?"

小昊明白了:"空降特务"被小孩告发了——那群小孩子中有帮着家长卖鸡蛋挣钱的孝顺孙儿,也有时刻警惕资本主义复辟的红孩子。

"走!去民兵办公室!"

小昊和小黄不敢违抗,虽然这两根准星歪斜的汉阳造中不一定有子弹,但他们知道前不久厂里一个职工的儿子在附近下乡插队因为经常半夜出动去偷老乡的鸡,被义愤填膺的民兵夜间设伏在不到十米的近距离面对面开枪打死了,最后案子不了了之。

两个民兵把小昊小黄押解到民兵队部后就离去了,那披军大衣的男子腿一瘸一瘸的,看来是个残废军人和民兵队长,进屋后命令小昊小黄坐在一条板凳上,他自己绕到一张黄色油漆的抽屉桌后的椅子上坐下,整个民兵队部的土屋空荡荡的,除了四壁只有一桌一椅一条凳子,外加三个人。

"为啥要到农村来收鸡蛋?"民兵干部开始严厉审问。

这个问题好像既很简单又很复杂,不太好讲。

"想吃鸡蛋呗,"小黄蔫头蔫脑地答道。

"想吃就可以到农村来收？这是违法的知道不？"

"不知道啊。"

"我跟你们说，你们是工人，觉悟应该比我们农民高，为啥为了吃几个鸡蛋就干违反国家规定滴事儿？"

民兵队长抓住"违法"两字不放，企图深挖资产阶级思想根源。

"额们也不想违反国家规定，但是别处买不来么，"小昊说。

"咋会买不来？县城副食商店就有卖的！你们工厂的食堂里也应该有！"

小昊知道这是在信口胡说，县城大街的副食商店里根本就永远看不到鸡蛋，即使有也要凭票，他们从来没有见过鸡蛋票是啥样子，工厂食堂里也永远不会有鸡蛋做的菜。

"额跟你说，是这像况，你俩给额听好了，"民兵队长开始了他的关中口音长篇训话，先从鸡蛋的生物学特性开始讲起：

"鸡蛋么，窝是个养分很大的好东西，人人都知道，人人都爱吃，对不对？但是，在这个世界上，是不是你想要啥就一定要得到啥哩？不是滴么！你们工人一天、两天不吃鸡蛋，有啥问题么？没啥问题！但是同志啊，如果北京啦上海啦这些大城市滴市场上没有鸡蛋，行不行？那就不行咧，同志啊，鬼（国）际影响知道不？尼开松访华知道不？额们毛主席为了开辟世界革命滴大好形势，让他老小子到中鬼（国）来访问，假如哦，这个尼开松带了一帮子人一帮子记者跑到北京的市场上一逛，哈呀，连个鸡蛋都没得卖，那会咋办？那他们就要回去造谣咧，污蔑额们社会主义制度这不好那不好，连个鸡蛋也吃不上咧！确实吃不上啊同志！你看看我们县里的老干部，年轻时为打江山流血流汗，现在年纪大了退下来休养了，政府有照顾给发了特供鸡蛋票，给县里各家疗养院也发了特供鸡蛋票，结果人家拿了鸡蛋票到县城副食商店供销社门市部一看，没得！白跑！还是买不上鸡蛋！咋咧？供销社收不到鸡蛋么！为啥收不到咧？都让你们这些工人给截走了么！省里是年年给额们县下收购指标，多少？不多不少每年60万斤，但年年完不成，年年完不成啊同志！为啥咧？就是因为你们这些人到处钻空子，用高价直接到农村收鸡蛋么！用粮票换鸡蛋么！你们都是工人，应该觉悟比额们农民高么，应该有个大局观念么，不要光想着鸡蛋咋么好吃，应该为鬼（国）家想想，为那些打下江山滴革命老干部想想么！你说是不是这个道理？额看你们两人样子还老实，不是那啥二杆子蛤怂，今天就不罚你们了，去供销社把鸡蛋收购了就完事了，咋向？同意还是不同意？嗯？！同意就好！"

民兵队长很有演讲的欲望，也很享受居高临下的威风，滔滔不绝地讲了十几分钟。最后他又叫来刚才的那两个民兵，把两人押到村头的供销社，用"国家收购价"收购了他们买下的鸡蛋。

收鸡蛋之旅就此结束，丢了鸡蛋又赔了钱，小黄有点垂头丧气，刚走出村子，小昊倒扑哧一声笑出来了，因为刚才从背包里往外取鸡蛋过秤时，他发现供销社的那个面色和蔼的老大爷并没有"宜将剩勇追穷寇"的意思，于是偷偷地在自己包底下留了大约二三十个蛋没取出来，他把包打开分给小黄一半，聊胜于无。其实，即使鸡蛋全部被收购，也就赔了点钱，换来听民兵队长演说的经历还是蛮有趣的，那些留在大城市的同学哪里享受得到啊，他觉得自己有点阿Q的"精神胜利法"，但不这样又能咋样？

意大利威尼斯，圣马可广场（Piazza San Marco, Venice, Italy），2013 年 11 月。

当地面有纷乱嘈杂的人群时，只好把镜头上仰避开地面指向夜空来获得清朗干净的画面。

56.

    1975年十月国庆节后，小昊在老家探亲，去火车站送回来探亲的弟弟返回江西农村，一般下乡知青和支内职工的探亲，都选取春节和国庆这两个时间，当然是为了搭上节假可以在老家多待几天。这个火车站就是当年小昊翻墙进入取到串联火车票的车站，文革初期青年学生都狂热地想搞到一张免费火车票去北京朝圣或去各地旅游，现在这些学生大都成了在农村"修理地球"的泥腿子农民，而这个火车站也成了发送知青返乡列车的专用火车站。

    天色已是傍晚，黑灰色的混沌天幕笼罩着整个车站，潮湿的空气中弥漫着火车站所特有的那种铁腥味酸腐味。月台上路灯黯淡，绿皮车厢的门还没有打开，背着各式行李的乘客和送行者黑压压地挤满了整个站台，这里面大多数是返乡知青，也有返回安徽江西小三线工厂的支内职工，有的要登车上路，有的是来此为同学同事送行。站台上一片混乱嘈杂，人们都带着准备战斗的焦灼和敌意在等待车厢开门，因为开门后大家都将面临一场抢先冲进车厢并尽快尽可能多地占领行李架的争斗。

不论旅客是知青还是支内职工，许多乘客一个人的随身行李都有十几件甚至几十件之多，除了是为其他知青同学或支内同事托带，剩下的也并非都是个人生活所需，而是在大城市购买的内地所缺乏的一些紧俏物资，包括食品服装生活用品，用于向干部送礼行贿，打通门路，或转手倒卖牟利养活自己。

时间一到，列车员打开了车门，人群像发疯似地向上挤，车门口越挤阻力越大，好像谁都上不去，终于早一步进入车厢的人，有的立刻打开车窗招呼车下的送行者往上递行李，有的则干脆躺在行李架上伸开四肢宣称这好几米长的行李架都是他的领地不容他人染指，而派去充当这个角色的大多是身体强壮面色凶恶的"模子"，后几十秒上车的人到了车上发现自己座位上方的行李架和座位底下的空档早已被塞满，自己的行李一件也没地方放只能堆在过道上任人踩踏，难免不和邻座发生争吵要求腾出一个空间来放自己的行李，而对方几乎一概蛮横拒绝：不行，我的行李里都是鸡蛋，一碰就碎！你敢动试试看！于是交涉变成争吵，变成对骂，最后变成互殴，每个车厢都在上演类似的戏码，从各个车窗传出的破口大骂和肢体打斗的声音越来越响，有人惊恐地尖叫：流血了！流血了！黑色的蒸汽机车头此时拉响了第一声汽笛，好像在告诉大家，别打了，我就要开了！小昊在纷乱中终于把弟弟和他的行李送上了火车，和其他送客的人一起急匆匆地下了车，所有的人声鼎沸，慢慢地平息下来，整个车站，火车里塞满的人，站台上挤满的人，霎时间又莫名其妙地陷入了一片死一般的寂静。

突然间，在这片寂静中传出了火车上一个女生尖利的哭喊："妈妈呀，我不想再去了呀！"接下又是一片寂静，然后，慢慢地，又十分突兀地，从站台上黑压压的送行人群中升起一阵低沉的歌声，开始是几个知青在唱，接着有几十个人加入，再后来几乎整个火车站的人群包括车上的知青都加入了合唱，越唱越响，声震云霄，直到火车缓缓起步驶离车站，站台上的歌声仍没有停息的意思。小昊感到十分惊恐,因为他知道多数中国人尤其是汉族作为个体来说历来性格拘谨内敛,也没有歌舞天赋,在公众场合自发地群聚唱同一首歌,本来是完全不可思议的事情。尽管听不清歌词,但他完全能感受到那是一首知青们自编的、为他们自己专有的歌,是一首充满愤懑和抗议的歌。对于上山下乡插队落户这场运动,虽然他自己并不身在其中,却因为大批同学和自己弟妹正在亲历中而始终保持着密切关注,他对这场运动的认知总是在理想主义的追求和困苦无望的蹉跎中纠结徘徊:听说西安同事的女儿毅然只身奔赴陕北插队,在延川县关家庄传奇北京知青孙立哲的医疗站接受培训为农民看病做手术,这种纯真的精神追求,会令他觉得无比倾慕;而听到有同学的姐姐在新疆军垦农场干了多年最后希望幻灭走上了自杀之路,会令他黯然神伤。知识青年能在农村和边疆的环境中艰苦奋斗,大多因为还有一个"革命理想"的信念支撑,而一旦"革命干部"们纷纷把自己的子女开后门上调回城升学参军后,"革命"的精神支柱就倒塌了:作为在农村刨地的普通知青,难道你还能比"革命老干部"更"革命"?前两年还听过有关伟大领袖回复知青家长李庆霖申告的中央文件,之后各地政府有过一些改善知青待遇的官样文章,但杯水车薪,根本无法解决知青们在物质生活和精神生活上的实质问题。现在,就在眼前火车站内,群情愤慨激昂的场面让他终于感到,无论如何,这场运动已经失去了绝大多数的人心,彻底地失败了。

他带着怅惘的情绪走出了车站,过几天他自己要回渭原。

后来,小昊才知道当时知青们唱的这首歌叫《南京之歌》,开始只是南京知青任毅在1969年插队生活中写的一首歌《我的家乡》,表达了知青们怀念家乡,对前途感到失落怅惘的情感。因为不可抗拒的感染力和共鸣,迅速在知青群体中传到全国各地,甚至被"敌台"莫斯科电台和美国之音编演播放。于是任毅在1970年的"一打三反"中被捕,虽然歌曲广泛传播的后果并非他的本意，但他仍"理所当然"地因为这首歌被迅速判处死刑，最后阴差阳错才侥幸被改判十年有期徒刑。而他被关进黑牢之后，这首歌曲反而在全国城乡的知识青年中更广泛地传唱，出现了几十种版本的新的填词，成了名副其实的带有反抗色彩的《知青之歌》。

57.

    1976年1月9日清晨，哀乐响起，工地上的大喇叭广播了中央人民广播电台播发的周恩来总理昨日去世的消息，当天的报纸头版刊登了总理的套黑框遗像和讣告，那相片中的总理英俊，坚毅，令人敬仰，又令人心碎。

    刚起床就听到这样不幸的消息，一刹那间小昊的眼眶湿了。在他眼中，周总理就是中国知识分子中最优秀的代表人物，其广博的学识，治国的才干，儒雅的风度，鞠躬尽瘁的作风，无人能与之比肩。在文化革命的弊端越来越让人怀疑和不满之时，伟大领袖热衷于文革权斗的恣意妄为，与"人民的好总理"注重经济建设的努力和"相忍为国"的美德风范，正好形成鲜明的对照，小昊和当时绝大多数中国人一样，把总理看作是一个令人敬爱的理想偶像和精神寄托。

    在老百姓的眼中，自林彪烟消云散后，周恩来自然成了仅次于伟大领袖的二号人物，加上他和伟大领袖几十年来的战斗友谊和亲密合作，理应得到很隆重很宏大的哀悼仪式。但是，和人们的想象和期望相反，"上面"对周恩来的悼念活动规模和新闻报道似乎有层出不穷的约束和限制,虽然没有明文表达,但空气中明显地存在一种诡异的气氛,让人体察到伟大领袖和他手下的亲信们暗中对周的不满、故意冷落,甚至敌意。三天后的傍晚,天色灰暗,又阴又冷,装载周恩来遗体的灵车从北京医院开到到八宝山,几十万群众怀着悲愤的心情自发地集聚在长安街和沿途共三十里道路的两边为他送行,形成了"十里长街送总理"的历史性场面,并通过电视转播传送到全国各地,小昊所在的南山脚下工地上的人们,也都带着沉痛和压抑的心情观看着来自首都的电视画面。全国上下,人们都在哭总理,籍哭总理来哭国家和民族的不幸,反抗的情绪正在群众心中积累,想贬抑"人民的好总理"的一小撮人最后搬起石头砸了自己的脚。

接下来没多久,全国报纸都接二连三在头版用整版套红刊登了《人民日报》在元旦发表的伟大领袖写于 1965 年的诗词《水调歌头•重上井冈山》和领袖 1965 年在井冈山的大幅照片。"人民的好总理"已经辞世,一块心病去除了,所以这张笑眯眯的照片正好表达了伟大领袖此时此刻重上征程的好心情:这个丞相虽然后半生一直对自己唯唯诺诺,但他若死在自己之后一定会翻文革的案,现在好了,通过一系列措施(包括干涉周的医疗手术安排),终于让他走在自己之前去见马克思了,接着又开始批邓反击右倾翻案风,看来至少在自己生前是没人敢否定文革这块金字招牌了,真是"到处莺歌燕舞,更有潺潺流水……",形势一片大好。从此往后,"到处莺歌燕舞"就成了形容形势大好的标准用语了。

工地上各个角落的高音喇叭都开始不断地转播电台里的这首诗词朗诵和根据诗词改编的歌曲,尤其以职工食堂门口的大喇叭音量最大。因为"诗言志,歌咏言",小昊老是觉得那像是伟大领袖亲自站在麦克风后面大声嚷嚷:"到处莺歌燕舞,更有潺潺流水……过了黄洋界,险处不须看!",可以想象身材壮硕的诗人在一派大好风光中兴致勃勃的样子,而小昊的心情却坏到极点：自己干了一天重活，肚子饿得咕咕叫，但是走到食堂里，只能吃一毛钱一份的水煮萝卜条，没有一滴油星，他很想对这个站在云端的伟大领袖说，我现在肚子都填不饱，浑身无力，你却只会用大喇叭在我耳边不停地叫嚷"到处莺歌燕舞，更有潺潺流水……"，你真是个不知下情，昏聩糊涂的皇帝，只知道闭着眼睛自说自话，这种形势大好的瞎话，除了让你自己高兴，让老百姓愤怒，还能有个屁用？！他沉浸在满是腹诽的各种臆想中，却和全国的老百姓一样不知道当时的伟大领袖已经病势日渐沉重，几乎不能理事了。

毛和周，是中国革命发端后尤其是 1949 年后真正左右中国命运的两大巨头，两人的性格差异决定了角色的不同，毛擅长人际权力斗争，纵横捭阖，决定大方向，是精神领袖，而周擅长落实管控行政事务和具体策略。毛对经济建设和行政管理一窍不通，却要冲到国民经济领导一线亲自发号施令，结果酿成"三年自然灾害"大祸，不得不在 1962 年"退居二线"，而在和平建设时期退居二线又让他觉得无事可做大权旁落无人听调，于是只好祭起"千万不要忘记阶级斗争"的神器，宣布"阶级斗争是纲，其余都是目"，叫嚣"八亿人口，不斗行吗？！"因为只有把"人斗人"作为党的首要任务，他才有机会重回一线重掌大权，满足他控制所有人的欲望。二把手刘和林都先后被他"解决"了，却仍然解决不了他对失去最高权力地位的恐惧。本来他和周的关系可以是两种性格两种才智的互补，却因为他对周的才能声望的猜忌和贬压，变成了两人之间残酷的暗斗博弈。政治斗争中的权力布局相互制约问题，在一党专制政治体制中始终不能彻底解决，以致到后来的改革开放中，仍然反复在"党政分开"，"政企分开"的口号争论中反复摇摆陷入泥潭无法自拔。

而当年令小昊为之流泪的"中国知识分子的优秀代表"，那位品德和才干都在众望之巅的"人民的好总理"，在多年以后的互联网时代，也被众多的当事人回忆和内部档案揭破了其人性的阴暗面和令人慨叹的双重人格。年轻时因为救国救民的理想而投身革命尚令人感佩，而当这个革命逐渐变成了伟大领袖个人的专制帝业时，他却选择了彻底地臣服于毛，来保持自己一生的政治追求永远正确的形象，这就是他本人在文革中反复强调的所谓"保持晚节"。他在政务和生活细节上十分关心自己政治羽毛的完美，但始终是在丝毫不触犯伟大领袖的最高权威的前提之下。凡是毛林江需要打倒的大小政敌私敌，他一律赞同亲作批示代为罗织罪名签发逮捕命令，甚至牺牲自己干女儿的生命向毛江夫妻店表忠心；他一而再，再而三地督促国家统计局和全国公安系统彻底销毁三年大饥荒中以千万计的非正常死亡人口档案，不惜篡改历史来粉饰毛氏党国和他自己的伟光正形象。他对毛的恣意恶行违心帮衬迎合甚至助纣为虐，对毛的贬压羞辱极力隐忍周旋甚至自我糟践，他既是被迫的，也是自愿的。封建王朝尚有不畏丢官死命的谏臣，而"人民的好总理"的奴性程度可以说是大大超过了封建王朝的一般大臣，这正是毛式专制下的文革暴虐政治氛围和这位老臣"忍辱负重"的伪善品性相辅相成互为写照的结果，当然这些认识都是后话。

柬埔寨暹粒女王宫（Banteay Srei, Siem Reap, Cambodia），2016年4月。

人世间的是非、善恶、美丑，有时像印度教神话那样扑朔迷离：和你最初印象上面是魔鬼下面是美女相反，据说这浮雕的上方是代表正义的毗湿奴，正在吞噬之前一起合作"搅拌乳海"制取长生不老药的恶魔阿修罗。

58.

"无产阶级文化大革命,就是好!就是好来就是好!……"这首1974年出笼的歌曲,到1975年末1976年初,电台播放的频次越来越密,群众演唱会的规模越来越大,声浪越来越高。歌曲的首句开宗明义,然后中间列举了"文革好在哪里"的注解式排比句,然后末尾是没有旋律的口号:"文化大革命好!文化大革命好!"最后以不断升高的调门接唱"无产阶级文化大革命就是好……就是好!就是好!就是——好!"结尾。许多人嘲笑这首歌明显地有与人赌气吵架的味道,也有人调侃说,一个巴掌拍不响,既然是在吵架,肯定是有人在说文化革命不好了,不过不是我哦。

1976年3月25日,作为文革舆论标杆的大报《文汇报》,刊登了新闻稿《走资派还在走,我们就要同他斗》,文中竟然白纸黑字地宣称"党内那个走资派要把被打倒的至今不肯悔改的走资派扶上台",谁都知道"至今不肯悔改的走资派"是邓的专用封号,能把邓扶上台的走资本主义道路的当权派,当然不是指曾经起用邓的毛而是指周,这种明目张胆地射暗箭,给刚刚故去的"人民的好总理"戴"走资派"帽子的卑劣勾当,还是史无前例第一次,人们都被激怒了。

三月底有不少探亲回厂的职工报告说,在南京车站见到许多南来北往的列车车厢两侧,都贴满了一人高的大字标语,有的是"谁反对周总理就打倒谁","谁反对周总理,就砸烂谁的驴头!"的抗议,也有的是"强烈要求张春桥同志当总理!"的拥戴劝进。张这个两次被当成叛徒炮打而始终不倒的市革委会主任和中央文革副组长,之后进了中央政治局和政治局常委,成了"文革理论家"和文革派的领军人物,现在正冒着方兴未艾的第三次炮打浪潮,拼命向权力顶峰挺进了。

文革派和反文革派进入短兵相接阶段,空气中充满了火药味。

从三月底清明节前夕开始,首都的群众就不顾"中央精神"的各种劝阻禁令,自发地往天安门广场送自制的花圈以表示对周总理的哀悼,几千个花圈从人民英雄纪念碑摆起延伸到广场再到天安门两侧的观礼台,所有的空间都摆满了还在不断地增加,形成了白色的花海,花圈周围,更有无数的诗歌大字报,以怀念周总理为引子,发泄对江青张春桥姚文元等文革干将的愤恨,对现实的不满,及至影射到后面最高层的那位"皇帝"。四月四日清明节情势形成最高潮,有二十多万群众自发地在广场聚集,朗读诗词,发表演说,年初刚被伟大领袖指定主持中央工作出任代总理兼公安部长的华国锋,不得不召开政治局会议,将广场事件定性为"反革命事件",于四日夜五日凌晨出动五千民兵三千公安和两百辆卡车从广场移走花圈,拘捕了五十多人。四月五日清晨,群众发现广场上的花圈和诗不翼而飞,人民英雄纪念碑旁被军警布置了警戒线不准再放花圈,更大的怒火被点燃,广场上终于发生了打砸烧的暴力宣泄,张春桥们心心念念的"匈牙利事件"终于到来,大批民兵,公安和警戒部队随之进行了清场镇压,当场逮捕三百多人,形势向着对文革派有利的方向发展。4月7日下午，中共中央通过两个决议：根据伟大领袖提议，华国锋任中共中央第一副主席、国务院总理，定性天安门广场事件为反革命事件，撤销邓小平党内外一切职务，保留党籍，以观后效。

4月7日当晚，南山脚下工地上的高音喇叭再次响起，播放了中央人民广播电台向全国广播的这两个决议。4月8日的《人民日报》，头版整版的内容都是天安门事件，左侧是中共中央两个决议和四月五日北京市委书记吴德在清场前的广播讲话，右侧是题为《天安门广场的反革命政治事件》的长篇报道，宣传机关为大家提供了这次事件的许多细节，如何解读则只凭各人。4月10日工地上又传达了中央电话会议通知，通知的意思是要求各省市鲜明表态支持中央的两个决议，追查各地与反革命事件有关的人和事。

文革派终于在此次攸关文革招牌存亡的"路线斗争"中取得了"阶段性"的伟大胜利。

"四五天安门广场运动"被镇压下去，接下来在全国进行了进一步的追查逮捕行动，北京和辽宁各有好几百人被捕，全国各地在清查追捕中延续75年底开始的"追查政治谣言"，又有近千人被捕。小昊的弟弟从农村写信来说："追查政治谣言和追查伪造传播总理遗言的运动，居然在我们这样的穷乡僻壤煞有介事地搞起来，公社还成立了专案小组，然而，除了吓我们下乡知青一跳之外，根本无所事事，为的只是造成恐怖气氛，让大家明白除了念报纸听中央文件，莫去关心议论任何国家大事。邓小平路线当然是错的，但是大多数人对经济发展缓慢，生活水平长期不得提高，已经很不耐烦了，并非多数人与邓小平天生有缘。许多人都在讲，总理到底有没有遗言？没有就说没有，真有就公布一下，假遗言不就烟消云散了？就是不肯说有还是没有，有也没法公布。"

1976年5月16日,天气阴沉,空中不时飘下几丝细雨,南山脚下的渭原县城举办了《纪念五一六通知发表十周年暨庆祝文化大革命伟大胜利》的大游行。小昊随同小艾夫妇还有其他五六个同事一起骑车去县城观看了游行。近两公里长的县城大街上,排满了二十多辆来自各个工厂单位的巨型的彩车,装饰着各种标语,模型,这是这个小小的县城自49年来规模最大的庆典。

小昊还记得1974年正月里他和同事们在县城大街上看过关中农村自发组织的"社火"活动,社火队伍经过之处,人声鼎沸气氛热烈,烟花爆竹锣鼓唢呐响成一片,其中最引人注目的是高台,是用人抬着或车辆装载着桌子和架子,上面用钢筋,布料,彩纸等做出《劈山救母》等秦腔戏曲或神话故事的舞台布景和其他造型,每个高台一个主题,再把四五岁的男娃女娃涂脂抹粉穿上戏装打扮成故事中的人物绑在几丈高的高台铁架子上。那时小昊还很为那些绑在高架上表情僵硬的小孩子揪心,觉得这种民俗表演有点古代祭祀的野蛮味道不近人情。

现在的游行彩车上则完全是欢庆文革伟大胜利的模型和政治标语了,小昊他们工厂也提供了两辆彩车,并组织了六十人的青工方阵走在彩车的前面,当这些来自厂里各车间的队伍经过小昊他们身边时,他从中认出了好多张熟悉的清秀的面孔,这些并没有怎么经历过文革的男女青工,一边踩着整齐的步伐前进一边用清脆的嗓音齐声朗诵伟大领袖十年前发出的最高指示:"你们要关心国家大事,要把无产阶级文化大革命进行到底!",小昊听到这样的声音真是思绪恍惚,好像又回到了十年前的1966年,又回到了1968年之前他参加过的那些文革聚会、红卫兵火炬游行。伟大领袖曾经说过文革要搞三年,头年发动第二年胜利第三年扫尾,结果转眼现在已经是第十年了,文革真的胜利了么?文革到底"进行到底"了没有?结束了没有?他无法回答自己。他跟着游行队伍慢慢地经过县邮电局门口的检阅台再往回走,再回到县城北门的十字路口和其他挤散了的同事汇合。

　　从县城回工厂的路上遇到上坡路,大家推着自行车边走边聊,谈起这十年的变化,都无限感慨。一个月前的天安门广场运动被扑灭,大家都意识到这是一个节点,经过了前几年的拉锯战,文革派终取得了最后胜利,要全面上台了。小艾的丈夫说,也好也好,省得他们两派一天到晚斗来斗去,今后一派掌权,总可以比较安生地把经济搞上去了。真的是"也好"么?文革派终于上台,小昊感到既不服气又服气,说不服气是因为他本来就讨厌文革派,说服气是因为他知道历史的潮流总是有其偶然性,就像列宁所说的:"有时本应走进这个房间,结果走进了另一个房间",再则历史总是靠胜利者在写,小人物只能随波逐流,"牢骚太盛防肠断"么。但是,他还是心怀疑云,那个急不可待想当总理的历史模糊不清的阴暗文人,那个自以为靠夫妻关系就能接掌党主席的浅薄狭隘的女人,这两位都是只会钻理论牛角尖哄人,唱阶级斗争高调骗人的野心家,既不懂经济又不懂行政管理,想靠他们搞好国家经济,才怪。况且,现在又老又病的伟大领袖是把最高权力暂时交给了一个派系标志比较折中的人物,将来是否还会有新的争斗,是否能就此长治久安,谁能知道?

59.

天安门广场沸腾的"人怨"刚刚被镇压下去,空前的"天怒"就开始发作了。

1976年7月28日凌晨3点42分53.8秒,唐山大地震爆发。

数年后官方才公布此次地震的死亡人数为24万人,伤110万人(国外有人估计死亡人数为60-80万人)。但这次惨烈地震发生前后的几天里,报纸电台并没有把地震做一件大事作重点报道,"批邓"和"反击右倾翻案风"仍然占据了报纸的主要版面,小昊的记事本里甚至根本就没有记录7.28唐山地震的消息。

地震发生前半年内,中国国家地震监测中心曾经先后十余次内部发出地震危险警告,预计在1976年的七八月份或者下半年的时间里,将会有一次震级较为强烈的地震在河北辽宁渤海地区发生。7月上中旬,有六个地震专业站和八个群众测报点提出不同程度的震前预兆,北京市地震队多次向国家地震局分析预报室告急,直至7月26日终于等来了第一次会商,但出席者皆为一般地震预报工作人员，国家地震局领导甚至主管华北震情分析预报的领导都未出席，会商结果仍是认为震前预兆严重，急需向国家地震局领导汇报。但是，这一切都被上级所轻忽，也许领导们都忙着抓"批邓反击右倾翻案风"——"阶级斗争才是纲，其余都是目"；也许领导们心中惦记的是保持党国民心安稳的大事，觉得没有必要下达任何公开的预警和防范通知。唐山大地震 20 年后的 1996 年，新华社才刊发出一条消息，称河北省青龙县距唐山市仅一百公里左右，但这个县的领导利用地震局某位干部在 7 月 18 日前"违规泄露"的震情预报，将震情通知到全县基层预作防范，结果整个县在唐山大地震中无一人死亡。所以唐山大地震的惨重伤亡又是一个"天灾还是人祸"的历史悬案。

首都当时受到地震严重波及，此时唐山的通讯完全中断，北京还不知道震中为唐山的消息。大街小巷老百姓全都跑出屋子，人们有的穿着裤衩，有的光着膀子，大人叫，小孩哭，许多破旧的老房子在地震中损坏坍塌，人们只得待在室外，老百姓都在忙乱地从屋子里往外面搬椅子，床架，占地方，支棚子，整个北京城陷入拥挤恐惧慌乱之中。天亮后市民发现大量古建筑受损，苏式建筑北京展览馆尖塔顶端的红星被震落，据报告首都死亡一百多人，伤四千，三万多间房屋被毁

身处中南海的中央警卫局干部后来回忆，当时可看见天空中有黄色带红的强烈闪光震荡，地下发出拖拉机发动般"轰轰"的响声，并有强烈的摇晃，余震不断，几段院墙和围绕中南海的大墙多处被震倒，少数房子被震塌。病情危重的伟大领袖住在"游泳池"书房，据身边工作人员回忆当时"他神智还清醒，知道发生了地震"，天亮后被转移到新建的安全住所。第二天上午北京才接到了唐山这座百年工业重镇被夷平的消息，伟大领袖身边的医疗组成员回忆："当秘书报告地震造成极其惨重的损失后，主席哭了——我第一次亲眼见到主席号啕大哭。"

不知伟人的哭是什么意思。

到了 8 月 16 日，南山下的工地首次亲历地震的恐慌。晚上十点，工地上的人们有的刚刚上床，有的已经浅浅入睡，一同被大地的震动摇醒，人们纷纷逃到宿舍楼外的空地上，一片"地震了！地震了！"的喊声，人们在路灯下露天广场里聚成一个个人堆，惶恐地交谈彼此的经历和感受，一直挨到凌晨一点左右，胆大的扛不住睡意仍回宿舍楼睡了，胆小的则把床或躺椅扛到露天准备露宿整晚。第二天知道这是川北的松潘发生了 7.2 级地震，陕西因为离川北较近所以震感明显。因为接受了唐山地震的教训，这次当地地震局作了比较准确的中短期预报和预防措施，所以伤亡和损失都不太大。

8 月 23 日清晨再次感到了地震，当天工地上传达了川北余震的预报，结果当晚 11 点就又感到了地震，这两次松潘地震，早上是 6.7 级，晚上是 7.2 级。

连续的地震让工地上的人越来越恐慌，到 28 日星期六下午，在既无上级指示又无领导组织的情况下，许多人开始不上班自行搭建"抗震棚"，那天下午乌云密布天色昏暗，一片大难将临的气氛，许多工人尤其是比较惜命的年轻工人，各显神通到处找来材料搭建自己的"诺亚方舟"，大多是从农民看守瓜果地的窝棚得到启发，用两个人字架加三根一人多长的横杠做成框架，再附加草帘，苇席，油毛毡，木板绳网，旧被单之类，搭成可容一人睡卧的小棚子，外形是五花八门，晦暗的天幕下，这种单人窝棚在整个生活区搭得到处都是：宿舍楼下，道路边，平时看露天电影的广场里，看上去有种人类就要倒回到洪荒时代的奇异感觉。更有人把宿舍楼里的家具，不管是已婚户的旧家具还是未婚户的新家具，统统搬到楼底下来，甚至用角铁和螺栓把家具死死地固定在宿舍区道路边堆放的暂时未用的预制楼板上，再覆盖捆绑草帘油毛毡等等防护材料，以防止老天爷震坏他们的主要财产。小昊对搭窝棚或是搬家具这类事都当笑话看，无动于衷，他晚上仍回宿舍楼里睡在自己的床上，不过按许多人所建议的，在桌上倒竖一个啤酒瓶作为警报器。他一向认为生死有命富贵在天，过多劳心劳力的折腾不合他的天性。

8月28日晚上工地上的大喇叭又传达了一个什么中央指示，似乎缓解了一下人们的心理恐慌，但是第二天星期天搭棚抗震的自救行为仍在进行，只是规模比前一天稍小。

到了八月底九月初，省城的街道上已经出现了许多穿不伦不类的花布衣服的男孩女孩，估计都是在唐山地震中失去亲人失去庇护所和衣物的孤儿，被政府安排到其他城市来暂时收容的。

台湾的"自由中国之声"电台，不停地广播有救济物资通过空飘气球送往大陆救济灾民的消息，这不过是海峡两岸延续多年的宣传战的继续，但是广播中反复出现的"天怒人怨"一词，倒是很容易在人们私底下的心境里引起共鸣。古代中国人普遍相信，若人间发生重大灾害，一定是有人做了伤天害理的事情，惹天上的神灵发怒了，作为人间最高统治者的皇帝即天子，必须要代表自己的子民祭天，检讨自己的过失，甚至下罪己诏来坦承自己的罪责，不知那位自视高于古代秦皇汉武唐宗宋祖成吉思汗的现代伟大领袖，在病情危重中是否也感受到了这种天谴的气氛？

他已经完全不能理事，但中国的一切，仍旧必须循他的规矩，看他的面子行事，胆敢忤逆者仍被视作十恶不赦，将被周围的人一窝蜂地拿下送上祭坛。

60.

1976年9月9日下午三时。

厂区的高音有线广播喇叭忽然响了：

"中央人民广播电台：各位听众，本台今天下午四点钟有重要广播，请注意收听。"

"中央人民广播电台：各位听众，本台今天下午四点钟有重要广播，请注意收听。"

隔段时间反复播送两次，频繁的重播和预告的口气让人觉得有重大事件要通告，是好事还是坏事？根据目前的形势似乎大家都有一种不祥的预感：凶多吉少。

四点钟，正式广播开始：

"中央人民广播电台，现在播送，中国共产党中央委员会、中华人民共和国全国人民代表大会常务委员会、中华人民共和国国务院、中国共产党中央军事委员会，告全党全军全国各族人民书……极其悲痛地向全党全军全国各族人民宣告：我党我军我国各族人民敬爱的伟大领袖、国际无产阶级和被压迫民族被压迫人民的伟大导师……毛泽东同志，在患病后经过多方精心治疗，终因病情恶化，医治无效，于一九七六年九月九日零时十分在北京逝世……同党内右的和"左"的机会主义路线进行了长期尖锐复杂的斗争，战胜了陈独秀、瞿秋白……王明、张国焘、高岗、饶漱石、彭德怀的机会主义路线，在无产阶级文化大革命中，又战胜了刘少奇、林彪的反革命的修正主义路线……夺取了社会主义革命和社会主义建设的伟大胜利，特别是无产阶级文化大革命、批林批孔的伟大胜利……为国际共产主义运动反修防修，巩固无产阶级专政，防止资本主义复辟，建设社会主义提供了新鲜经验……反对帝国主义、社会帝国主义和现代修正主义……我们永远不称霸，永远不做超级大国……伟大的领袖和导师毛泽东主席永垂不朽！"

高音喇叭的有线广播声在这片山脚下的厂区回响，人们都停下了手中的工作细心聆听，直到广播结束。

大多数人都觉得惊惶，压抑，不知所措。

小昊的师傅老韩，这个参加过抗美援朝的前志愿军坦克兵，两个眼睛因惊恐睁大得像两个铜铃："格哪能来事？当家人没有了，格哪能办？！"

一个跑到车间里来串门聊天的家属老女人大声的发表她的结论："我是老早就晓得了，伊格毛病是因为心里烦啊，年纪噶大，也太劳心了！下面的人这个要往东，那个要往西，伊摆不平！"

另一个苏州口音的老师傅发声说："耐末好哉！天坍落来哉！倷讲格眼地富反坏右阿会佮跳出来造反？"话音里充满了有心护驾的忠诚，和对地富反坏右的疑惧和仇视，但他似乎没有意识到现在已经无驾可护了。

一向消息灵通心思缜密的修理工老穆则怪嗔道："这帮人胡日鬼哩，连播送毛主席讣告窝样滴大事都出麻达……"，他是指刚才播第三遍讣告时，在哀乐后面突然出现了"现在广播周恩来同志治丧委员会……"一句播音，又马上被截断了，有个装卸工跳起来指责老穆又在胡说八道,但另有几个人都说听到了广播里的错误,证明老穆没有乱说。

关中平原南山下的这片工地上,从南方大城市内迁来的移民们,三秦大地上的乡党们,从陕北农村过来的北京知青们,都在用各自的语言表达他们的感受,人们三三两两地聚在一起,谈论这个本来似乎永远不会发生的噩耗,想说什么又担心说错什么。

只有小昊,像一个怪人一样躲在一边,下意识地喃喃自语道:

"一个时代要结束了,一个时代要结束了……"

他的目光越过厂区的围墙向西望去,血红的太阳正挟卷着万道霞光和橙色飞云徐徐坠落,远处灰绿色的无名帝陵土丘的影子淡淡地融化在落日的余晖中。

土耳其,爱琴海边的 D525 号公路(Highway D525, Turkey),2019 年 10 月。

从迪迪玛(Didyma)到伊兹密尔(Izmir)自驾途中,沿途看到无数古希腊古罗马时代的遗址,展示着人类文明史上权力统治,宗教信仰,文化传统绵延不断的冲突和变迁,令人想起屈原的诗句:路漫漫其修远兮,吾将上下而求索。

建于公元前八世纪的迪迪玛阿波罗神庙的神谕(Oracle)是影响力仅次于德尔斐(Delphi,现希腊雅典西北 150 公里)阿波罗神庙的第二大神谕,公元 303 年迪迪玛的神谕支持罗马皇帝迫害基督徒,但不久君士坦丁大帝就将基督教树为罗马帝国国教,德尔斐和迪迪玛神庙被"封号禁言"。

跋

伟大领袖去世仅一个月后，以伟大领袖的夫人为首的坚持文革路线的"四人帮"即被一场不流血政变清理出政坛，这次"外科手术式打击"不是来自境外早先的老大哥即当下的新仇敌苏修，而是来自伟大领袖的身边人：他自己选定的新接班人，尚未被打倒的军队老帅，以及中南海大内总管。在首都，"广大革命群众"欢天喜地上街游行庆祝这一波前景未卜的变化，如同一次盛大的节日。在四人帮的大本营上海，街头揭批"王张江姚"的大字报和漫画铺天盖地，吸引着如潮的人流驻足观看和议论，在伟大领袖生前常住的宾馆门前，甚至乘乱出现了质疑伟大领袖的性生活如同封建帝王的大字报，但很快就被覆盖了。伟大领袖的遗体被取出五脏六腑填入福尔马林棉花做成栩栩如生的现代木乃伊，陈列在京城大十字中央的宫殿里，供他在世时教化出来的好几亿依旧崇拜他的子民们膜拜瞻仰。新的伟大领袖被称为"英明领袖"，但没几年即被党内有老部属拥戴更有智慧更有能力的实力派挤出权力圈。犹如个人的世界观会随着年龄和阅历的增加发生嬗变一样，新中国像一个充满理想内外树敌的热血愤青，在经历了文革这场史无前例的政治疟疾，狠狠地撞了一次南墙走投无路之后，终于回头步入了比较务实的中年。

那些在文革中靠造反混得一官半职的，在刚听到四人帮被逮捕的消息时，一个个都面如死灰，神情恍惚，连连唉声叹气："想不到！真的想不到！"他们虽然经历了文革的大风大浪，但是对党内历史上的多次"路线斗争"只有从报纸上得到的知识，没有想到上层的斗争会采用这样的形式和手段。他们都预感自己飞黄腾达的远景就此打上了休止符，不过，在许多企业类的单位中，靠造反提拔上去的干部假如在文革中没有犯大恶，几乎都是在四人帮倒台后十年左右才在干部年轻化知识化的浪潮中被逐步淘汰的。

从1977年到1978年，全国所有几十万（据说原定正式右派为五十五万，有官方资料说加上各种边缘分子实际有一百多万至两百万）自1957年"长期以来认罪服罪态度较差"不予摘帽的"右派分子"，一夜之间"在广大群众的批判教育下，能认罪服罪，老实改造，有一定的悔罪表现"，被"根据群众意见并按照党的政策"全部摘掉了右派分子帽子。之后的1979年，又根据中共中央1978（55）号文件的精神，宣布全国的右派分子除了六名知名"中央级"人物典型和其他各省96名有特殊原因者外，全部系"扩大化"造成的"错划"，予以"改正"。但是"改正"的恩惠并不是免费的，需要右派分子们以个人名义填报改正申请书，申明自己从二十多年前到现在一直是热爱党拥护社会主义的，根本并不存在反党反社会主义之心。经历了二十多年的压抑和苦难（许多人已经死于非命），广大右派群体急不可待要获得彻底解脱，纷纷喜滋滋地填写了申请书，表白自己本来就是忠于党热爱社会主义的人民一分子。这样，党依然伟大光荣正确，右派们也得到了晚年的幸福安宁，可谓两全其美。

1979年年初，中共中央发文宣布给全国的地主富农和刑满释放的反革命分子，坏分子摘帽，其中地主富农的人数根据77年底统计"尚存"的是467.2万人（土改前后中央文件的统计数据是三千多万人，不包括子女），反革命分子和坏分子的"尚存"人数是145万人（总数则是模糊不清的国家机密），由此可知"四类分子"加上其家属子女曾经是是何等庞大的一个社会群体。文件特别澄清了地主富农的子女和孙辈的家庭出身，本人成分和待遇问题,从反面证明过去许多地方的政策概念是一锅糊涂粥。

1979年,在云南农场知青首先发难要求返回城市,经历了游行,下跪,割腕,上京请愿等种种抗争后,终于使党中央改变了态度开放了大返城的闸门,全国一千七百万城市知青几乎全部通过五花八门各显神通自欺欺人的"病退"手续返回了他们原来居住的城市。这种方式的含义是:党领导的上山下乡运动是正确的,只是所有的知青都"生病"了,无法继续在农村务农,需要回城休养。和"右派改正"一样,党依然伟大光荣正确,知青们也满足了回城的愿望,也是两全其美。

由于和小昊是从小学到高中的十二年同窗,且经历相似心境相通,我在小昊去西北后一直和他断断续续地保持着联系,他每次回来探亲都会和我碰头,因偶然机会我还结识了早几年和他同住一个工棚的小庄和小霍。小霍有次和我说,小昊真是怪人,他爸爸摘帽不是好事么,变成人民内部矛盾了,我观察了半天他一点没反应。后来又改正了,那不更是大喜事么,完全回到人民群众队伍里来了,我看他还是一点高兴的样子都没有,精神状态还是木知木觉,真怪!我拿小霍的话去问小昊,他一脸不屑淡淡地说,这有什么奇怪的,我们不过是听天由命罢了,即便上面继续不摘帽不"改正"二十年,我们又能怎么样?还不是得老老实实地活下去?不过他告诉了我一段"改正"在渭原厂里执行"消除影响"的过程:人事科的一个退伍军人老干部把小昊叫到办公室,在桌面上打开了那个神秘的要跟随自己一辈子但自己一般永远看不到的"个人档案袋",他先宣读了小昊父亲所在大学给渭原工厂发来的关于"消除影响"的通知,然后从档案袋中抽出一叠材料,说是文革时期的,包括小昊刚进厂时烤漆分厂革委会和造反派去父亲单位外调父子两人政治面貌思想状况的记录,但并没有让小昊过目的意思,说是由组织上负责销毁;而文革之前的材料,包括小昊读初中和高中时学校人事科去父亲单位调查父亲政治面貌时抄录的父母档案，则不在销毁之列。老干部戴上老花镜拿了一支蘸了墨汁的毛笔，把档案袋中各种个人简历表和所有其他不拟销毁的材料一页一页逐行扫视，凡有"右派分子"四个字的一律用墨笔涂去，并不管上下文如何，这样前后一共画了十几道墨杠杠，小昊乘他专心画杠，瞟了一眼那堆要销毁材料，发现面上一张居然是自己在文革初期贴出的大字报的抄录稿，标题是《对当前我校运动的几点看法》，不但抄录了当年近十张白报纸的原文，而且连当时大字报边上的空白处其他人添加的小字（俗称"戳一枪"）不论是讽刺谩骂还是赞赏，统统照录不误抄写下来，令小昊倒吸一口冷气，暗想当年究竟是谁抱着怎样的心态要求抄录这份大字报并把它塞进自己的个人档案袋的，难道这个人以为不论以后文革的形势如何变化对文革的评价如何充满变数，这种对一个人一生的思想进行监控的记录始终是"有用"的参考资料吗？最后，那个人事老干部把要销毁的文件扔进一个破搪瓷脸盆用打火机点着，又从中抽回一张桃红色的厚纸递给小昊说，这个你可以拿回去自行处理，小昊一看却是当年毕业分配时发的"忠心书"，上面印着人们熟悉的那个伟大领袖四分之三侧面的头像，下面是自己十多年前填写的志愿和誓言："到黑龙江军垦农场去！到最艰苦的地方去！到祖国最需要的地方去！"，猎猎火光在眼前扑闪，文革历史在火光后面化为灰烬，各种甜酸苦辣一齐涌上心头。

听小昊对我讲了这段戏剧化的经历后不久我又见到了小庄，他倒是告诉我了一段小昊自己没有提及的事，在"改正"早已尘埃落定之后一个多月的某个傍晚，小昊突然一个人把自己关在宿舍里大哭了一场，哭得简直是天昏地暗地动山摇，像野兽般地嚎了近二十分钟，把住在隔壁的邻居和楼上的北京知青吓了一大跳，不明白这个平时沉稳内敛的小伙子为什么突然会这样鬼哭狼嚎，他们以为发生了什么事，都来敲门发问，但就是敲不开。同室的小黄下了中班回到宿舍,见小昊已经在床上昏昏入睡,地上有一张折皱的信纸,捡起一看是小昊的弟弟写来的,内中说他过五关斩六将,给大队干部和生产队长送了最后一次的礼,包括肥皂白糖灯泡等紧俏物资,终于把病退手续办好快要回城了,特地向哥哥报个信。信中提到自己一个月前收到的父亲发来的五个字的电报喜讯"改正获批准",又回顾了一下他这近十年在农村的艰苦历程,讲到某次收工后到山上去挑柴,穿草鞋的脚不慎踩上了陈年的老竹茬,脚掌被刺穿流血不止,人也痛得昏了过去,要不是被路过的老农发现救下山,差点丢了一条性命……,看来这样的经历在小昊弟弟早期充满革命信念的信中从来没有提到过,说明他弟弟的观念也在经历某种嬗变……也许就是这封信的内容,刺穿了小昊内心深处的要害——整整二十二年了,我们的青春,我们的理想,我们的苦难!我们的彷徨!我们的爱情!不管是红是黑,就这样被归零了!现在,一切的一切,要重新开始了!

历史的长河继续滚滚向前,接下来是宽松活跃弃旧图新充满希望的80年代初,再后来是高层在改革中的左右互搏,再后来是在价格双轨制,官倒腐败,通胀失控,全民经商的一片乱象中以悼念改革派领袖胡耀邦为名爆发的八九民主运动。当六月四日清晨电台已经广播过"首都昨晚发生反革命暴乱"(俨然又重演了一次1956年匈牙利事件的观念和对策),宣布北京的动乱已被坦克镇压下去后,南方的一些城市仍处于半瘫痪状态:在杭州,两个手无寸铁的大学生就能挥舞小旗在京杭运河大关桥交通要道口命令所有的货运车辆停驶,造成大片交通积压,司机们都乖乖地听从这两个手无缚鸡之力的大学生的指挥,似乎学生的背后仍有着牵动国运的神秘力量,直到两天后形势完全明朗,司机们才恢复上路前行。之后的90年代,政治管制进一步收紧,"生活上"却一路放开:广州小北铁路立交桥下的麓景路两侧，一到晚上就有众多穿着白色粉红色半透明纱裙的年轻女子气势张扬地站在路灯下一字排开或双手叉腰或搔首弄姿，等待男客的挑选。一个穿黑色连衣裙有几分大学生模样的女孩经过几秒钟的目光对视后主动和我搭讪，成了我的私人导游，她主动给我看了姓名史南萍地址哈尔滨道里区的身份证让我打消疑虑，然后带我闯进路边登峰大酒店二楼的一间大厅，眼前突然一片漆黑，定神一看才感觉到对面有大约二三十双猫一般的眼睛在黑暗中闪闪发光静悄悄地注视着你，小史哈哈大笑拉着我的手逃出大厅，告诉我那是等待挑选的卡拉 OK 陪唱女，然后又陪我继续去见识附近的迪斯科舞厅，点歌酒吧，通宵影院情侣座之类的"新生事物"……，午夜时分我们爬上立交桥，沿着脚下延伸消失在远处黑暗里的铁轨慢慢地散步聊天，小史这时坦承自己其实是内蒙包钢人，因社会动荡家庭失和她一个人南漂流浪到广州和深圳，那张身份证除了姓是真的其余都是假的……。我则不管三七二十一把小史当作一个倾诉对象，说我们父母那一辈知识分子战战兢兢地经历了包括文革在内的无数次运动，好不容易才把自己改造成艰苦朴素类似工农的"一代新人"了，现在突然发现社会又回到了比"解放前"还要灯红酒绿纸醉金迷的状态，不知做何感想……黑暗中的小史有点茫然地注视着我，不太懂我在感叹什么。

  我已经不再做在天空行走的梦，也不再指望和周围的人群敞开心扉做人生的探讨，而这个世界依旧像当年从空中看到的地面，杂色斑驳，隐晦多变。新一代人未必会完全领悟和继承上一代人经历千辛万苦得到的认知和体验，但我辈人仍不断地在充满断层的年代中艰难跋涉探寻人生的真理，它在前面指引着我们人生的方向，尽管它始终在不可触及的远方。

2019.2—2021.5

后　记

我们是"生在旧社会，长在红旗下"的一代人。

1948年6月，国民党政权已临近风雨飘摇败象毕露的日子，却还在一本正经地"实行宪政"，要给全国老百姓颁发"中华民国国民身份证"，那时的规定也和大陆1984年才开始实行的"居民身份证"一样是"十六岁以上必领，十六岁以下可由有监护人代领"。我父亲当时肯定是出于"留此为证"的戏谑心理，帮我也办了一份，我还清楚地记得那张用印钞纸印制的身份证的样子，上面有我一周岁的照片，注有"XX区XX保XX甲"的字样，周围有一版一百多枚购物证小票（Coupon），大约是用来供应配给米或其他物资用以限制"匪谍"活动的。但是这样的印刷品纸片片如在文革抄家中被发现肯定会被当作怀念旧社会的"变天账"罪证，因此被及时撕成碎片冲进下水道了。看来我们这一代人，要经历"国共两党长期斗争的继续"，经历"无产阶级专政下的继续革命"，也是理所当然的。

我自知记事较早，因为1950年前后国民党军机从舟山岛骚扰袭炸大陆沿海城市时，家里窗玻璃上贴满白色交叉纸条，探照灯在夜空中四处摇曳，听到警报声全家人熄灯躲进一个充当防空洞的小储藏室的情景，在我脑海中都有很深的印象。那时夜间做噩梦发现妖怪爬到我家窗口，那妖怪的形象竟然是穿条纹裤和燕尾服，头戴高礼帽下巴蓄着一撮山羊胡子的外国人，不用说那是当时政治漫画中由"山姆大叔"演化为"凶恶美帝"的标准形象。

上世纪五十年代上半叶，我的小学的附近有一家少年儿童阅览室，小学三四年级时课余经常到那里去看书，办了借书证就可以在阅览室里借阅各种图书，而多数人基本上是只看连环画，那是用四五本连环画装订在一起的一厚本，看完一本再去换第二本。五十年代中期的连环画比较有品位，不但绘画有很好的美术水准，而且取材大多是世界文学名著，我一个小学生就沉迷在那些"小人书"里，现在还有印象的连环画书名有莫里哀的《吝啬鬼》，契科夫的《跳来跳去的女人》，高尔基的《童年》《在人间》《我的大学》，莫泊桑的《项链》《苡崴迪》，欧亨利的《最后一片叶子》《警察和赞美诗》，电影连环画《四海之内皆兄弟》等等……，还有一本水墨画的《人与狼》，记得是讲意大利两家山村猎户之间的爱恨情仇，穿插了人性和狼性的描述对比，印象很深，可惜现在网上已经查不到这本小说原作和作者的相关信息了。人到晚年回忆起来，我最初的文学启蒙人文启蒙竟然是靠看这些"小人书"完成的，很有点"师出无门"的羞愧感觉。

　　小学四年级时我在那个阅览室看了一本连环画《格兰特船长的儿女》，一方面深深地为其故事吸引，一方面又觉得我自己也能写一本差不多的书，于是在一本大方格作文本上开始了野心勃勃的创作，记得开头大约是这样写的："一个温暖的春天下午，老航海家史密斯正坐在屋里窗旁喝咖啡，忽然听到一阵敲门声，开门一看，原来是他的好朋友彼得，彼得兴冲冲地说，我最近有了一个想法，我们能不能一起合作，到南极去航海探险，史密斯很高兴地说，好啊，我也正有这样的打算呢，于是他们两人……"可惜的是我在作文本上写到第五页就再也写不下去了，儿时雄心勃勃的写作梦就此早早夭折，虽然到了小学五年级，我的一篇作文罕见地得到了班主任兼语文老师的好评，但那次好评并没有再次激起我对写作的向往。那篇作文写的是参观农业展览会的观后感，讲到我看到一台为竹编制作原料的劈竹蔑的机器，能麻利地把竹子劈成细条，我在结尾写道："而我看到的却是右倾机会主义分子对总路线、大跃进和人民公社三面红旗的污蔑，随着这台劈蔑机的轰轰作响，被劈得粉碎了。"班主任老太太用蘸红墨水的钢笔在作文本上写了长达半页的好评，说是"……有事实有评论，用亲身经历批驳了彭德怀反党集团右倾机会主义分子的谰言，好！好！！好！！！"老太太写得很激动，在最后一个好字后面溅落了一大滴红墨水。但是我知道，这个好评与作文写得好坏关系不大，关键的是那时不论大人还是小孩都要站稳正确的政治立场，否则就有麻烦。其实"右倾机会主义"对一个小孩来说完全是个莫名其妙的词汇，就像"油琴鸡烩主意"差不多。

到了退休后多年，当生活逐渐安定，为稻粱谋的奔波已经停歇后，人生中最动荡又是最有思想的青年时代所积压下来的思绪，忽然又涌上心头，形成了强烈的自我表达的热望。经过前后几年断断续续的手书草稿和敲击键盘，已在电脑里存下了一些零散的"码字练习"，有赖2020年新冠病毒COVID-19疫情提供闭门不出的大段时间，终于把这些零散作文集结成了这本"四不像"的东西。自认没有文学天赋，缺乏专业训练，学养浅薄，但相信每个人的记忆都有独特的价值，又相信自我表达是天赋人权，所以还是认认真真地爬完格子并不揣冒昧把它公之于众。章诒和先生说过："普通百姓的记忆当是社会最真实，人类最重要的记忆。个人的记忆，表面看来微不足道，但所有亲身经历者的记忆，聚合起来才能成为共同记忆。"受这段话的鼓舞，希望自己的这本小书，也能成为共同历史记忆中的一砖一瓦，它是对自己青年时代的真诚纪念，也是留给我们的后辈探寻前辈心路历程的参考。

父母一辈人的Highlight是他们的青年时期，那时正逢中国的抗日战争和反法西斯的二次世界大战，他们意气风发地高唱"我们战黄河，我们战淮河，微山湖水今又生洪波……"(《洪波曲》，田汉词，张曙曲），用他们对抗日救亡的热诚和贡献写下了自己一生中最有意义的一段历史。而我们这一代人的Highlight，很可惜只能是中国的十年"无产阶级文化大革命"（曾被党的领导层定义为"十年浩劫"和"十年动乱"，近年又被改称为"艰辛探索"，成为党的伟大事业的组成部分，预料今后对其性质定义还会有或明或暗的反复争论和长期拉锯战），这十年的社会动荡恰逢我们的青年时代，正是观察社会，形成世界观的时期。那是一个集中暴露各种社会矛盾的断层年代，它和之前之后的年代大不相同，又和之前之后的年代有着千丝万缕的因果关系；那是一个暴力肮脏愚昧封闭令人窒息的年代，但其中也镶嵌着一些纯真的理想主义，也包含着一些清醒的勇敢的反抗，它也教会了我们许多在平常年代体验不到的东西。

我们是从小就接受洗脑式教育的一代，心灵深处的某些扭曲难以完全平复，眼界和格局都会受到过去时代的限制，从某种意义上来说是没有资格也没有能力客观地正确地叙述自己所处的年代的；但是，从另一个角度来看，从噩梦中走出来的亲历者，也可能在某些方面对那个世界有比一般人更清醒的认知。从"存在即是合理"的哲学角度，无论怎样的个人表达自有它的历史意义，所以自己还是克服来自各方面的困难（包括自己的惰性）写下了这篇真实年代虚构人事的"叙事"，说是"虚构"，却大都是"事出有因"，也有历史轨迹可寻——1968年某月某日在某路口抛锚的中型吉普车上的大学生青年若还健在，能看到本书第18章，必然知道那写的就是他们自己。但个人际遇只是一滴水珠，无数的水珠汇成了真实历史的浩瀚大海，具体个人的对号入座已经没有意义。所以对于文中的"真"和"假"，还是那句老话"假作真来真亦假，真作假来假亦真"，读者自可凭各人的经历智慧良知去体会。

文革中的语境既封闭保守畸形又随着政治风云瞬息变幻，这些都力求在写作中得到体现。文中的叙事，有的展现的是当年的思维方式和语境，有的体现了数年后的反思，有的则已经包含了数十年后互联网跨越高墙后得到的新资讯新视角和新认识，这些来自不同时代不同视角不同心境的叙事有时交错地排列在一起，但绝不应该不分时空不分历史环境混为一谈。《颠倒岁月》（2012年出版）一书的作者徐小棣在后记中说"以近年来的认识和心境去还原几十年前的场景，想必难免存在重构和偏差"，说得完全在理，在观念和语境已经变化的今天，作者已尽最大努力去避免对基本史实的"重构和偏差"，相信聪明的读者，尤其是经历过那段历史的读者，也会根据自己的经验去分辨体会文中的时代落差，在此先谢谢因彼此缘分读到本书的读者。

文革从本质上来讲是"山寨内讧，祸国殃民"，当林彪事件爆发，文革的荒谬已经一览无遗时，我曾经预想将来会有千百部如同《战争与和平》一般的史诗巨著来回顾解析这个风云跌宕充满戏剧化政治斗争的时代，这个充满民族惨痛教训的荒唐耻辱的时代，但是，由于上层眼前的政治需要，结果竟然几乎没有。有些作品用图案化，寓言化的风格来写文革，无法触及其本质，其效果和全景油画或大型交响诗般的批判现实主义文学无法相比，终究显得大题小做，隔靴挠痒。文学批评家们所说的"把缺失当作强项，奉行躲避崇高策略，鄙视宏大叙事，消解终极追问"成为文学和出版的主流。在这样的环境中，更觉得文革长篇小说《迷冬》（三部曲之一）等少量作品的可贵，也和作为同代人的《迷冬》作者胡发云先生痛心于反思文革的文学作品如此萧疏有强烈的共鸣。

平民百姓，写作不易，寻求出版更难，神州大陆自不必说，向海峡对岸十几家出版社寻求机会包括自费出版，也基本上全无回应，不得已只能先从亚马逊KDP网络自助出版寻找突破。在困顿过程中，曾有幸得到胡发云先生的鼓励和指教，在此表示诚挚的谢意。

2022年6月15日

发现美国华忆出版社并出版这本书，绝对是一次"众里寻他千百度，蓦然回首，那人却在，灯火阑珊处"的体验。当历尽挫折自己对出书几乎已不抱希望时，却在 Youtube 平台的一则视频中偶然发现了美国华忆出版社的名字，去网上一搜，意外地发觉她的宗旨和出版方向正是自己孜孜以求的。3月15日将文稿发电邮去征询，次日即收到"可以出版"的肯定答复。有赖编辑乔晞华先生的学术修养，专业精神和耐心细致地与我沟通，这本书仅用不到一个月的时间就完成了校对排版，终于在大洋彼岸获得了"出生证"（ISBN）顺利出版付印。

本书付梓出版之际，正值俄乌战争炮声隆隆硝烟滚滚，而国际大都市上海正经历封城抗疫的空前沉寂，历史的巨人正用怜悯的目光，俯视着地球上的人类文明和命运再次被推入荒谬的困境并经历惨烈的考验，一如半个多世纪前的那个"断层年代"。

感谢美国华忆出版社！

2022 年 4 月 5 日

作者介绍

甄皓，1947年生，非常规的平民码字者，75岁前后写下唯一的一本书《黑与红》。年轻时当过工人，科技干部，国际贸易商人，退休后成为背包客游走天下，自号"领过ROC身份证的PRC驴友"。

www.ingramcontent.com/pod-product-compliance
Lightning Source LLC
Chambersburg PA
CBHW070754230426
43665CB00017B/2350